Die Uhr meines Vaters

Michael Moshe Checinski

Die Uhr meines Vaters

Aus dem Englischen
von Matthias Fienbork

Eichborn.

Die Deutsche Bibliothek – CIP-Einheitsaufnahme

Checinski, Michael:
Die Uhr meines Vaters : erzähltes Leben / Michael Checinski. –
Frankfurt am Main : Eichborn, 2001
Einheitssacht.: My father's watch <dt.>
ISBN 3-8218-1603-1

Frankfurt am Main, August 2001
Umschlaggestaltung: Christina Hucke
Abbildung: © First Light/Corbis
Lektorat: Palma Müller-Scherf
Satz: Fuldaer Verlagsagentur, Fulda
Druck und Bindung: GGP Media, Pößneck
ISBN 3-8218-1603-1

Verlagsverzeichnis schickt gern:
Eichborn AG, Kaiserstr. 66, D-60329 Frankfurt am Main
www.eichborn.de

I

Vorgestern

Mein lieber Sohn, du kommst aus einer alten, ehrwürdigen Familie. Vergiß das nie, sei stolz darauf. Sechs, vielleicht sogar sieben Generationen lang haben wir den Rabbiner von Przedborz und Checiny gestellt. Dein Ururgroßvater hieß »*Checiner ruw*« bei den Juden, »*Checinski rabbi*« bei den Polen. In napoleonischen Zeiten mußten die polnischen Juden dann einen Familiennamen annehmen, und Checinski hieß ein Adelsgeschlecht, das in Checiny ansässig war und auch in Przedborz Besitz hatte. Nun war es Juden aber nicht erlaubt, den Namen einer adligen Familie anzunehmen, doch der Herr von Checiny, der unserem Vorfahr großen Respekt entgegenbrachte, ja eng mit ihm befreundet war, gab ihm die schriftliche Bewilligung, seinen Namen zu tragen. Zur damaligen Zeit war das eine große Ehre und Verpflichtung zugleich.

Juden lebten schon lange in Przedborz. Jüdische Münzhandwerker sollen von Mieszko I., dem ersten polnischen König, ins Land geholt worden sein. Die frühesten polnischen Münzen tragen eine lateinische und eine hebräische Inschrift. Es war weit von Przedborz nach Gniezno, dem Sitz der königlichen Schatzkammer, aber die Pilica war ein guter Transportweg. Außerdem gab es viel Holz in der Gegend, und in Olkusz wurde Silber abgebaut, beides unentbehrlich für die Münzherstellung.

In Przedborz waren aber nicht nur Münzer ansässig, sondern auch ausgezeichnete Möbeltischler. Diese ersten polnischen Juden brachten die reichen Erfahrungen arabischer, deutscher und wohl auch chasarischer Handwerkskunst mit. Bekannt war Przedborz auch für seine Musiker und Kantoren, die bei Hochzeiten und anderen Festlichkeiten der hohen Herren auftraten. Nicht zu vergessen die hervorragenden Goldschmiede, Graveure und Juweliere unter den ersten polnischen Juden, die wunderschöne siebenarmige Leuchter, Pessach-Becher und Schmuck anfertigten. Mehr als einer dieser begabten Handwerker setzte die polnischen Fürsten und Könige in Erstaunen. Die Juden wurden für ihre Arbeit nicht nur gut bezahlt, sie erhielten auch zahlreiche Rechte und genossen in religiösen Angelegenheiten eine beträchtliche Autonomie. Eine der ersten polnischen Synagogen wurde in Przedborz errichtet. Dort gab es auch eine kleine, aber weithin bekannte Jeschiwa. Adlige, Städter und Bauern holten sich bei den Przedborzer Rabbinern Rat. Untereinander sprachen die Juden Jiddisch, doch sie konnten auch polnisch. Ein Rabbi führte am Cheder den Polnischunterricht ein.

Der Herr von Checiny kam gern zum Donnerstagmarkt nach Przedborz. Er kannte viele Juden mit Namen, war selbst beliebt und geachtet. Aus meiner Chederzeit erinnere ich mich noch an einen gewissen *Srul Fertser* (Furzer). Alle wußten, daß der hohe Herr bei seinen Besuchen im Städtchen nach Srulek zu rufen pflegte. Und sobald wir Kinder am Markttag die Kutsche durch die Straße rumpeln hörten, hielt uns nichts mehr im Cheder. In Erwartung eines ungewöhnlichen Spektakels stürmten wir zum Marktplatz. Es begann damit, daß der Herr auf Srulek zuging und ihn fragte:

»Wieviele Fürze, Srulek?«

»Soviel Ihr befehlt, Herr.«

»Schaffst du zwanzig?«

»Was bekomme ich dafür?«

»Fünf Kopeken, und wenn du fünfundzwanzig schaffst, darfst du im Wald einen ganzen Tag lang Reisig sammeln.«

Dann ging es los. Der hohe Herr, Srul und ringsum eine vielköpfige Schar von Bauern, Juden, Händlern und unzähligen Kindern, mit oder ohne Schläfenlocken, dunkel oder blond. Alles wartete gespannt auf Sruls Kanonade. Nach fünfzehn, sechzehn Fürzen tat Srul, als könne er nicht mehr, er stand da, den Kopf etwas gesenkt, die dunkle, abgewetzte Mütze hochgeschoben, die Augen geschlossen, und wartete. Der Herr sagte: »Na, Srul, deine fünf Kopeken hast du wohl verloren.« Da warf Srul ihm einen schelmischen Blick zu, hob die Hand und rief: »Hoher Herr, ich bitte Euch, mein Hintern ist ganz außer Atem«, holte tief Luft, und weiter ging es. Nie kam es vor, daß Srul sein Geld nicht bekam oder nicht das versprochene Reisig sammeln durfte. Er hat nie verloren.

Aber Srul wettete nicht nur mit dem Herrn von Checiny. Er verdiente seinen Lebensunterhalt hauptsächlich mit Wetten. Er gewann die verrücktesten und abwegigsten Wetten, meistens auf Märkten. Obwohl die Leute wußten, daß er nicht zu schlagen war, ließen sie sich immer wieder auf Wetten mit ihm ein, damit er seine Familie, Frau und sieben Kinder, ernähren konnte. Srul war ja bettelarm. Ich werde dir von so einer bizarren Wette erzählen, Moischele.

Es war kurz vor Pessach. Überall wurde geputzt und aufgeräumt, aus jedem Winkel wurden die letzten Krümel von Hefegebackenem entfernt. Die Leute buken Matzen und kauften Unmengen von Eiern. Die Bauern verkauften Hühner, Enten, Gänse und Schlachtrinder. Der Bauer Jan war ein hochgewachsener, kräftiger Bursche, gutmütig, suchte nie Streit. Doch hin und wieder, nach dem Markt, trank er, und dann ging ihm jedermann aus dem Weg. Jan konnte wirklich zulangen. Nicht mit böser Absicht, aber er war einfach so stark, daß derjenige, dem er einen Schlag verpaßte, womöglich nicht mehr aufstand. Der *Katzav* (Metzger), selbst kein Schwächling, versprach Srul ein Stückchen Fleisch zu den Festtagen, und falls er die Wette gewann, sollte es die doppelte Menge sein. »Hör zu, du gehst auf den Marktplatz«, sagte der *Katzav*, »und ziehst Jan die Hose runter, und zwar so, daß es jeder sieht. Wenn du das schaffst, sollst du ein anständiges Stück Fleisch bekommen, andernfalls sind es nur ein paar Reste.« Srul ließ sich das Angebot durch den Kopf gehen und willigte ein. Wer von dieser Wette hörte, sagte sich, daß Srul den Verstand verloren haben mußte. Wir Kinder warteten gespannt, wie die Sache ausgehen würde. Am Markttag kreuzte Srul also auf. Er ging zu Jan und fragte, ob er ihm sechzig Eier verkaufen könne, möglichst große. Nach vielem Hin und Her einigten sich die beiden auf einen Preis. Jan, der ein vorsichtiger Mann war, fragte noch, woher Srul auf einmal so viel Geld habe. »Na, ich hab letzte Woche wie ein Teufel gefurzt.« Beide Männer trugen einen dunklen, knielangen Kaftan. Srul, mittelgroß, mit gezupftem Bart und kurzen Schläfenlocken, sah neben Jan wie ein Huhn aus. Jeder, der von der Wette wußte, hatte Sorge, daß Srul den Markttag nicht lebend überstehen würde. Na jedenfalls, Srul hob den Saum seines Kaftans hoch, so daß Jan die Eier in die Kuhle legen konnte, eines nach dem anderen, ganz vorsichtig, damit auch nicht eines zu Boden fiel. Als Jan bei sechzig angekommen war, erklärte Srul, nach seiner Zählung seien es zweiundsechzig, und er wolle nicht, daß Jan ein schlechtes Geschäft mache. »Laß uns noch einmal zählen, ich bin mir nicht sicher.« Nun hob Jan den Kaftansaum, und Srul zählte, genauso gewissenhaft, die Eier hinein. Nun ja, am Ende war es so, daß Jan sich nicht verzählt hatte, worauf er natürlich sehr stolz war. Allerdings nicht sehr lang.

Denn Srul nutzte den Moment, als Jan mit beiden Händen den Kaftansaum hochhielt. Seelenruhig knöpfte er die Hose auf und zog sie, ungeachtet Jans wütender Proteste und Drohungen, bis zu den Knöcheln herunter. Dann zog er das schmutzige Hemd herunter, um Jans kostbarstes Körperteil vor den Blicken der Frauen zu verbergen, denn der Mann trug keine Unterhose. Die Menge brüllte vor Lachen, alles grölte und pfiff. Der *Katzav* stand sprachlos da, hielt die Hände an den Kopf und wiegte sich wie ein Baum im Wind. Srul zog Jans Hose wieder hoch und band sie fest, während Jan völlig starr dastand, um die Eier nicht fallen zu lassen, doch seine geballten Fäuste ließen nichts Gutes ahnen.

Aus Furcht vor Jan ließ sich Srul eine ganze Weile nicht mehr auf dem Marktplatz blicken. Doch Jan war kein rachsüchtiger Mensch, und außerdem wußte er, daß Srul, wie jeder andere auch, Geld verdienen mußte. Es dauerte nicht lange, und Srul war wieder da. Aus sicherer Entfernung rief er Jan zu, er habe keine andere Wahl gehabt, als die Wette zu gewinnen, denn er wollte an Pessach nicht hungern. Er bat Jan um Verzeihung und versprach, ihm zum Zeichen seines guten Willens fünfzehn Eier abzukaufen. Jan erwiderte: »Einen anderen hätte ich wie einen reifen Apfel zerquetscht. Aber was soll ich mit dir machen? Wenn ich dich umbringe, wer furzt dann für unseren Herrn?"

Du siehst also, mein lieber Sohn, daß es in Przedborz keineswegs langweilig zuging. Doch zu Hause war das Leben eher freudlos. Wir waren angesehen, aber arm. Dein Großvater Checinski heiratete nach vielen Jahren Witwerdasein ein zweites Mal und starb, als ich vier Jahre alt war. Großmutter stand mit ihren und seinen Kindern ganz allein da. Und weil sie noch jung war, heiratete sie ein zweites Mal, einen gewissen Krzetowski, der ebenfalls verwitwet war. Auch Krzetowski hatte Kinder, und deine Großmutter bekam noch mehr Kinder. Bei uns war es nun sehr beengt. In allen Ecken starrte einen das Elend an. Aber wir mußten nicht hungern, in Przedborz hat niemand gehungert. Jeder hatte eine Ziege, eine Kuh, Hühner oder Enten, der eine oder andere eine kleine Parzelle, auf der Kartoffeln und Gemüse angebaut wurden. Die Pilica war reich an Fischen. Man mußte sie nicht einmal angeln, sie »kamen von ganz allein ins Haus«, wie man bei uns sagte. Beim Fischholen bin ich übrigens deiner Mutter begegnet.

Es war so: Freitagnachmittag brachte fast jede Familie einen Topf mit Chulent zur Bäckerei, manche sogar zwei. Wir, das heißt ich und einer meiner Brüder, mußten oft einen großen, schweren Topf zum Bäcker tragen. Manchmal trafen wir dort unsere Freunde und spielten mit ihnen, bevor wir wieder nach Hause gingen. Dann wuschen wir uns, und wer alt genug war, ging in das rituelle Bad. Anschließend ging ich mit Vater oder einem der älteren Brüder in die Synagoge. Samstagabend stand der Chulenttopf dann in der Ecke, leergegessen, nur noch angebrannte Reste von Kartoffeln, Bohnen und Buchweizen auf dem Boden. Der Topf wurde nur selten gespült. Das überließ man den Fischen in der Pilica. Nach Einbruch der Dunkelheit wurde ein altes, mit Löchern versehenes Tuch über den Topf gelegt und unter dem Rand festgebunden. Der bedeckte Topf wurde dann an einer nicht zu tiefen Stelle in den Fluß gelegt, übrigens auch im Winter. Diese Stellen waren leicht zugänglich, und jedes Kind kannte den jeweiligen Ort. Sonntag früh, noch bevor wir in den Cheder gingen, holten wir die Töpfe aus dem Wasser. Lauter Fische waren jetzt darin, die sich an den Essensresten sattgegessen hatten und nicht mehr wegschwimmen konnten. Die angebrannten Reste hingegen hatte das Wasser weggespült. Wir mußten die Töpfe nur vorsichtig herausholen und sie so hinstellen, daß das Wasser herausfließen konnte, die Fische aber drin blieben. Dann wurde der Topf nach Hause geschafft. Jeder wußte, daß es bei den meisten Przedborzer Juden sonntags Fisch gab.

Eines Morgens sollten ich und einer meiner jüngeren Brüder den Topf holen. Wir liefen los, denn es war schon spät. Rasch zogen wir den Topf aus dem Wasser und stellten ihn umgekippt hin, damit das Wasser herausfließen konnte. Aber dummerweise entwischten uns auch die Fische. Entweder waren die Löcher im Tuch zu groß oder wir hatten irgend etwas falsch gemacht. Wir erstarrten. Plötzlich hörten wir zwei kichernde Mädchen. Sie zeigten auf die Fische, die sich im Wasser tummelten, und riefen: »*Chap di fischelech, chap!*« (fangt die Fische, schnappt sie euch). Es war offensichtlich, daß sie über uns lachten. Doch uns war nicht nach Lachen zumute. Wir konnten unmöglich ohne Fische zu Hause auftauchen. Was würde Mutter auf den Tisch bringen? Was würde sie sagen? Wir setzten uns ans Ufer und warteten auf ein Wunder. Frymcia und Surele gingen an uns vorbei und lachten noch einmal über die beiden Tolpatsche. Doch plötzlich griff Frymcia in ihren großen Topf, holte die zwei größten Fische heraus und sagte zu mir: »Hier, nimm, Awremele. Im Wasser ist noch ein Topf. Wir holen ihn später.« Schüchtern schlug sie die Augen nieder, in denen so ein seltsames Funkeln gewesen war …

Frymcia, etwas älter als ich, war schon damals schön. Sie war mir nie aufgefallen, doch nun bemerkte ich ihre langen schwarzen Zöpfe, die hohe Stirn und die dunklen Augen. Ich sah etwas genauer hin und bedankte mich auch irgendwie. Wir Jungen waren seit frühester Kindheit gehalten, uns nicht mit Mädchen anzufreunden. Je älter wir wurden, desto strenger hatten wir auf Distanz zu achten. Aber die Sehnsucht des

Herzens zog uns in die andere Richtung. Das war um so heikler, als ich aus einer angesehenen Rabbinerfamilie kam, Frymcia dagegen aus dem Haus eines Tischlers, der so ungebildet war, daß er in der Synagoge nicht aus der Tora vorlesen konnte. Tischler und Rabbiner gehörten in Przedborz zwei verschiedenen Welten an. Doch es war mir einfach nicht möglich, Frymcia nicht mehr zu bemerken, wenn ich sie irgendwo sah. Ich lächelte ihr zu oder schenkte ihr einen freundlichen Blick, auf den sie erkennbar freudig reagierte.

Im Spätherbst 1904 erschien dann ein gutgekleideter Fremder bei uns, der mehrere Gespräche mit den Eltern führte. Bald darauf hörte ich, daß es dabei um mich ging. In Radom lebte ein reicher, gebildeter Jude namens Schimon Auerbach, den ein schreckliches Schicksal getroffen hatte. Er war erblindet und konnte sich ohne Hilfe nicht mehr bewegen. Die Kinder waren aus dem Haus, hatten ihre eigenen Familien und Geschäfte. Es war daher beschlossen worden, einen Jungen einzustellen, der sich Tag und Nacht um ihn kümmern sollte. Man wollte aber nur jemanden nehmen, der aus einer bekannten, angesehenen Familie kam. Der Rabbiner wurde konsultiert, er kannte die Familie meiner Mutter und wußte, in welcher Lage sie sich befand. Indem er mich den Auerbachs empfahl, erwies er unserer verarmten Familie eine große *Mizwa* (eine gute Tat). Wir waren auch überzeugt, den Auerbachs versichern zu können, daß der Sohn der Checinskis vertrauenswürdig war. Jedenfalls war es ein ungewöhnlicher Wendepunkt in meinem Leben.

Schweren Herzens verabschiedete ich mich von meiner Familie (ich verübelte es sogar meiner Mutter und meinem Stiefvater, daß sie mich aus unserem warmen, wenngleich ärmlichen Haus trieben), ließ Brüder und Schwestern zurück, die ich sehr lieb hatte, und Freunde, die mir seit der Kindheit eng verbunden waren. Von Przedborz aufzubrechen, zum erstenmal in meinem Leben, war ein großes Abenteuer, die Ankunft in der Großstadt Radom war jedoch fast ein Schock. Als ich mein neues Heim betrat, wußte ich sofort, daß Mutter mir nichts Böses angetan hatte. Herr Auerbach war nicht nur reich, sondern auch klug, hochgebildet und überhaupt ein guter Mensch. Er hatte in Berlin und an der Sorbonne studiert, sprach fließend Russisch, Deutsch und Französisch und natürlich Polnisch, Jiddisch und Hebräisch. Er war bewandert in Rechtskunde, Geschichte, Philosophie, Logik, Mathematik, Physik und was weiß ich alles. Er besaß eine gutausgestattete Bibliothek mit Büchern in mehreren Sprachen, was in Przedborz nicht nur unbekannt war, sondern auch mit Mißtrauen betrachtet worden wäre. Das Bild wäre unvollständig ohne den Hinweis auf die großzügige, behagliche Einrichtung, was mich nach den ärmlichen Verhältnissen bei uns zu Hause um so mehr beeindruckte. Es gab erlesene Speisen, ich bekam saubere Kleidung und ein schönes Bett. Obwohl ich sehr an meiner Familie hing, fühlte ich mich bei den Auerbachs bald sehr wohl.

Ich gewöhnte mich rasch an meine neue Aufgabe. Kurz vor meiner Ankunft war Auerbachs Frau gestorben, und ohne fremde Hilfe kam er einfach nicht zurecht. Ich half ihm beim Ankleiden und Ausziehen und führte ihn zur Toilette, die sich, o Wunder! innerhalb des Hauses befand. Ich half ihm beim Essen und unternahm lange Spaziergänge mit ihm, bei denen wir uns nicht bloß bewegten, sondern anregende und faszinierende Gespräche führten. Auch im Haus sprachen wir viel, mittags oder abends beim Essen, an langen Winternachmittagen und vor allem, wenn es draußen regnete. Herrn Auerbach bereitete es große Freude, mich zu unterrichten. Er sprach mit ruhiger, klarer Stimme, gab auf jede Frage eine ausführliche Antwort. Wenn es notwendig war, mußte ich einen Band der Enzyklopädie herbeiholen und vorlesen. Da ich nur Jiddisch, Hebräisch und Polnisch konnte, begann Herr Auerbach mit systematischem Sprachunterricht, jeden Tag ein bißchen. Erst Russisch, dann Deutsch. Tag für Tag mußte ich ein paar Zeilen aufschreiben, die er dann übersetzte. Auch in der Gemara kannte er sich aus. Manchmal zitierte er ganze Abschnitte aus dem Gedächtnis und kommentierte sie. Für den bedeutendsten Meister hielt er Maimonides. Immer wieder bat er mich, aus einem Band Maimonides vorzulesen. Wenn er müde war, hielt er ein kurzes Nickerchen, aber auch während dieser Zeit sollte ich studieren. »Nur Maimonides wird dir helfen, die Tiefe unserer Religion zu ergründen«, sagte er. Jahre später begann ich von allein bei Maimonides nach Antworten auf die vielen Fragen des Lebens zu suchen. Schimon Auerbach war auch ein großer Freund der Gedichte von Judah Halevi. Auch ich las Halevis Gedichte gern.

Doch nicht nur all dieser Dinge wegen wurde Mar Schimon eine absolute Autorität für mich. Er trug keine Schläfenlocken, und sein Bart war gestutzt, so wie der meine jetzt, Moischele. Er war ein gläubiger Jude, befolgte alle Gebote. Aber sein Glaube war anders, sein Gott war faßlicher, konkreter, leichter zu verstehen. Mar Schimon erklärte unsere Riten und Gebräuche nicht mit der Tora, sondern durch die Vernunft und durch die Notwendigkeiten des Lebens. Als ich ihn fragte, warum er keine Schläfenlocken trage, wie es vorgeschrieben sei, antwortete mit einer Gegenfrage: »Weißt du denn, Awremele, warum sie den Juden vorgeschrieben wurden?«

»Was für eine Frage!« erwiderte ich, »Gott hat es befohlen, also tragen wir sie.«

»Aber unser Gott hatte seine Gründe dafür«, sagte er und hob zu einer Erklärung an:

»Als die Juden nach Kanaan kamen und dort ihren Staat errichteten, mußten sie auch ein Heer aufstellen. Damals, und vergiß nicht, das war vor mehreren tausend Jahren, trugen Soldaten keine Uniform wie heute. Schau dir nur die Illustrationen in der Enzyklopädie an. Die Ägypter trugen kurze, gerade gestutzte Bärte, die Assyrer mittellange, und die Philister lange Bärte. Warum? Damit man auf dem Schlachtfeld den Feind von den eigenen Leuten unterscheiden konnte. Damals wurde überwiegend Nahkampf geführt, die Soldaten trugen ähnliche Kleidung, ein Wams aus Leder oder Wolle. Die Juden konnten sich also nicht durch Bärte absetzen, sondern nur, indem sie zusätzlich Schläfenlocken trugen. Gott befahl ihnen das Tragen von Schläfenlocken, damit sie ihre eigenen Leute auf dem Schlachtfeld erkannten. Du siehst also, Gott war sehr weise. Doch heute haben wir Juden keine Armee mehr, Awremele, und es gibt Uniformen. Meiner Ansicht nach ist es also nicht notwendig, daß jeder Jude Schläfenlocken trägt. Wenn du willst, kannst du sie abschneiden. Unsere jüdische Tracht reicht aus. Aber selbst wenn du christliche Tracht tragen würdest, würde man dich erkennen, und die Juden würden dich als einen der ihren erkennen. Außerdem trägst du Zizith* . Das ist auch ein biblisches Kleidungsstück. Gott befahl uns aus ähnlichen Gründen das Tragen von Zizith. Wenn jüdische Kämpfer auf dem Schlachtfeld oder aus einem anderen Grund in der Wüste oder im Gebirge starben, konnte man an den Zizith den Leichnam identifizieren. Damals wurde den Kämpfern oft der Kopf abgeschlagen, oder Hyänen nagten an den Leichen herum. Wenn man also ein Skelett mit Zizith fand, wußte man, daß es einem Juden

* Wollene Schaufäden an den vier Ecken des Gebetsmantels.

gehörte, und man konnte ihn vorschriftsgemäß bestatten. Du siehst also, Awremele ...«

Eines Tages, als ich gerade deutsche und russische Texte lernte, fragte ich Schimon: »Warum schreiben wir eigentlich von rechts nach links, nicht wie die anderen?« »Nun, Awremele, nimm einen Meißel und versuch, Buchstaben in Stein zu hauen. In welcher Richtung würdest du vorgehen, hm? Als wir mit dem Schreiben anfingen, gab es weder Papier noch Tinte, und gegerbte Tierhäute und Pergament, auf dem die Tora geschrieben wurde, kamen erst viel später auf. Unsere Schrift läuft von rechts nach links, weil unsere Vorväter auf Steintafeln schrieben. Sei stolz darauf, denn es ist ein Beweis für das große Alter unserer Kultur und kein Beweis für Rückständigkeit...« Ich fand es sehr schwierig, mit Schimon zu diskutieren und rationales Denken zu lernen. Doch plötzlich schien mir, als seien Glaube und Vorschriften nicht nur von oben gegeben, sondern naheliegend, nachvollziehbar, lebendig.

1905 kam es in Rußland und Polen zu Unruhen. Schimon reagierte sehr gelassen auf entsprechende Meldungen, bat mich aber, ihm aus mehreren Zeitungen vorzulesen. Berittene Kosaken mit Peitschen und Gewehren zogen durch die Straßen, attackierten jüdische Passanten, grölten und warfen Fenster von Häusern und Synagogen ein. Als ich Schimon davon berichtete, hörte er schweigend zu. Einmal erzählte ich, daß in der Stadt von jungen Juden und Polen geredet werde, die für irgendwelche Rechte kämpfen wollten, »Sozialisten« und »Revolutionäre« würden sie genannt, und ob er wisse, was das bedeute. Nach einer Weile bat mich Mar Schimon, eine bestimmte Stelle bei Maimonides zu suchen. Sinngemäß stand dort, daß Ideen ihre wahre Bedeutung verlören, ja sogar gefährlich würden, sobald die Menschheit sich ihrer bemächtigt. Schimon sagte dann: »Große Ideen gehören zu unserer Religion und zu unseren Propheten. Sie sind schon formuliert. Man muß sie nur genau studieren und sie dann in die Praxis umsetzen. Unsere Chassiden studieren weder die Tora noch die Propheten mit der gebotenen Sorgfalt. Sie reden bloß ihren Rabbinern nach dem Mund, und deshalb sind sie angesichts der Probleme unserer Zeit so hilflos. Aber du hast nach der Revolution gefragt ... Revolution bedeutet, daß ein Staat schlecht organisiert ist, aber durch sie wird nichts besser. Vergiß das nicht, Awremele. Ich bitte dich, Moischele, präge dir die Worte Schimons gut ein. Auch du scheinst ja an Revolution und an diesen Kommunismus zu glauben. Sieh dich im Spiegel an und frag dich. Stimmt es wirklich, daß die Menschheit seit Jahrtausenden nichts anderes tut, als auf deinen Kommunismus zu warten und darauf, daß du sie rettest? Es wird zu nichts Gutem führen, mein Sohn. Du solltest lieber unsere Propheten studieren ..."

Schimon verstand es, auf bemerkenswerte Weise die Geheimnisse der Welt zu erklären. Einmal, es war vor Jom Kippur, sprachen wir über unsere Religion und den Gott Israels. Ich fragte: »Wir sagen, Gott ist allgegenwärtig. Das würde bedeuten, daß er riesig, unendlich groß ist.«

Darauf Schimon: »Warum glaubst du, daß nur etwas Großes groß sein kann? Auch etwas unendlich Kleines kann groß sein. Überleg mal, schließlich können Großes und Kleines gleich unendlich sein, so wie unser unsichtbarer Gott. Wenn du das begreifst, wirst du auch begreifen, wie sehr sich die Welt und der Schöpfer jedem Verständnis entziehen.« Erst viele Jahre später habe ich das verstanden. Und auch dir, Moischele, rate ich, darüber nachzudenken ...

Aber nicht nur die Ereignisse von 1905 beunruhigten Mar Schimon und die Menschen in seiner Umgebung. Zwei Jahre zuvor, im Frühling 1903, war es in Kischinjew zu einem furchtbaren antijüdischen Pogrom gekommen. Dutzende wurden ermordet, Hunderte verwundet, das jüdische Viertel wurde fast vollständig zerstört. Hinter den Ausschreitungen, wie auch bei ähnlichen Vorkommnissen zwanzig Jahre zuvor in Rußland und der Ukraine, vermutete man die *Ochrana* (zaristische Geheimpolizei). Schimon, der Frankreich und Deutschland kannte, hielt einen solch blutrünstigen, barbarischen Antisemitismus nur in Rußland für möglich, und diese Meinung machte auch ich mir zu eigen.

Schimon unterrichtete mich außerdem in jüdischer Geschichte, aber nicht nur jüdischer. Ich hatte angenommen, daß unsere Geschichte in der Bibel niedergeschrieben sei und mit der Ankunft des Messias enden würde. Für Schimon symbolisierte der Messias die Erfüllung unserer Hoffnungen, das Ende von Judenverfolgung und die Wiedererlangung unserer nationalen Würde. Es war Schimon, der mich mit Theodor Herzl bekanntmachte und dessen Ideen mit Worten erklärte, die mir zuerst wie Gotteslästerung erschienen: »... der Messias wohnt in jedem von uns. Wenn wir imstande sind, unsere Freiheit zu gewinnen, wird er sich in unseren Herzen, in unserem Denken und in unseren Taten zeigen ...« Jahre später erst wurde mir klar, was er damit gemeint hatte. Und du, Moischele, versuche auch du, sie zu verstehen, sie werden dir Trost sein in schwierigen Lebenssituationen.

Mehrere Wochen vor meiner Bar-Mizwa teilten mir Mar Schimons Verwandte mit, daß sie mir die Heimreise bezahlen würden. Sie schenkten mir ein neues Hemd, eine neue Jarmulke (Käppchen) und elegante Schuhe, und außerdem wurde mein Gabardinekaftan gereinigt und gebügelt. Zu Hause bereitete man mir einen herzlichen, aber doch etwas distanzierten Empfang. Die Familie bemerkte sofort, daß ich nicht nur herangewachsen war, sondern mich auch verändert hatte, mich anders verhielt als meine Altersgenossen und auch eine andere Haltung gegenüber den religiösen Traditionen und Gebräuchen an den Tag legte. Erst jetzt, in Przedborz, spürte ich, daß eigentümliche Veränderungen in mir vorgegangen waren.

Ich bereitete mich gründlich auf meine Bar-Mizwa vor. Ich wußte, daß ich an diesem Tag in die Welt der Erwachsenen aufgenommen würde. Nicht mehr meinen Eltern, sondern Gott würde ich verantwortlich sein. Es war, bei aller Armut, eine gelungene Feier. Den Gästen wurden Kalbsfußsülze, Hering, Kuchen, Wein und Wodka vorgesetzt. Schon vor dem Festtag fiel mir auf, daß ich das Interesse nicht nur der kleinen Leute, sondern auch des der Respektspersonen erregte. Schließlich lebte ich in Radom, und in unserem Städtchen kursierten die unglaublichsten Gerüchte über meinen Aufenthalt dort. Mutter strahlte vor Stolz auf ihren allseits bewunderten Sohn, während es meinen Brüdern, selbst den älteren, die schon im heiratsfähigen Alter und auf Brautschau waren, ein wenig schwerfiel, an das innige Verhältnis anzuknüpfen, das wir früher gehabt hatten.

Am Tag der Bar-Mizwa war die Synagoge brechend voll, und selbst die Frauengalerie war so voll, daß viele Personen keinen Einlaß fanden. Nachdem ich den Tora-Abschnitt vorgelesen und die vorbereitete Rede gesprochen hatte, erhielt ich den Gebetsschal, der mich bis zum Grab begleiten sollte. Wie du weißt, werden Juden nicht in Särgen bestattet, sondern einfach in ihrem Gebetsschal.

»Sag, Vater, warum beerdigen wir unsere Toten nicht in einem Sarg, wie die anderen?«

»Nun ja, nicht alle Völker bestatten ihre Toten in einem Sarg. Die jüdische Sitte geht auf eine religiöse Vorschrift zurück, denn im Land Israel ist der Sommer sehr heiß. Die armen Leute, die kein Geld für einen Sarg hatten, wären gezwungen gewesen, den Toten mehrere Tage zu Hause zu behalten, und das wäre für die Lebenden sehr riskant gewesen. Daher schreibt unsere Religion vor, daß die Toten, ob arm oder reich, nur im Gebetsschal bestattet werden sollen. Vor Gott und im Tod sind alle gleich, verstehst du, Moischele.«

Also hüllte ich mich zum ersten Mal in meinen Gebetsschal und hob die Augen, sah die vielen Leute, die sich in der Synagoge drängten. Da bemerkte ich auf der Frauengalerie ein Augenpaar, das mich förmlich durchbohrte. Die Frauen waren zwar von den Männern getrennt durch einen dicken Vorhang, da ich aber, wie bei der Tora-Lesung üblich, auf dem Podest stand, konnte ich die vielen Gesichter unter weißen und schwarzen Tüchern sehen. Frymcia, deine Mutter, trug ebenfalls ein Kopftuch. Ihr Blick war schüchtern, doch ich war wie gebannt. In diesem Moment dachte ich zum ersten Mal, daß ich vermutlich nie von ihr loskommen würde. Als wir die Synagoge verließen, stand sie ein wenig abseits, sehr erwachsen sah sie aus, sehr reizvoll und schön, scheu und zugleich selbstbewußt, und offensichtlich wartete sie auf ein Zeichen von mir, ein leises Nicken, eine kaum merkliche Geste. Ich konnte mich ihrem stummen Blick einfach nicht entziehen, lächelte ihr andeutungsweise zu. Das war keine Kleinigkeit. Frymcia lief knallrot an und rannte wie verrückt davon, als fürchtete sie, jemand könne ihr mein Lächeln wegnehmen. Nach einer Weile drehte sie sich, wirbelte herum und verschwand aus meinen Augen.

Przedborz schien während meiner Abwesenheit noch ärmer und kleiner geworden zu sein, und doch fühlte ich mich hier zu Hause. Überrascht stellte ich auch fest, daß ich nicht an Przedborz denken konnte, ohne zugleich an Frymcia zu denken. Eigentlich war das ganz normal: Schließlich war ich erwachsen. Das Überraschende war, daß ich trotz ihrer einfachen Herkunft an sie dachte. Wäre nur ihr Vater Tischler gewesen, nun ja, das wäre nicht so schlimm gewesen. Aber es gab insgesamt sechzehn Kinder, Frymcia und Surcia waren die jüngsten. Die dreizehn Brüder waren allesamt Tischler. Hinda, das älteste Kind, war bereits verheiratet und hatte selber Kinder. Mehrere Brüder waren ebenfalls verheiratet, in dieser Familie gab es jedoch nicht ein angesehenes, höhergestelltes Mitglied – einen Kaufmann, einen Schlachter, einen *Mohel* (Beschneider), geschweige denn einen Rabbiner. Hinda hatte zwar einen jungen Krzetowski geheiratet, dessen Vater mein Stiefvater war, so daß sich diese Tischler schon durch die Hintertür mit meiner Familie verbandelt hatten, aber alles in allem konnte man nicht sagen, daß die Krzetowskis den Checinskis ebenbürtig waren. Als ich Przedborz diesmal verließ, war mein Gepäck von vielen Gedanken und Gefühlen beschwert.

Unterdessen war es im Hause Auerbach zu einer Entwicklung gekommen, die sich auch auf mich auswirken mußte. Mar Schimon ging es schlecht, er lag immer häufiger im Bett, wurde schwächer und schwächer und konnte kaum noch Gespräche mit mir führen. Es war klar, daß er nicht mehr lange zu leben hatte. Ich war knapp sechzehn, in jenem Alter, in dem ein jüdischer Junge anfangen muß, seinen eigenen Weg zu gehen. Selbst auf dem Krankenbett vergaß Mar Schimon nicht, daß ich bald in das Erwachsenenleben eintreten würde. Wenn es ihm etwas besser ging, versuchte er, mit mir über meine Zukunftspläne zu sprechen. Seine Einstellung dazu unterschied sich sehr von dem, was ich aus dem Elternhaus oder von anderen Przedborzern kannte. Daß ich keine geeignete Stellung hatte und auch kein Geld besaß, fand er nicht weiter beunruhigend. Es gab viele jüdische Männer in ähnlicher Lage. Sehr viel mehr Sorgen bereiteten ihm die politischen Entwicklungen in der großen Welt, von denen ich nicht viel verstand. Er rechnete mit dramatischen, ja tragischen Ereignissen. Hin und wieder bat er mich plötzlich, ihm etwas vorzulesen, doch er hörte nur halb zu und murmelte:

»... Du wirst nicht verlorengehen, Awremele. Du bist aufgeweckt, und außerdem siehst du gut aus. Deine Eltern werden dir ein Mädchen mit einer anständigen Mitgift finden, und du wirst eine Familie gründen. Nein, nein, du wirst bestimmt nicht verlorengehen. Aber das ist nicht so wichtig. Vielmehr mußt du deinen Platz unter den Völkern der Welt finden, und das ist die schwierigste Aufgabe, die dir bevorsteht. Du mußt lernen, unter Menschen zu leben, die dir nicht wohlwollen ... In dieser Welt können Juden nicht so leben, wie sie es gewöhnt sind. Schwere Zeiten stehen uns bevor, Awremele, schwere Zeiten ...« Erst viele Jahre später sollte ich die Bedeutung seiner Worte verstehen. »Schwere Zeiten stehen uns bevor, Moischele. Dieser unendliche Haß ...«

Eines Tages versammelten sich die Angehörigen an seinem Bett, ich wurde hinzu gerufen. Mar Schimon erklärte, die Zeit sei gekommen, Abschied zu nehmen, denn ich sei jetzt sechzehn. Mit seiner Krankheit habe das nichts zu tun. Ich müsse in die Heimat zurückkehren und dort meinen weiteren Lebensweg planen. Meine Mutter sei bereits per Brief informiert, und zu Hause werde eine große Überraschung auf mich warten. Schimons Verwandte sagten, sie würden mich komplett neu einkleiden und mir außerdem hundert Rubel schenken, für die damalige Zeit ein Riesenbetrag. Eine Woche später ging Schimons Tochter Rivka mit mir einkaufen – Leibwäsche, Anzug, Schuhe. Ihre Großzügigkeit und Fürsorglichkeit rührten mich tief. Jeder Artikel mußte anprobiert und ausgiebig begutachtet werden, bevor sie ihn kaufte. Am Ende unserer Einkaufstour war ich so elegant gekleidet, daß ich mich im Spiegel kaum wiedererkannte.

Als ich mit Rivka den Heimweg antrat, beladen mit unzähligen Päckchen, darunter auch einem Geschenk für meine Mutter, einem wunderschönen Tuch, wurde mir klar, daß ein neues Kapitel meines Leben begonnen hatte. Ich konnte mich nicht damit abfinden, daß der Abschied von Mar Schimon endgültig sein sollte. In all den Jahren war er nicht nur wie ein Vater für mich geworden, sondern auch ein Lehrer, Freund und Ratgeber. Ein Leben ohne ihn erschien mir einfach nicht vorstellbar. Als ich Jahre später überlegte, was Mar Schimon für mich bedeutete, war eines unbestritten: Er hatte mich herausgeholt aus der engen jüdischen Welt von Przedborz, ohne mich dem Judentum zu entfremden – im Gegenteil, er hatte mir den Weg zu einem tieferen Verständnis gezeigt. Ich weiß, Moischele, du findest, daß unser Heil, unsere Zukunft außerhalb des Judentums liegt. Nun ja, das ist ein Irrtum, mein Sohn. Du wirst es schon noch begreifen.

Der Abschied von Schimon war sehr bewegend. Tränen flossen aus seinen blinden Augen. Wir weinten alle. Die Verwandten begleiteten mich zu dem Pferdefuhrwerk, das draußen vorgefahren war. Mein Gepäck bestand aus einer Kiste und einem großen Bündel. Ich hatte außerdem eine Flasche Tee dabei, Brot, Eier, Käse und ein paar Äpfel. Der Kutscher war Jude, und auch die Mitreisenden waren Juden, die in die Gegend von Przedborz wollten. Der Himmel war bedeckt an diesem Herbsttag, hin und wieder brachen die Wolken auf, und die Sonne schien, das Laub lag bunt auf der Straße, es war eine ungeheure Farbenpracht. Ich liebte diese Landschaft, die ich seit meiner Kindheit kannte.

Obwohl ich bequem saß, schien mir, als dauerte die Reise

länger als sonst. Eigentümliche Gefühle ergriffen mich, und mir war ein wenig bang ums Herz. Ich kehrte ja als ein anderer heim. Nicht, daß ich fließend Deutsch und Russisch sprach und in die Geheimnisse von Mathematik und Algebra, Physik, Chemie, Geschichte und Rechtslehre eingedrungen war. Was mich davon abhalten würde, in Przedborz zu bleiben, war dieser neue Blick, den Schimon mir vermittelt hatte. Während der Fahrt konnte ich über all diese Dinge nachdenken, und ich wußte, daß ich nicht lange in meinem Heimatstädtchen bleiben würde.

Meine Reisegefährten waren neugierig und redselig. Sie wollten wissen, woher ich kam, wohin ich wollte und weshalb. Unweit von Przedborz mußte ich in einen anderen Pferdewagen umsteigen, der mich und noch andere Reisende nach Przedborz brachte. Der Kutscher hatte ein vertrautes Gesicht, er stammte aus einem Nachbardorf, dessen Bewohner die Przedborzer gut kannten. Er bot mir den Platz neben sich an und berichtete unterwegs von den Neuigkeiten – Pferde, Wälder und Fluren und natürlich die Leute. Srulek der Furzer war noch immer zugange, die alte Synagoge war verschönert worden, die Kirche auch, dieser war gestorben, jener hatte geheiratet. Plötzlich erwähnte er die Biermanns, genauer gesagt, daß sie gerade einen schönen Schrank für den Herrn von Checiny fertiggestellt hatten. Beiläufig erkundigte ich mich nach Biermanns Töchtern. »Frymcia soll sich ja einen Bräutigam ausgeguckt haben, bald soll Verlobung sein … Die alten Biermanns sind hocherfreut. Als ich kürzlich bei ihnen war, bekam ich zur Feier des Tages sogar einen anständigen Wodka … Ausgezeichnete Handwerker, diese Biermanns, die Söhne sind wirklich sehr geschickt … Wer stellt denn heutzutage noch solche Möbel her, Awrumek…« Er trieb sein Pferd an. Ich war baff. So standen die Dinge also.

Aber Frymcia hatte sich gewiß dem Willen der Eltern gebeugt. Na ja, dachte ich, schließlich waren wir einander nicht versprochen gewesen.

Als der Kutscher vor meinem Elternhaus hielt, war es dunkel geworden, aber alle warteten auf mich, fast die ganze Familie.

Die Nachricht von meiner Ankunft verbreitete sich im Haus, und alle kamen herbei, drängten sich in der großen Stube, sprachen gleichzeitig, meine Mutter weinte, mein jüngerer Bruder Ruben und mein Halbbruder Jakob waren groß geworden, und meine älteren Brüder Sender und Jankiel zeigten sich mit ihren Frauen. Stiefvater gab dem Kutscher Geld, der sich zwar erst weigerte und meinte, es sei ein gutnachbarlicher Dienst gewesen, schließlich aber einlenkte und sich sogar noch zu einem Gläschen einladen ließ.

Die Wohnung war hell erleuchtet, der Tisch beladen mit köstlichen Speisen wie an einem Festtag. Ich war sehr gerührt von diesem feierlichen Empfang, sollte aber bald feststellen, daß es noch um etwas anderes ging. Doch zuerst mußte ich natürlich von Radom erzählen, von meinen Abenteuern und von meinen Zukunftsplänen berichten. Jeder hatte eine Frage, aber Stiefvater und Mutter verhielten sich schweigsam.

Nun ja, auch in mir wollte keine überschwengliche Freude aufkommen. Was ich über Frymcia gehört hatte, lag mir schwer auf der Seele.

Kaum hatte sich die Stimmung etwas beruhigt, ergriff auf einmal meine Mutter das Wort: »Awremele, du bist jetzt ein großer Bursche, und wir haben uns ein paar Gedanken über deine Zukunft gemacht. Chana, die Heiratsvermittlerin, hat uns …« In diesem Augenblick wurde ich noch bedrückter. Es hatte sich also nichts verändert hier. Man wird geboren, geht zur Schule oder auch nicht, man wird fortgeschickt zu anderen Leuten, ohne daß man um seine Meinung gefragt wird, sie arrangieren die Ehe, vielleicht sogar die Scheidung. Gespannt wartete ich, wie es in meinem jungen Leben weitergehen würde. Mutter fuhr fort: »Awremele, wir sind angesehen, aber arm. Und von Ansehen allein wird man nicht satt. Wie gesagt, Chana war hier. Sie sagte, du bist ein erwachsener, schmucker Bursche, deine Familie ist angesehen, es wäre doch ganz sinnvoll, eine Braut zu nehmen, die aus einer etwas weniger angesehenen Familie kommt, dafür aber eine anständige Mitgift mitbringt, ein Mädchen, das fleißig und natürlich hübsch ist. Nun ja, wir haben im Familienkreis lange darüber gesprochen. Auch Sender und Jankiel haben darüber nachgedacht. Wir sind zu dem Schluß gekommen, daß wir um deines Glückes willen die von Chana vorgeschlagene Braut akzeptieren sollten. Dein Stiefvater hat bereits sein Wort gegeben, und unter Juden ist das gegebene Wort bindend. Du mußt wissen, daß wir nur dein Bestes wollen.«

Ich war wie betäubt. Wen meinten sie, schließlich kannte ich in Przedborz jede bessere Familie mit heiratsfähigen Töchtern. Doch mir fiel niemand ein, auf den Mutters vage Beschreibung gepaßt hätte. Also schwieg ich weiter.

»Du kennst ja die Biermanns, die Tischlerfamilie. Einfache, anständige Leute. Geben großzügig für die Synagoge, für bedürftige Witwen und Waisen. Ihre Tochter Frymcia ist ein bildhübsches Mädchen, arbeitsam und ruhig. Sie ist zwar etwas älter als du, aber das ist nicht wichtig. Kennst du sie?«

Ich muß entweder blaß oder rot geworden sein. Alle guckten irritiert, weil sie nicht wußten, wie sie meine Unruhe interpretieren sollten. Meine Brüder fingen sofort an, Loblieder auf Frymcia anzustimmen, wenn Sender auch spöttisch anmerkte: »Eine Frau muß nicht unbedingt die Bibel lesen können, es reicht, wenn sie die Gebete auswendig kann.« Und

Mutter fuhr fort: »Ihr beide werdet ein wunderbares Paar abgeben und schöne Kinder bekommen.« Die gewaltigen Gefühle, die in mir aufstiegen, raubten mir die Sprache. Ich stammelte sinnloses Zeug, doch schließlich sagte ich: »Mamele, gib mir bitte etwas Tee, stark, mit Zitrone.« Mein Stiefvater rief: »Mindl (so hieß meine Mutter), schenk jedem ein Glas Kirschwasser ein.«

Plötzlich erschien mir alles wärmer und freundlicher. Der erste Trinkspruch wurde auf meine Gesundheit ausgebracht, der zweite auf mein Glück. »*Masel tow! Masel tow!*« erscholl es immer wieder. Irgendwann wurde meine Mutter wieder ernst.

»Awremele«, sagte sie, »findest du nicht, daß wir die Biermanns bald mal besuchen sollten?«

»Mutter«, sagte ich, »bis zur Hochzeit dauert es noch eine Weile, und wer weiß, was bis dahin alles passiert.«

»Ja, hast recht, mein Sohn, aber wir würden gern in der Synagoge bekanntmachen, daß das Wort gegeben wurde. Du verstehst, Awremele …«

Natürlich verstand ich.

Die hohen Feiertage standen bevor – Rosch Haschana, Jom Kippur, Sukkot. Unter Juden ist es eine fröhliche Zeit, aber auch eine der inneren Einkehr, Kontemplation und Hoffnung. An Rosch Haschana verabschiedet man sich erleichtert vom alten Jahr, aber das neue wird mit bangen Gedanken begrüßt, welche Überraschungen das Ausland und die oft feindseligen Nachbarn wohl bieten werden. Jom Kippur ist ein Tag der Selbstprüfung, man denkt an die guten und die schlechten Taten, an den göttlichen Urteilsspruch, der uns das ganze Jahr über begleitet.

An Rosch Haschana erschien ich, begleitet von fast allen Familienangehörigen, in der Synagoge. Vom ersten Moment an stand ich im Mittelpunkt des allgemeinen Interesses. Das lag nicht nur an meiner eleganten, städtischen Erscheinung. Ich war herangewachsen, hatte die Schläfenlocken gestutzt, was für den Sohn eines Rabbiners ausgesprochen ungewöhnlich war. Ich strahlte wohl etwas Weltläufiges aus, galt als wohlhabend und gebildet, als ein richtiger Gelehrter. Meine alten Schulfreunde sahen im Vergleich zu mir wie arme Verwandte aus, obwohl sie oft reiche Eltern hatten. Die ungewöhnliche Anteilnahme, die mir auf so warmherzige Weise gezeigt wurde, bewegte mich ebenso tief wie die Neugier, die in allen Augen zu erkennen war. Noch lauter wurde das Getuschel, als sich herumsprach, daß ich Frymcias *Chusn* (Bräutigam) sei. Doch nicht genug damit, es kamen zwei angesehene Männer näher und baten mich, für den *Chasan* (Kantor) einzuspringen, der wegen Heiserkeit nicht singen könne. Ich bin doch nur ein junger Spund, dachte ich. Meine Stimme war ganz brauchbar, aber ich hatte noch nie in einer Synagoge gesungen. Doch die beiden ließen nicht locker, und am Ende siegte meine Eitelkeit: Ich willigte ein. Ich hätte nicht gedacht, daß ich so schön und feierlich singen könnte. Dieses Angebot der Gemeinde von Przedborz war das schönste Geschenk, das sie mir machen konnte. Eingehüllt in meinen Gebetsschal, sang ich mit einem noch unfertigen Bariton, und die Leute stimmten inbrünstig mit ein, als hätte ein berühmter Dirigent ihnen den Einsatz gegeben. Am Ende wurde ich überhäuft mit Komplimenten und Dankesworten. Sogar zu ihrem ständigen *Chasan* wollte man mich ernennen. Ich erinnere mich noch heute an dieses denkwürdige Rosch Haschana.

Nach den Gebeten verließ ich mit meinem Stiefvater und den Brüdern die Synagoge, wo Mutter, begleitet von meinen Schwestern Perl und Schifra, schon auf mich wartete, strahlend vor Glück, wenn auch mit nassen Augen. Ich wußte, daß es Tränen der Freude und des Stolzes waren. Dicht neben ihr stand Hinda, Frymcias Mutter, und einen Schritt dahinter Frymcia und ihre Schwester Sura. Deine Mutter, Moischele, sah mich nicht wie sonst an, sondern durchdringend. Ihr Blick sagte alles. Ich fühlte mich derart hilflos, daß ich am liebsten laut aufbegehrt hätte. Und sie war bildschön, wahrscheinlich das schönste jüdische Mädchen. Rosch Haschana war also ein überaus gelungener, aber auch sehr emotionaler Tag. Noch an Jom Kippur war ich erregt und nervös.

Jom Kippur ist kein fröhliches Fest, sondern ein eigentümlicher, ein besinnlicher Tag, an dem die Juden vor Gott treten und um Vergebung für ihre Sünden bitten, die sie in Momenten der Schwäche, aus Unwissenheit oder Eitelkeit begangen haben – und gibt es jemanden, der frei von Sünden ist? Jom Kippur, Moischele, ist der Tag der inneren Einkehr, der Selbstprüfung, an dem man zu sich selbst spricht, mit seinem Innersten, das oft so verborgen ist, daß man es kaum findet. An Jom Kippur sollen wir den Menschen verzeihen, die uns Unrecht getan haben, die wie wir gefehlt und sich als unvollkommen erwiesen haben. An diesem Tag denken wir daran, daß die Menschen besser und edler werden und dereinst ein Leben führen, das ihres Schöpfers würdig ist.

Diesmal war Jom Kippur jedoch bedeutsamer für mich als in den Jahren zuvor. Ich war erwachsen geworden. Ich war zu den Meinen zurückgekehrt, in die vertraute Synagoge. Als das sonore, bewegende Kol Nidre erklang, dachte ich an alle Juden, die im Laufe der Jahrhunderte verfolgt und ermordet worden waren, an die Demütigungen und Pogrome der Vergangenheit und an das, was uns Juden noch bevorsteht. Mar Schimons Einfluß ist es zuzuschreiben, daß ich an Jom Kippur stets an die Zukunft denke …

Das Laubhüttenfest (*Sukkot*) schloß sich wenig später an, ein fröhliches Fest, wie du weißt. Acht Tage lang nehmen wir die Mahlzeiten in der *Sukka* ein, der Laubhütte, durch deren Dach die Sterne schimmern, so daß wir uns der Vergänglichkeit alles Irdischen bewußt werden und des Kreislaufs der Natur gedenken, der das Leben der Bauern, die wir einst waren, so entscheidend geprägt hat. Am Laubhüttenfest verabschieden wir uns vom Sommer und feiern die Ernte. Es ist kein Zufall, daß auf Jom Kippur Sukkot folgt. In biblischen Zeiten endete mit dem Jahr auch die Feldarbeit. Die Juden bauten Hütten, in denen sie acht Tage lang wohnten und Gott für die geernteten Feldfrüchte dankten und priesen. Es war ein Familienfest, aber man lud die Nachbarn ein, man aß, schwatzte und machte gemeinsam Pläne für die Zukunft. Noch heute kann der freundliche Schwatz nicht verdecken, daß Hausfrauen die Gelegenheit wahrnehmen, ihre Kochkünste vorzuführen; schließlich ist es das einzige Mal im Jahr, wo jüdische Frauen anderen Frauen in den Topf gucken können.

Es war ein wunderschöner Herbst in jenem Jahr. Überall wurden eifrig Hütten errichtet. Bauern aus der Umgebung brachten die frischen Zweige für das Dach sowie alle möglichen Erzeugnisse, die sie auf dem Marktplatz feilboten. Von dem Erlös kauften sie Zucker, Salz, Kleidungsstücke und andere Sachen, die sie für den langen Winter benötigten. Damals, Moischele, hätte keiner unserer polnischen Nachbarn auch nur im Traum daran gedacht, Steine in die Hütten zu werfen oder die Dächer mit Unrat zu schänden. Ich weiß nicht warum, aber die Bauern sagten »kuchki« zu den Hütten. Jedenfalls respektierten sie unseren Festtag, er war ihnen vertraut, sie achteten unseren Glauben, und nach dem Markt kamen sie oft bei jüdischen Bekannten vorbei, man schwatzte, aß etwas und trank ein Glas. Wir lebten ja seit Jahrhunderten als gute Nachbarn, man kannte sich. Am häufigsten besuchte uns Pan Woyciech. Kurz vor dem Fest brachte er Kartoffeln, Kohl, etliche Hühner und viele frische Zweige, die er uns schenkte. Er half auch sehr fleißig beim Bau der Hütte. Wer in Przedborz hätte gedacht, daß ein Vierteljahrhundert später die Polen unsere Laubhütten niederreißen und die Juden auf der Straße zusammenschlagen würden.

Unsere *Sukka* war so groß, daß zwei lange, weißgedeckte Tische darin Platz fanden. Die hintere Wand grenzte direkt an das Küchenfenster, so daß man die Speisen durchreichen konnte, selbst an regnerischen Tagen, ohne ins Freie zu müssen. Am Abend, nach dem üppigen Essen, kam wie zufällig Frymcias ältester Bruder Mendel vorbei. Er wurde von meinem Stiefvater herzlich willkommen geheißen, setzte sich zu uns, trank einen Wodka und ein Glas starken Tee mit Zitrone und plauderte dabei die ganze Zeit auf das angeregteste. Ich ahnte, daß Mendel nicht einfach so hereinschaute. Und tatsächlich, am Ende lud er mich und meine Eltern ein, gleich nach der Synagoge zum Essen zu kommen. Ich sah, daß Mutter überhaupt nicht überrascht war. Meine Eltern bedankten sich für die Einladung, und der strahlende Mendel, an den ich mich vom Cheder her noch gut erinnerte, er gehörte zu den älteren Schülern, musterte mich sichtlich zufrieden und verabschiedete sich mit einem herzlichen Händedruck.

Am nächsten Tag legte Mutter mir die feinen Sachen hin, die ich aus Radom mitgebracht hatte, und auch die Eltern zogen ihre besten Sachen an. Ich wußte, daß es in Przedborz nicht üblich war, daß ein Bräutigam die Braut vor der Hochzeit sah. Unser Besuch weckte daher widersprüchliche Gefühle in mir und erfüllte mich mit Sorge. Nach dem Besuch in der Synagoge begleitete uns Mendel zu sich nach Hause. Przedborz war ein kleines Städtchen, und wir waren bald da.

Ich kannte alle zwölf Brüder von Frymcia, aber im Haus der Biermanns war ich noch nie gewesen. Es war solide gebaut und sauber. Die Tischlerei befand sich in einem Anbau gleich neben dem Wohntrakt. Die große, schön dekorierte Laubhütte mit ihren massiven Wänden stand direkt vor der Werkstatt, im Innern zwei lange, reich gedeckte Tische. Man sah auf den ersten Blick, daß die Biermanns keine armen Leute waren.

In den meisten Przedborzer Familien gab es viele Kinder, aber im Haus einer so großen Familie hatte ich noch nie gegessen: drei Töchter, zwölf Söhne (der dreizehnte, Schimschon, war kurz zuvor an Typhus gestorben), einige in Begleitung ihrer Ehefrauen und Kinder. Es müssen gut dreißig Personen am Tisch gesessen haben. Als ich die Stube betrat, richteten sich alle Augen auf mich. Von Frymcia und Sura war nichts zu sehen, offenbar waren sie in der Küche zugange. Ich war zunächst völlig verunsichert, schließlich befand ich mich zum erstenmal in dieser Situation. Neben mir saß Simcha, einer von Frymcias Brüdern. Da ich ihn besser als die anderen kannte, fanden wir schnell ein Gesprächsthema. Simcha wollte alles über Radom wissen, wie die Leute dort lebten, was sie machten, ob es dort auch große Tischlereien gab. Die letzte Frage konnte ich nicht beantworten.

Schließlich hob Frymcias Vater das Glas, und alle Erwachsenen standen auf, um den Segensspruch zu sagen. Und in dem Moment, als die Vorspeisen serviert wurden, kamen Frymcia und Sura mit einer riesigen Fischterrine herein. Ich erinnerte mich an die Fische in der Pilica, aber es war »Gefilte Fisch«, und in der Pilica schwammen keine Karpfen. Die Biermanns hatten sie eigens für diesen Tag gekauft.

Deine Mutter, Moischele, trug ein wunderschönes hellblaues Kleid, und ein weißes Tuch bedeckte ihren Kopf. So furchtbar ernst, wie sie daherkam, sah sie ganz anders aus. Gemeinsam mit ihrer Mutter und Sura trug sie den Fisch auf. Ich erinnere mich gut, daß ihre Mutter mir auftat. Sie fragte, ob ich den Kopf oder ein anderes Teil wolle. Dann schob sie mir ein großes frischgebackenes Brot zu und sagte beiläufig: »Frymcia bäckt unsere Challah und kocht den Fisch. Na los, fang an, es schmeckt köstlich.« Frymcia, die unterdessen ihre Brüder am zweiten Tisch bediente, tat, als hätte sie mich nicht bemerkt. Doch hin und wieder trafen sich unsere Blicke, und dann schlug sie erschrocken die Augen nieder. Obwohl ich wußte, daß es sich nicht gehörte, mußte ich immer wieder zu ihr hinübersehen.

Beim Essen plauderten unsere Mütter angeregt miteinander, während die beiden Väter kaum ein Wort herausbrachten. Wer bei den Biermanns das Regiment führte, war unschwer zu erkennen. Als die Mädchen den Nachtisch brachten, erhob sich Frymcias Mutter und schnitt mir ein großes Stück Kuchen ab. »Iß, Awremele«, sagte sie, »ich habe ihn selbst gebacken. Ein paar Dinge kann ich auch.« Erst viele Jahre später verstand ich, was sie damit gemeint hatte, Moischele. Frymcia konnte herrliches Brot backen, und ihre Fischgerichte und die Hühnersuppe waren unübertrefflich, aber Kuchen waren nicht ihre Stärke. Sie waren immer entweder zu flach oder schon etwas angebrannt oder nicht ganz durch. Nun ja, das war eben nicht zu ändern.

Zum Abschluß des Festmahls gab es jedenfalls selbstgebranntes Kirschwasser. Die Biermanns hatten Kirschbäume und andere Obstbäume, und auf ihrem kleinen Stück Land wuchsen Kartoffeln, Kohl und anderes Gemüse. In diesem Haus, dachte ich, werden bestimmt jeden Tag Unmengen von Kartoffeln vertilgt. Später erfuhr ich, daß Frymcia und ihre Schwester Sura tagtäglich große Töpfe Suppe zubereiteten. Frymcia konnte mehr als zehn Kilo Kartoffeln in einer halben

Stunde schälen. Ich war nicht überrascht, als ich bei näherem Hinschauen bemerkte, daß ihre Daumen sich tabakbraun verfärbt hatten.

Diesmal war es Frymcias Vater, der das Kirschwasser einschenkte. Selbst die Kinder bekamen eine Winzigkeit. Wieder hoben die Anwesenden die Gläser und riefen im Chor »*Masel tow we siman tow!*« Ja ja, dachte ich, sie haben mal wieder alles für dich arrangiert. Aber offengestanden, ich war keineswegs enttäuscht.

Während die Leute sich anschickten, dem zukünftigen Paar überschwenglich zu gratulieren, zog sich Frymcia in die Küche zurück, als ginge sie das alles nichts an. So war das damals, Moischele. Doch ihre Geschwister, ihre Eltern, selbst die Enkelkinder zeigten so offen ihre Freude und Zufriedenheit, daß ich das Gefühl hatte, in eine große, warmherzige Familie aufgenommen zu werden, in der jeder den anderen liebhatte.

Als wir aufbrachen, umarmte mich jeder, drückte mir die Hand und sagte noch ein paar Worte. Doch ich hörte kaum mehr zu, denn in Gedanken war ich beim Hochzeitstag, der bestimmt schon festgelegt war, und natürlich bei Frymcias Mitgift, die es uns erlauben würde, eine Existenz aufzubauen. Eines stand für mich jedoch fest: Nach der Hochzeit würde ich in eine große Stadt ziehen, denn in Przedborz sah ich keine Zukunft für uns. Auf dem Heimweg wartete ich gespannt auf eine Bemerkung meiner Eltern. Schließlich sagte Mutter: »Eure Verlobung wird an diesem Sabbat in der Synagoge bekanntgegeben, und die Hochzeit findet nach Purim statt. Ihr habt die Mitgift, Awremele, dazu die hundert Rubel von Mar Schimon, und ich werde noch etwas drauflegen. Du bist gescheit, gebildet und gesund. Und Frymcia ist fleißig und sauber, ein wahres Goldstück. Immerhin versorgt sie fast ganz allein die Heerscharen der Biermanns. Sie rackert von morgens bis abends, melkt die Kühe und Ziegen, kocht und wäscht. Mit so einer Frau wirst du in der Welt bestehen.« Ich schwieg nachdenklich, aber frohen Herzens. Ich wußte, daß ich bald die Verantwortung für meine Familie übernehmen würde.

Nach dem Sabbatgebet wurde in der Synagoge die Verlobung von Abraham Ben Chanan Checinski und Frymet Bat Mosche Biermann bekanntgegeben. Meine Mutter hatte einen Imbiß für die Gemeinde vorbereitet, was besonders die Armen erfreute, die nach Herzenslust essen und trinken konnten. Und für mich gab es Glückwünsche und endloses Händeschütteln. Ich war gerade erst siebzehn geworden und wußte nicht, ob ich es gut fand, in diesem jungen Alter eine Familie zu gründen. Gewiß freute ich mich, daß Frymcia meine Frau werden würde. Bei einer anderen hätte ich es kaum gewagt, so jung zu heiraten.

Und während alles eifrig aß und trank, verriet mir Frymcias Bruder Simcha, was hinter den Kulissen vorgegangen war. Offenbar hatte Sura ein Heiratsangebot von einem Mosche Checinski, einem entfernten Cousin von mir. Die Sache hatte nur einen Haken: Als jüngere Schwester konnte sie unmöglich vor Frymcia heiraten. Also beschlossen die Biermanns, nach einem Bräutigam für die ältere Schwester Ausschau zu halten. Und Frymcia weinte die ganze Zeit. Alles an ihr und in ihrer Nähe war feucht – die Tränen fielen auf die Kühe und Ziegen, die sie molk, in den Milcheimer, auf die geschälten Kartoffeln und auf ihre Kleider. Die Eltern und Brüder hatten sie sehr lieb, und Frymcias Tränen bekümmerten sie. Schließlich brach es aus ihr heraus: Sie würde niemanden auf der ganzen Welt heiraten außer Awremele Checinski. Doch die Biermanns wußten von der Kluft zwischen unseren beiden Familien. Frymcia mußte schon viel *Chutzpa* haben, um sich in einen gutaussehenden, klugen und gebildeten Rabbinersohn aus der großen Stadt Radom zu vergucken. Man versuchte, es ihr auszureden, doch umsonst. Die Biermanns konnten sich nicht dazu durchringen, einen Heiratsvermittler zum Haus meiner Eltern zu schicken, wer holt sich schon gern eine Abfuhr. Und die ganze Zeit weinte Frymcia sich die Augen aus dem Kopf und sagte bloß, daß sie nur Awremele haben wolle. »Aber du warst ja in Radom«, fuhr Simcha fort, »und wir wußten nicht, wann oder ob du überhaupt nach Przedborz zurückkehren würdest.« Als unsere Mutter einmal ein ernstes Gespräch mit ihr führen wollte, rief Frymcia: »Er will mich auch!« Mutter erschrak. Hatte Frymcia womöglich im Verborgenen ihre eigenen Pläne gemacht, sich gar mit diesem Awremele heimlich getroffen, als er zu seiner Bar-Mizwa heimgekommen war? Doch nein, nichts dergleichen, sie hatte nichts ausgeheckt, nichts Unschickliches getan, ihrer Familie keine Schande gemacht. Nicht ein Wort hatte sie mit Awremele gewechselt. Aber für sie stand fest, daß er sie ebenfalls wollte, basta. Wenn nicht gleich, dann später. Frymcia war sich völlig sicher. Nun ja, die Familie besprach die Sache und kam zu dem Schluß, daß nichts und niemand unsere Frymcia zu einem Sinneswandel bewegen könne, und beschloß, es zu riskieren und einen Heiratsvermittler zu den Checinskis zu schicken.

Chana galt als die beste Heiratsvermittlerin in Przedborz. Sie konnte Menschen zusammenbringen, die man sich nie als Mann und Frau vorgestellt hätte. Jedenfalls kam Chana zu unserer großen Überraschung schon bald mit guten Nachrichten zurück: Die beiden Mütter waren einverstanden. Sie setzten sich ohne Wissen der Männer an einen Tisch und legten alle Einzelheiten fest. »Und dann, Awremele, schrieb deine Mutter den Auerbachs einen langen Brief, in dem sie Mar

Schimon bat, dir nichts von diesen Plänen zu sagen.« So endete Simchas Geschichte. Die Biermanns erfuhren alles, während ich bis zu meiner Rückkehr nach Przedborz im unklaren gelassen wurde. In diesem Moment schien mir, daß unsere jüdischen Sitten nicht mehr so recht in unsere Zeit passen.

Nach Purim wurde dann über die Details der Hochzeit und über die Mitgift gesprochen. Die Biermanns wollten nichts von meiner Mutter haben, nur mich. Bald erfuhr ich, daß ich dreihundert Rubel in bar erhalten sollte, was damals eine gewaltige Summe war. Außerdem wollten sie unsere Wohnung komplett mit Möbelstücken aus ihrem Tischlereibetrieb einrichten, auf die jeder Schloßherr stolz gewesen wäre. Und so war es tatsächlich. Niemand in Lodz, Moischele, besaß so schöne Schränke, Kommoden, Tische und Stühle. Doch meine Mutter wollte sich nicht mit der Rolle der armen Verwandten begnügen. Für sie, die Witwe des Przedborzer Rabbiners, war es eine Frage der Ehre, auch wenn die Biermanns sie um nichts gebeten hatten.

Noch vor der Hochzeit kamen eines Abends alle meine Brüder zusammen. Mutter teilte ihnen mit, daß sie beschlossen habe, mir zur Hochzeit Vaters Taschenuhr samt Kette sowie ein paar wunderschöne, alte silberne Pessach-Becher zu schenken. Die Uhr und die goldene Uhrenkette und die Pessach-Becher waren stets an den Erstgeborenen der Checinskis übergegangen. Freilich unter der Bedingung, daß derjenige Rabbiner wurde, wie Mutter ihrem ältesten Sohn Sender erklärte. »Da niemand von euch Rabbiner geworden ist«, sagte Mutter, »gehen die Uhr und die Becher an Awremele, damit wir vor den Biermanns nicht mit leeren Händen dastehen.« Sender bekam eine schöne alte Menora, Jankiel zwei Kerzenleuchter. Auch für Ruben hatte Mutter etwas. Doch er wurde

Kommunist, wie du weißt, Moischele, lebte in wilder Ehe mit einer Christin und fiel einem tragischen Mordanschlag zum Opfer.

Sender, verheiratet und selbst Vater eines Erstgeborenen, war gekränkt. Es war nicht der materielle Wert der Uhr, niemand hätte auch nur im Traum daran gedacht, dieses Symbol unserer Familiengeschichte zu verkaufen. Doch Sender war fromm, er lebte nach den jüdischen Traditionen und hatte die Jeschiwa besucht, wenngleich er aus praktischen Gründen nicht Rabbiner geworden war. In Przedborz, dessen jüdische Bevölkerung immer ärmer wurde, gab es bereits einen Rabbiner, und ein zweiter würde kaum ein Auskommen finden, so daß Sender erwog, in eine größere Stadt zu ziehen. Seine Frau kam zwar nicht aus einer reichen Familie, aber sie war die Tochter eines Rabbiners. Sender empfand Mutters Beschluß daher als Zumutung, als schlimme Zurücksetzung. Seine Reaktion war diplomatisch, aber unmißverständlich: »Würde unser Vater noch leben, Mamele, hätte er möglicherweise eine andere Entscheidung getroffen.« Doch Mutter war eine dominante Natur, von einmal getroffenen Entscheidungen rückte sie nicht mehr ab. Natürlich freute ich mich, obgleich mir schien, als hätte sie mit ihrer Entscheidung gegen unsere Familientradition verstoßen. Mir fiel nichts ein, wie man Senders verletztes Ehrgefühl hätte heilen können.

Die Trauung fand in der Synagoge statt, und gefeiert wurde bei den Biermanns. Es war wirklich ein rauschendes Fest. Die Brauteltern hatten sogar einen *Badchan* (Spaßmacher) engagiert, der für gute Stimmung zu sorgen hatte. Sie wollten unbedingt mit ihrem Awremele angeben, den viele angesehene Przedborzer Juden gern zum Schwiegersohn gehabt hätten. Fortan würde man ihnen nämlich nicht nur wegen der hervorragenden Möbel Respekt schulden. Als deine Mutter unter den Baldachin geführt wurde und siebenmal um mich herumging und ich das Glas zertrat, waren es nur der allgemeine Lärm und die lauten »*Masel tow!*«-Rufe, die es mir ermöglichten, meine Emotionen zu verbergen. Als deine Mutter den Brautschleier hob, um aus dem Becher zu trinken, war sie nicht nur ganz ruhig, sie lächelte mir sogar keck zu. Nun ja, dachte ich, sie hat ihren Willen bekommen. Aber das war nicht böse gemeint, nicht im geringsten. Ich wußte, Moischele, du würdest die beste Mutter unter der Sonne haben und ich das beste Weib. In all unseren gemeinsamen Jahren habe ich nie die Stimme gegen sie erhoben, und wir haben uns nie gezankt, wie das in anderen Familien so oft vorkommt.

Die ersten Wochen wohnten wir bei den Biermanns, die uns ein großes, schön eingerichtetes Zimmer zur Verfügung gestellt hatten. Obwohl wir im Haushalt lebten und deine Mutter im Prinzip von den anstrengenderen Hausarbeiten freigestellt war, half sie weiterhin mit, zunächst aus Gewohnheit, später mehr aus Pflichtgefühl. In der zweiten Woche erhielten wir einen traurigen Brief aus Radom, dem wir entnehmen mußten, daß Mar Schimon verstorben war. Obschon ich nicht *Schiwa* (siebentägige Trauerzeit) halten konnte, war ich nach seinem Tod lange Zeit in bedrückter Stimmung. Der Brief sollte zugleich eine Antwort auf die Einladung zu meiner Hochzeit sein. Schimons Tochter, die ihn geschrieben hatte, wünschte mir alles Gute und lud mich ein, sie zu besuchen, wenn ich zufällig in Radom oder Umgebung sei. Und in Notzeiten könne ich mich jederzeit an sie wenden. Bald sollte ich feststellen, daß das keine leeren Worte waren.

Ich begann, mich ernsthaft nach einer Wohnung für uns umzusehen und zu überlegen, womit ich unseren Lebensunterhalt verdienen könnte. Doch die Entscheidung über meine weitere Zukunft wurde mir abgenommen.

Ich war gerade neunzehn geworden, Frymcia war schwanger, als der Weltkrieg ausbrach. Kurz darauf wurde ich zur zaristischen Armee eingezogen. Natürlich wußte ich nicht, warum ich für die Veranstalter antijüdischer Pogrome sterben sollte. Viele Polen sahen das ähnlich. Gerüchte über eine baldige Unabhängigkeit Polens kamen auf. Die Przedborzer Juden glaubten, daß es ihnen unter deutscher Herrschaft, und erst recht in einem unabhängigen Polen, sehr viel besser gehen würde als unter dem Zaren, der für die unaufhörlichen Pogrome verantwortlich war. Immer öfter fiel der Name Pilsudski, der an der Seite der Deutschen kämpfte. Es hieß sogar, er sei Sozialist und habe viele jüdische Freunde. Jüdische junge Männer meldeten sich freiwillig zu seiner Armee. Ich war völlig verunsichert, wußte nicht, was ich tun sollte. Ein jüdischer Arzthelfer in Przedborz riet mir, einen halben Zeigefinger zu opfern. »Wer braucht schon einen Krüppel?« sagte er. Frymcia war froh, daß ich mir lieber einen Finger amputieren ließ, als mich von ihr zu trennen, und sei es nur für ein paar Jahre. Jetzt weißt du, Moischele, warum ich nur einen halben Zeigefinger habe.

Sobald die Wunde verheilt war, fuhr ich nach Radom zu den Auerbachs, um ihren Rat einzuholen. Sie empfingen mich herzlich. Rivka hatte sich bereits nach einer möglichen Arbeit für mich erkundigt. Am ersten Tag besuchte ich Schimons Grab und traf mich mit jüdischen Bekannten. Jeder wußte Rat, aber ich war mir nicht sicher, ob sie ihn selbst befolgen würden. Rivka, ihr Mann und ihr praktisch denkender Bruder fanden bald die ideale Lösung: Ich solle nach Lodz gehen, dort habe schon vor dem Krieg eine ungeheure Expansion eingesetzt. »Es ist Krieg«, sagte Rivkas Bruder, »da werden große Mengen Uniformen und andere Kleidungsstücke von Verwundeten zurückgeschafft. Nicht alles läßt sich ausbessern. Awremele, du kaufst die völlig unbrauchbaren Lumpen auf. In einer geeigneten Halle werden sie sortiert, gewaschen und mit Hilfe eines Reißwolfs in Fasern zerrissen. Am Ende entsteht dabei gutes Rohmaterial, das in Spinnereien und Webereien weiterverarbeitet werden kann. Du wirst das Zeug bestimmt mühelos los. Du mußt halt nur wissen, wie es geht, und natürlich hart arbeiten. Du schaffst es bestimmt, Awremele.«

Die Auerbachs gaben mir nicht nur wertvollen Rat, sondern auch Empfehlungsbriefe an Freunde in Lodz, Besitzer von kleinen Spinnereien und Webereien, die sich vor Ort auskannten. Ich kehrte nicht nach Przedborz zurück, sondern fuhr direkt nach Lodz. Einer der Auerbachschen Freunde brachte mich in seiner Wohnung unter. Nach wenigen Tagen hatte er in der Wolczanska-Straße ein heruntergekommenes, ungenutztes Fabrikgebäude für mich entdeckt. Er fand auch eine kleine, aber anständige Wohnung in der Podreczna-Straße und vermittelte mich an Lieferanten von Waschkesseln und Reißwölfen. Binnen einer Woche war alles komplett: Ich hatte nicht nur Maschinen, Boiler, Rohmaterial und ein Fabrikgebäude, sondern sogar schon einen Käufer für mein zukünftiges Produkt.

Daheim in Przedborz warteten deine Mutter, ihre und meine Brüder auf Neuigkeiten aus Lodz. Alle überlegten, ob es sinnvoll sei, in diese Großstadt zu ziehen und zu versuchen, dort ein besseres Leben zu führen, als es in dem Nest Przedborz möglich war. In einem großen Pferdewagen brachen wir auf – deine Mutter und ich, Nehemia und Mendel, die Brüder deiner Mutter, sowie mein jüngerer Bruder Ruben. Unterwegs schmiedeten wir Pläne. Knapp zwei Tage später erreichten wir Lodz. Meine Reisebegleiter machten große Augen. Zum allerersten Mal waren deine Mutter, Nehemia und Ruben so weit gereist, noch dazu in eine der größten Städte Polens. Schon am nächsten Morgen standen wir vor einem unerwarteten Problem. Es begann damit, daß deine Mutter sich einfach weigerte, aus dem Haus zu gehen. Sie hatte schlicht Angst. Ein Grund war, daß sie weder Polnisch noch Russisch lesen konnte. Ich entsann mich, daß ich ihr kurz nach der Hochzeit etwas zu lesen gegeben hatte und sie auch tatsächlich las. Nun, in Lodz, gestand sie, daß sie gar nicht lesen könne. Sie habe damals nur so getan und etwas aus dem Gedächtnis zitiert. Es sei ihr einfach so peinlich gewesen, deshalb habe sie nicht davon gesprochen. Sie konnte nicht einmal die Straßennamen lesen. Und nicht genug damit, sie kam zum erstenmal mit elektrischem Licht in Berührung, fürchtete sich, den Schalter zu betätigen. Die ersten Trambahnen tauchten im Straßenbild auf, aber nichts konnte deine Mutter dazu bringen, in ein solches Vehikel einzusteigen. Du weißt selbst, Moischele, daß sich deine Mutter nach so vielen Jahren noch in Hauseingängen versteckt, wenn eine Elektrische näherkommt. Sie sagt, eine Straßenbahn sei schließlich kein Pferd. Ein Pferd trampelt niemanden nieder, denn es hat Augen, aber eine Trambahn ist nur eine wilde Maschine, und wer weiß, in welche Richtung sie plötzlich losschießt. Wir mußten die Droschke benutzen, wenn wir irgendwo hinfuhren. Ich mußte mich auch daran gewöhnen, daß deine Mutter abends nur Kerzen oder die Petroleumlampe anzündete. Es dauerte Monate, bis sie es wagte, den Lichtschalter zu betätigen. Daß ihr nichts passierte, wunderte sie sehr. Sie staunte auch, daß so viele Menschen in den großen Mietshäusern wohnten. In Przedborz gab es einige zweigeschossige Häuser, aber in Lodz gab es bereits Häuser mit fünf oder sechs Etagen. Diese Gebäude machten nicht nur deiner Mutter Angst, sondern auch allen Brüdern. Noch mehr staunten sie, als sie zum erstenmal in die Synagoge gingen. Die beiden schönen Lodzer Synagogen gab es schon. Am ersten Sabbat in Lodz besuchten wir zuerst die Synagoge in der Wolborska-Straße, dann diejenige am Boulevard Kosciuszko. Deine Mutter und ihre Brüder machten große Augen. Sie staunten, daß man so eindrucksvolle, erhabene Gotteshäuser bauen konnte.

Ruben und Frymcias Brüder halfen uns sehr in der ersten Zeit in Lodz. Sie schliefen und aßen in unserer kleinen Wohnung, die aus anderthalb Zimmern plus Küche bestand. Mendel und Nehemia pachteten sogleich eine Tischlerei und stellten dort Möbel her. Mendel war schon verheiratet, und Nehemia fand eine Frau mit einer guten Mitgift, die es ihm erlaubte, eine kleine Möbelfabrik zu übernehmen. Er hatte rasch erkannt, daß die Zeit solider, in Handarbeit hergestellter und entsprechend teurer Möbel vorbei war. Doch für eine große Fabrik reichte sein Geld nicht. Da aber noch immer Krieg war und ein großer Bedarf an Schuhen herrschte, baute er ein dichtes Netz von Heimarbeitern auf, die Schuhe in Serienproduktion herstellten. Und bald verdiente er Geld. Er war der einzige von Frymcias Brüdern, der die Tischlerei aufgab. Die elf anderen blieben ihrem Handwerk treu und hatten sich bald über ganz Polen verstreut – Lodz, Wloclawek, Checiny und Kielce. Ich kann aber nicht behaupten, daß sich dieser Schritt für sie gelohnt hat.

Die ersten Monate in Lodz waren recht vielversprechend. Ich begann mit vier Arbeitern, bald kamen noch sechs hinzu. Sicher, ich mußte schwer arbeiten, bis in die Nacht hinein, doch ich verdiente Geld und schaute hoffnungsvoll in die Zukunft. Um so mehr, als deine Mutter einen gesunden Knaben zur Welt gebracht hatte, dem ich den Namen Jakob gab, nach dem Großvater deiner Mutter. Doch nach wenigen Monaten erkrankte der Kleine an Diphterie, es war Krieg, es gab weder

Ärzte noch Medikamente, er hatte keine Chance. Zwei Tage und Nächte wachten wir an seinem Bettchen und mußten mitansehen, wie unser geliebter Sohn erstickte. Wir konnten nichts tun. Deine Mutter weinte die ganze Zeit. Sie nahm ihn in die Arme und saugte seinen Speichel ab, weil sie glaubte, ihn damit von seiner Krankheit zu befreien. Nach der Beerdigung unseres Kleinen wurde sie dann selber krank, und noch während der Trauerzeit mußte ich deine schwerkranke Mutter versorgen. Wir hatten enormes Glück, daß all unsere Brüder und deren Frauen da waren. Sie waren uns eine große Hilfe in jenen Tagen.

1916 brachte deine Mutter einen zweiten Jungen zur Welt, deinen ältesten Bruder Chaim Levi. Den Namen Chaim (hebr.: das Leben) bekommen Jungen, deren älterer Bruder gestorben ist. Und Levi heißt er nach meinem Großvater. Namen haben eine große symbolische Bedeutung bei den Juden, wie für andere alte Kulturvölker auch. Beispielsweise sprechen wir den Namen Gottes Jahwe nicht aus, sondern sagen statt dessen Adonai oder Elohim. Juden stellen oft eine Beziehung her zwischen Namen und Schicksal. Nun ja, schon möglich, daß der Name Chaim unserem Levi half, von der Tuberkulose zu genesen, wer weiß. Bei der Geburt zog sich deine Mutter eine Infektion zu, es folgten Komplikationen, so daß sie in den nächsten sieben Jahren nicht gebären konnte. Das betrübte uns sehr, da wir ja nicht wußten, ob sie überhaupt noch einmal würde gebären können. Aber wie sich herausstellte, war das nicht der einzige Schatten über unserem Leben in Lodz.

Die Kriegsjahre waren zuletzt sehr schwer, es herrschte Mangel an Nahrungsmitteln und Brennstoff. Zum Glück fuhr einer der Onkel hin und wieder nach Przedborz und kam mit Geflügel, Buchweizen oder anderen Sachen zurück. Kurz vor Kriegsende brach in Przedborz eine Typhusepidemie aus, der eine Großmutter mütterlicherseits zum Opfer fiel. Auch dein Großvater starb. Er war schon sehr alt, arbeitete aber bis zuletzt. Bei Kriegsende verließen die meisten Familienangehörigen Przedborz. Nur meine älteste Schwester, Fryma Sura, blieb. Sie hatte ein kleines Seidengeschäft, lebte jedoch von der Hand in den Mund. Mitte der dreißiger Jahre zog sie nach Lodz, wo sie bald darauf starb.

In der Nachkriegszeit ging es uns zuerst ganz gut. Wir waren froh, daß Polen seine Unabhängigkeit erlangt hatte und wir die zaristischen Aufpasser los waren. Wir waren voller Hoffnung, daß Juden fortan unter erträglicheren Bedingungen würden leben können. Doch die Situation war kompliziert. Zwei Jahre nach dem Weltkrieg kam es zum Krieg zwischen Polen und Rußland. Die Nachricht, daß die Russen in Richtung Warschau vorrückten, erfüllte uns mit großer Besorgnis. Lodz war ja nicht so weit weg. Es herrschte eine angespannte Atmosphäre, zumal Tausende junger Juden einberufen worden waren, diesmal zur polnischen Armee. Ruben gehörte zu den Verteidigern Warschaus. Nach dem Einmarsch der polnischen Armee in der Ukraine hörten wir nichts mehr von ihm.

Gegen Ende des polnisch-russischen Kriegs wurde mein Halbbruder Jakob Krzetowski eingezogen. Mehrere Monate nach der Unterzeichnung des Friedensabkommens kehrte Ruben aus russischer Gefangenschaft heim. Wir freuten uns sehr, doch zu meinem großen Schrecken mußte ich feststellen, daß Ruben sich von der bolschewistischen Propaganda hatte anstecken lassen und Kommunist geworden war. Die bolschewistische Revolution begeisterte viele junge jüdische Männer und auch Teile der polnischen Arbeiterklasse, aber mein Bruder war nicht einfach Kommunist, sondern ein führendes Parteimitglied. Ich habe oft versucht, ihn von diesem Irrweg abzubringen, so wie ich das heutzutage bei dir und Salek versuche, Moischele, aber unsere Gespräche waren sinnlos.

Auch für Jakob nahm das Schicksal eine dramatische Wendung. Jakob hatte, wie wir alle, einen ausgeprägten Sinn für Würde und Ehre. Solange er in der Armee zusammen mit seinen Kameraden gedemütigt wurde, ertrug er es mit Stillschweigen. Doch als der Krieg gegen die Bolschewisten zu Ende ging, diente Jakob in einer Einheit, in der viele Antisemiten waren. Ein Korporal muß besonders unangenehm gewesen sein. Zunächst war ihm nicht klar, daß Jakob Jude ist. Seine äußere Erscheinung, sein Name und das Umgangspolnisch, das er wie alle Przedborzer sprach – nichts deutete auf seine wahre Herkunft hin. Einmal prahlte der Korporal in Jakobs Gegenwart damit, im April 1919 an einem Pogrom der Armee in Pinsk teilgenommen zu haben. Die Nachricht von diesem Pogrom hatte sich wie ein Lauffeuer in ganz Polen verbreitet und die jüdische Bevölkerung mit Angst und Schrekken erfüllt. Du kannst dir also vorstellen, daß Jakob kaum an sich halten konnte. Dazu kam, daß er von seinem Leutnant vor versammelter Mannschaft gedemütigt wurde. Seine Einheit gehörte zur berittenen Artillerie. Wie du weißt, konnten alle jungen Przedborzer Juden gut mit Pferden umgehen, sogar ich.

Eines Nachts klopfte es an unserer Tür. Draußen stand Jakob, in Uniform, fix und fertig, ruhelos, ausgezehrt. Nachdem er sich gewaschen und etwas gegessen hatte, erklärte er, daß er sofort weiter müsse, er könne die Nacht nicht bei uns bleiben. Er müsse über die Grenze. Er wollte nur Zivilsachen haben. Er besaß weder Geld noch Papiere, hatte keine Kontakte, sprach keine Fremdsprachen. Jakob hatte seinen Vorgesetzten, den Korporal, erschlagen. Nicht ohne Grund.

Am Abend zuvor hatte ihm der Korporal aufgetragen, ein Pferd anzuspannen, er müsse irgendwohin fahren. Jakob tat, wie ihm befohlen. Dann wurde er losgeschickt, etwas für unterwegs zu besorgen. Bei seiner Rückkehr stand der Korporal neben dem Pferd und brüllte: »Scheißjude, das Geschirr sitzt falsch. Hau ab zu deinen Händlern, du Arschloch, und rühr unsere Pferde nicht mehr an!« Jakob wußte, daß der Korporal in seiner Abwesenheit das Kummet abgenommen und falsch herum angelegt hatte, um ihn schikanieren zu können. In diesem Moment tauchte der Leutnant auf. Er wies Jakobs Erklärung zurück und bestrafte ihn mit fünf Tagen Latrinenreinigen. Das gab den Ausschlag. Wortlos stieg Jakob auf den Wagen. Unterwegs erklärte er, daß sich die Deichsel gelockert habe, er müsse sie richten. Sie hielten an einem Wäldchen, und während der Korporal sich eine Zigarette anzündete, machte Jakob sich an der Deichsel zu schaffen. Vorsichtig löste er sie, schlich sich von hinten heran und schlug sie dem Korporal über den Kopf, daß er zu Boden sank und blutend auf der Erde liegen blieb. Daraufhin zerrte er die Leiche tiefer in den Wald, bedeckte sie rasch mit Blättern und fuhr in Richtung Lodz. Da seine Einheit in Lowicz stationiert war, erreichte er die Vororte von Lodz um Mitternacht, und von dort schlug er sich irgendwie zu unserer Wohnung durch.

Uns blieb nichts anderes übrig, als ihm zu helfen. Ich gab ihm meinen Anzug, Geld, etwas Proviant und Unterwäsche zum Wechseln. Jakob machte sich auf den Weg ins Unbekannte. Kaum zu glauben, aber nach mehreren Monaten landete er in Palästina. Er war mit einem Güterzug nach Danzig gefahren und hatte dort einen Matrosen bestochen, ihn an Bord eines Schiffes zu lassen, das nach Italien unterwegs war. Irgendwie gelangte er von dort nach Jaffa. Jahre später, er arbeitete auf dem Bau, fiel er vom Gerüst und brach sich das

Schlüsselbein. Weil es damals keine Ärzte in Palästina gab, die ihn behandeln konnten, empfahl man ihm, nach England oder Frankreich zu gehen, um seine Schulter zu retten. Er fuhr nach Frankreich, wo er seine spätere Frau kennenlernte. Sie war es, die ihn in Paris hielt, wo er noch heute lebt.

Ruben mußte nach dem Pilsudski-Putsch im Mai 1926 fliehen. Er ging nach Paris zu seinem Bruder. Die polnische Polizei suchte ihn wegen seiner kommunistischen Aktivitäten. In Polen hatte er mit einer Christin zusammengelebt, die ihm einen Sohn schenkte. Sie war eine Schönheit, allerdings nicht sehr gebildet. Nach seiner Flucht verschwand sie ebenfalls aus Lodz, ich habe sie nie wieder gesehen. 1929 wurde Ruben in Paris von ein paar Kerlen geschnappt, auf einen Lastwagen befördert und bei hoher Geschwindigkeit auf die Straße geworfen, so daß er von den nachfolgenden Autos überrollt wurde. So starb er. Die Nachricht von seinem Tod erreichte mich über Jakob, der ihn in Paris beerdigte. Ruben war mein jüngster Bruder, ich hatte ihn sehr lieb. Die ganze Familie trauerte um ihn, aber wir konnten nichts machen. Wir wußten, daß die polnischen Behörden hinter seiner Ermordung standen.

Ein Jahr vor Rubens Tod ereignete sich eine weitere Katastrophe. Die Sache war insofern noch dramatischer, als ihr – Salek, du und Lola – noch ganz klein wart und Levi gerade eingeschult worden war. Wir mußten eine größere Wohnung nehmen, und die Lebenshaltungskosten waren enorm gestiegen. Dank meiner kleinen Fabrik hatte ich aber ganz anständige, verläßliche Einnahmen, auch wenn ich alles andere als reich war. Weil dort so viel wertvolles Rohmaterial lagerte, mußte bald ein Nachtwächter her. Also stellte ich einen älteren Mann ein, den ich aus Przedborz kannte, er war einige Jahre zuvor nach Lodz gekommen. Er übernachtete in der Fabrik, um auf diese Weise ein paar Zloty hinzuzuverdienen. 1928 war ein strenger Winter, der Mann machte ein kleines Feuer im Ofen und schlief ein. Als er aufwachte, der Ärmste, stand alles lichterloh in Flammen. Die Fabrik brannte fast vollständig ab, er selbst, Gott sei's gedankt, konnte sich retten. Ich bekam etwas Geld von der Versicherung, aber wir mußten ganz von vorn anfangen. Zum Glück schuldeten mir einige Kunden noch Geld, und ein paar Dinge konnte ich verkaufen. Trotzdem war nicht im Traum an eine neue Fabrik zu denken. Die Konkurrenz hatte sich verschärft, das Rohmaterial wurde immer teurer, und es waren ganz allgemein unsichere Zeiten. Irgendwann bot mir ein Deutscher die Hälfte seines Hauses in der Borysza-Straße, einschließlich Laden, zum Kauf an. Dort wohnen wir noch heute. Das Haus ist aus Backstein, die Straße ist ruhig, die Leute arbeiten in kleinen Betrieben im Viertel. Deine Mutter und ich beschlossen, einen Kaufmannsladen zu eröffnen und die Wohnräume gleich neben dem Laden zu beziehen. Die übrigen fünf Wohnungen im Haus haben wir vermietet. Es sind zuverlässige Leute, die keine Schwierigkeiten machen. So, jetzt weißt du, Moischele, wie es uns nach Baluty, in diese kleine Straße verschlagen hat. Wir können nicht klagen. Es hätte viel schlimmer kommen können.

II

Gestern

Zu unseren Mietern im Haus gehören die Klaczewskis. Tochter Lodzia hat einen milchweißen Teint und einen üppigen Busen. Plötzlich nimmt sie mich aus den Armen meiner Mutter und wirft mich in die Luft. Ich kreische vor Vergnügen, Lodzia beruhigt mich, küßt mich und steckt mir ein Bonbon in den Mund. Mutter nimmt mich wieder an sich.

In der Küche, die an den Laden angrenzt, steht ein Bett mit Strohmatratze. Einmal im Jahr, im Herbst, wird das Stroh erneuert. Dann kommen Bauern in die Stadt, bringen Strohbündel in unsere Straße. Die Leute gehen hinaus, prüfen das Angebot und handeln einen Preis aus. Für Kinderbetten kaufen manche Leute Grasfüllung, die etwas teurer ist. Für uns ist es eine schöne Zeit. Auf dem großen, unbebauten Grundstück gegenüber, wo wir sonst Ball spielen, machen wir aus dem alten, ausgeschüttelten Stroh ein Lagerfeuer, rösten Kartoffeln und springen über das Feuer. Mit der Asche schmieren wir uns ein, so daß uns die Eltern kaum noch erkennen. Zu guter Letzt werden wir in einen großen Zuber mit eiskaltem Wasser gesteckt und abgeschrubbt, die Kernseife beißt in den Augen. Wir lernen, daß Freud und Leid zusammengehören.

Mein Bruder Salek, anderthalb Jahre älter als ich, geht schon in den Cheder. Ich bleibe mit meiner Schwester Lola, der jüngsten von uns und dem einzigen Mädchen unter uns Geschwistern, zu Hause. Levi, der Älteste, geht in die letzte

Klasse und gibt deshalb mächtig an. Er kommandiert Lola, mich und Salek herum, als wäre er unser Chef.

Manja, unser Kindermädchen, spricht etwas ungewöhnlich, seit sie in ihrer Kindheit einen Unfall hatte. Sie sagt »rei« statt »drei«, »Möhch« statt »Milch« und »Duhl« statt »Stuhl«. Die meisten Nachbarn verstehen sie nicht, doch uns ist ihre Aussprache vertraut. Manja gehört zur Familie, sie ist in unserem Haus, seit ich denken kann. Wenn ihr alter, hagerer Vater oder ihre Schwester sie besuchen, sprechen wir alle wie Manja, aber auch, wenn die Nachbarskinder unsere kleinen Geheimnisse nicht verstehen sollen. Lachend behaupten wir, es sei Zigeunersprache.

Lola verbringt die meiste Zeit damit, aus Stoffresten Kleider für ihre Puppen zu nähen, was ich furchtbar langweilig finde. Irgendwann gibt sie endlich bekannt, daß sie mit mir spielen will. Ich entferne ein Brett unter der frisch gefüllten Strohmatratze, lege es auf den Hocker, der zum Schuhputzen verwendet wird, Lola setzt sich auf das eine Ende und ich auf das andere. Wir wippen mit großer Begeisterung, doch plötzlich bricht das Brett entzwei. Mutter kommt in die Küche gelaufen, schlägt die Hände über dem Kopf zusammen und ruft: »Worauf soll die Matratze jetzt liegen? Wo soll Großmama Mindl denn schlafen?« Sie greift nach einem nassen Handtuch, das am Herd hängt, und schlägt es mir über Rücken, Hände und Ohren. Weinend erkläre ich, daß Lola schaukeln wollte. »Aber Lola ist noch klein, und du bist groß. Und außerdem ist sie krank!« ruft Mutter. Ihre Schläge tun zwar nicht besonders weh, es ist die ungerechte Strafe, die schmerzt. Hätte Lola nur eine kleine Strafe, nur einen leichten Klaps bekommen, wäre ich zufrieden gewesen. Aber Mutter schlägt sie nie. Lola ist ihre einzige Tochter. Schlimm, daß Mutter so ungerecht ist.

Wenn Salek von der Schule heimkommt, beginnt ein neues Leben. Im Hof sind Ksawery, Janek und Bolek und viele andere Jungen. Am liebsten spielen wir Cowboys. Als Pferde dienen uns Stöcke oder Latten, die wir uns zwischen die Schenkel klemmen, und unsere Pistolen sind aus Karton. Wir brüllen »Peng! Peng!«, daß die Tauben erschrocken auf das Dach flattern. In unserem Hof gibt es viele Taubenzüchter, die sich nach der Arbeit um ihre Tauben kümmern. Der beste von ihnen ist Pan Adolf, zu dem alle nur Hofmann sagen. Wir Kinder haben ihn gern und lernen von ihm die Kunst des Taubenzüchtens. Wir wissen, daß man die Vögel nicht aufscheuchen soll, tun es aber trotzdem, wenn uns niemand sieht und wir uns langweilen. Beim Cowboyspielen vergessen wir, daß unsere Rufe die Tauben erschrecken. Dann bekommen wir einen Klaps hinter die Ohren oder auf den Hintern.

Es gibt viele Ratten. Einmal sehe ich welche unter der Latrinentür hervorkriechen. Ich laufe heim, um Vater davon zu erzählen. »Das werden wir gleich haben, Moischele«, sagt er. »Nimm ein wenig Salz, und wenn sich eine Ratte zeigt, streust du ihr das Salz auf den Schwanz. Dann wird sie ganz steif.« Ich greife in das hölzerne Salzfaß und laufe hinaus, warte bis zum Einbruch des Abends, doch die einzige Ratte, die sich zeigt, bemerkt mich sofort und zieht es vor, ihr sicheres Versteck nicht zu verlassen. Es wird dunkel und kalt, und schließlich gehe ich mit meiner Handvoll Salz wieder nach Hause. Mutter und Vater haben die Rattenepisode längst vergessen. Ich erzähle von meinem Mißerfolg und verstehe nicht, warum die anderen schallend lachen. Noch viele Jahre später, wenn ich meinen Vater oder meine Brüder merkwürdige Dinge frage, antworten sie, daß ich etwas Salz auf den Rattenschwanz streuen soll, dann wird alles gut.

Im Hof gibt es eine Latrine und einen Brunnen. Wasser

wird mit der Hand gepumpt, und wenn die Bauern freitags zum Markt kommen, geben sie ihren Pferden Wasser zu trinken und waschen alle möglichen Sachen. Wir Kinder helfen ihnen, die Pferde zu versorgen. Im Herbst bringen die Bauern riesige Körbe mit schwarzen Kirschen, saftigen Birnen, Äpfeln und Pflaumen. Von überall her kommen Hausfrauen, um einzukaufen. Meine Eltern haben ihre eigenen Lieferanten von Butter, Milch, Käse, Eiern und Obst. Milch, Butter und Eier werden frühmorgens gebracht. Obst gibt es nur im Sommer und Frühherbst. Wir Jungen sind ganz aus dem Häuschen, denn die Bauern schlagen einem kaum einen Wunsch ab, schenken uns einen Apfel, ein paar Birnen oder eine Handvoll Kirschen oder Pflaumen. Nur Nunek, der jüngere Sohn der Nowaks, bittet nie um etwas. Er zeigt auf die Tauben, und sobald der nichtsahnende Bauer hochschaut, stopft sich Nunek im Nu die Taschen mit Pflaumen oder Birnen voll. Nunek und sein älterer Bruder Lodek sind richtige kleine Gauner. Alle möglichen Geschichten werden über sie erzählt, aber wir Kinder können Nunek gut leiden, und er mag uns auch. Nunek ißt sich an seiner Beute satt und schenkt uns, was übrig bleibt. »Da, ihr Rotznasen, das ist für euch. So bin ich«, sagt er und versetzt uns einen Tritt in den Hintern.

Vor dem Laubhüttenfest bringen uns die Bauern große, prächtige Zweige vorbei. Vater baut die *Sukka* selbst, aber ein paar Nachbarn helfen ihm, auch der hagere alte Nowak und Nunek. Mit meinem Vater sprechen die Nowaks in einer Sprache, die sie für Jiddisch halten. »*Awrum, a kojso west du geben in a por papierosn?*« (Awrum, gibst du uns etwas zu trinken und ein paar Zigaretten?) Mein Bruder Levi packt mit an, und auch wir Kleinen haben unseren Spaß. Die Hütte wird mit Zweigen bedeckt und im Innern mit bunten Papiergirlanden geschmückt. Wenn alles fertig ist, kommen die Nowaks zu Besuch und setzen sich mit Vater hin, essen, was Mutter auftischt, und trinken dazu Wodka, rauchen Zigaretten und sprechen über alles Mögliche. Der alte Nowak will meinen Vater im Armdrücken besiegen, aber Vater gewinnt immer, obwohl Nowak ein starker Mann ist, vor dem die anderen Diebe Angst haben. Salek und ich sind stolz auf Vater, der wegen seiner Kraft großes Ansehen in der Nachbarschaft genießt. Wer ihm auf den Geist geht, dem gibt er bei der Begrüßung die Hand und drückt so kräftig zu, daß sich derjenige windet und laut um Gnade bittet. »Awrum, es reicht, laß los, du brichst mir die Knochen!« Mein Vater tut, als habe er nichts gehört, sagt irgend etwas und geht einfach weiter. Die Nachbarn kommen zu ihm, wenn er etwas für sie schreiben soll, sie suchen seinen Rat, borgen sich die Zeitung aus. Vater schlägt ihnen nie etwas ab, und oft plaudert er mit ihnen im Hof.

Mutter hat ebenfalls viele Bekannte. Sie ist viel mit Frau Puchalska und Frau Klaczewska zusammen. Frau Puchalska ist auch so dick wie Mama, und oft vergleichen sie sich. Sie stellen sich mit dem Bauch an eine Wand und markieren den Schuhabsatz mit einem Stift. Mutter sagt zu Frau Puchalska: »Maria, du hast den Bauch eingezogen.« Sie streiten sich, sprechen über Rezepte und solche Dinge. Die Nachbarn sagen »Frymcia« zu Mutter und lassen bei ihr anschreiben. Sogar Kinder kaufen auf Pump, und auf einem langen, gefalteten Blatt Papier werden alle Schulden genau notiert.

Im Frühjahr werden Vorbereitungen für das Pessachfest getroffen. Das Haus wird saubergemacht, während ich mit meinem Freund Ksawery im Freien spiele. Unsere Köpfe sind bis auf die Schläfenlocken kahlgeschoren. Wir sind einander sogar ziemlich ähnlich. Als Ksawery einmal beim Ballspielen verliert, wirft er wutentbrannt mit einem Stein nach mir. Daraufhin greife ich nach einem großen Stein, um ihn in »Ksawys« Richtung zu schleudern. In diesem Moment kommt Mutter nach draußen, sieht die Szene und läuft herbei, um sich schützend vor Ksawery zu stellen. Doch der Stein fliegt schon. Er trifft Mutter am Bein, so daß sie laut aufschreit, und da kommt auch schon Vater aus dem Laden herbeigelaufen. Ich stehe wie gelähmt da, doch beim Anblick meines Vaters nehme ich Reißaus. Vater läuft mir hinterher, so daß ich noch mehr Angst bekomme. Ich renne am Ufer der Lodka entlang, über leere Plätze und durch schmale Gassen. Unbekannte Jungen und Erwachsene schließen sich der Meute der Verfolger an. Ich laufe die Zgierska-Straße hinunter, meine Kraft schwindet langsam, und schließlich holt mich Vater ein. Die Leute umringen uns, rufen etwas. Plötzlich nimmt mich Vater in die Arme und drückt mir innige Küsse auf die Wange. Seine Mütze ist verschwunden, nur die Jarmulke sitzt noch auf dem Kopf. Vater flüstert mir ins Ohr: »Moischele, du mußt mich jetzt küssen, ich bitte dich!« Vor lauter Erleichterung, daß mir keine Prügel bevorstehen, küsse ich ihn, und außerdem besteht er ja so eindringlich darauf. Immerhin liebe ich meinen Vater sehr. Plötzlich läuft Vater in den Laden von Szymele, einem seiner Bekannten, der sofort abschließt und die Tür mit einer Stange sichert. Die beiden Männer telefonieren mit erregter Stimme. Gesichter spähen durch das Schaufenster, Fäuste hämmern an Tür und Fenster. Vater sagt immer wieder, daß ich ihn küssen soll. Das hat er noch nie getan. Ich habe ihn manchmal geküßt, aber nicht mit solcher Hingabe. Plötzlich tauchen berittene Polizisten auf. Einer klopft an die Tür und sagt, wir sollen öffnen. Er tritt ein und begrüßt meinen Vater. Ich kenne ihn – manchmal führt ihn sein Streifendienst durch unsere Straße, dann kommt er sogar auf ein Glas in unser Haus. Inzwischen hat sich draußen eine große Menschenmenge gebildet. »Der Jude hat sich ein polnisches Kind geschnappt, um Matzen daraus zu machen!« Die berittenen Polizisten treiben die Leute weiter. Ein Polizist geleitet Vater nach draußen und ruft: »Leute, geht auseinander, das hier ist sein Junge. Ich kenne diesen Juden.« Ich höre ihre Antworten: »Er lügt, der Jude hat ihn bestochen!« Ich habe Angst und klammere mich noch stärker an Vater. Der Polizist bringt uns nach Hause, Vater bedankt sich bei ihm und bietet ihm ein Glas Wodka an. Später, am Abend und den ganzen nächsten Tag, kommen Leute zu uns und sagen, die ganze Sache hätte in einem Pogrom enden können. Ich weiß nicht, was ein Pogrom ist und warum wildfremde Menschen mich vor meinem Vater beschützen wollten, den ich bewundere und abgöttisch liebe.

Später erklärte er mir, daß alles seine Schuld gewesen sei, er hätte mir nicht hinterherrennen, sondern gemessenen Schritts folgen sollen. »Wir hätten großes Unglück über uns bringen können«, sagt er. »Die Leute glauben, daß wir aus Kinderblut Matzen backen, wir Juden, denen Gott nicht einmal erlaubt hat, das Blut von Hühnern zu essen.«

Unsere Straße stößt am unteren Ende, an der sogenannten »kleinen Grube«, auf die trüb dahinfließende Lodka. Die »kleine Grube« ist nicht viel mehr als ein mit dichtem Gebüsch bewachsener Platz am Ufer. Wenn hin und wieder einer der älteren Jungen dort mit einem Mädchen auftaucht, verscheucht er uns mit einem barschen »Zieht Leine!«. Wir dürfen nicht trödeln, sonst riskieren wir eine Tracht Prügel. Witek, der Älteste in unserer Gruppe, meint, daß die beiden jetzt »ficken«, wir sollten die Gelegenheit nutzen und aus sicherer Entfernung zugucken.

Auf dem anderen Flußufer, hinter einem hohen Zaun, erstreckt sich ein weitläufiger Park mit Obstbäumen, der Herrn

Anstadt gehört, einem deutschen Brauereibesitzer, und von einem Mann mit einem scharfen Hund bewacht wird. Manchmal versammeln wir uns an der »kleinen Grube«, um im trüben Wasser der Lodka Flußkrebse zu fangen. Wir machen ein Feuer, füllen eine große Konservendose mit Wasser und hängen sie über das Feuer. Sobald das Wasser kocht, werfen wir die lebenden Flußkrebse hinein. Die Älteren unter uns essen als erste, wir Knirpse bekommen nur ein paar Happen ab. Das Krebsfleisch macht Appetit, und Anstadts Obstgarten ist eine arge Versuchung. Wir losen aus, wer über den Zaun klettern und Kirschen oder Pflaumen zurückbringen soll. Diesmal bin ich dran, aber da ich der Kleinste bin, springt mein Bruder Salek für mich ein. Die anderen Jungen stehen Schmiere. Sobald wir den Parkwächter sehen, geben wir dem Jungen im Obstgarten ein Pfeifsignal. Doch diesmal hat uns der Wächter eine Falle gestellt. Listigerweise hat er sich mit seinem Hund versteckt, und bevor wir uns recht versehen, steht er neben Saleks Baum. Vor lauter Angst pfeifen wir nicht, so daß Salek direkt in die Arme des Parkwächters hinuntersteigt. Der Mann befiehlt ihm, die Taschen zu leeren, zieht ihm die Hose herunter und versohlt ihm den nackten Hintern. Salek gibt keinen Laut von sich. Doch der Wächter läßt ihn erst los, nachdem er Name und Anschrift genannt hat, dann eskortiert er ihn zum Zaun, hilft ihm hinauf und gibt ihm noch einen tüchtigen Schlag auf den Hintern. Salek schimpft mit uns, weil wir ihn nicht rechtzeitig gewarnt haben. Unbeeindruckt von unseren Erklärungen, zieht er mir die Ohren lang. Aber die Geschichte geht noch weiter.

Kurze Zeit nach dem Zwischenfall tauchte der Brauereikutscher bei meinem Vater auf, um ihm zu bestellen, daß Herr Anstadt ihn zu sprechen wünsche. Nach dem Abendessen mußten Salek und ich noch bleiben. »Schajele, weißt du nicht, daß man nicht stehlen darf?« sagte Vater, dessen Stimmung zwischen Verärgerung und Nachdenklichkeit zu schwanken schien, mit einem Blick zur Peitsche an der Wand, die dort mehr zur Warnung und weniger als tatsächlich benutztes Strafinstrument hing. Wir wußten natürlich, worauf sich seine Frage bezog, und schwiegen. »Warum muß ausgerechnet du unter all diesen *Schajguzim* (nicht-jüdischen Buben) ein Dieb sein? Gibt es zu Hause nicht genug Kirschen? Körbeweise stehen sie hinten in der Kammer, du kannst soviel davon haben, wie du willst. Warum mußtest du mich in diese peinliche Situation bringen?"

Salek rechtfertigt sich mit dem Hinweis, er habe es für unsere Freunde getan, es sei doch nichts dabei, es sei ein kleiner Scherz gewesen, er habe mir nur helfen wollen, das Los sei ja auf mich gefallen, nachdem wir die Flußkrebse gegessen und Hunger bekommen hatten, wollten wir Kirschen essen... Vater runzelt die Stirn und fragt: »Ihr habt auch Flußkrebse gegessen?« Ich erkläre, daß es da nicht viel zu essen gibt, bloß das Knochenmark. Vater schlägt die Hände vors Gesicht und ruft: »*Oj wej is mir!* Wißt ihr, daß ihr *trajfe* gegessen habt? Was habt ihr getan? Gott wird furchtbare Strafen über euch bringen! Ihr habt nicht nur gestohlen, sondern auch noch dieses verbotene Getier gegessen. Was habe ich getan, Herr, daß ich mitansehen muß, wie meine eigenen Kinder *trajfe* essen?« Vater sitzt da, das Gesicht in den Händen, wiegt den Kopf und murmelt etwas.

Salek und ich warten auf die verdiente Strafe. Ich denke mir, daß Salek mehr abbekommen wird, da er den Diebstahl schließlich verübt hat, und außerdem ist er älter. Aber Vater streicht sich nur mit der rechten Hand über den Bart. Er fragt: »Wißt ihr, warum Juden nicht stehlen und nicht *trajfe* essen dürfen?« Ich sehe Salek fragend an, der bloß mit den

Achseln zuckt. »Schajele, was lernt ihr eigentlich in diesem Cheder, wieso weißt du das nicht? Moischele ist noch klein, aber du bist schon ein großer Schüler. Kommt, setzt euch!« Und dann erzählt er uns eine Geschichte.

»Vor vielen, vielen Jahren, als unsere Vorfahren in Erez Israel lebten, haben unsere Priester und Rabbis, gelehrte Männer, aufgeschrieben, was die Leute essen sollten, um gesund zu bleiben, und daß sie selbst bei großem Hunger Anstand bewahren sollten. Ein anständiger Mensch kann nämlich, wenn er Hunger hat, zum Tier werden. Ihr müßt wissen, meine Söhne, daß zu der Zeit, als uns die Bibel geschenkt wurde, viele Leute noch Kannibalen waren, für die das Stillen ihres Hungers ein animalischer Akt war. Für die Juden beweist sich beim Essen, daß Gott uns Geschenke gemacht und uns die Fähigkeit verliehen hat, sie würdevoll zu verzehren. Der Jude lebt nicht, um zu essen, er ißt vielmehr, um zu leben, wohlgemerkt anständig zu leben. Deshalb waschen wir uns vor jeder Mahlzeit die Hände und sprechen das Gebet, um Gott dafür zu danken, daß er uns als Menschen erschaffen hat, die vernunftbegabte Wesen und keine Tiere sind. Sooft wir uns zu einer Mahlzeit hinsetzen, müssen wir bedenken, daß wir nur von Gott Erlaubtes essen dürfen, und zwar in würdevoller Weise. Juden dürfen kein Schweinefleisch essen, und sie dürfen auch nicht fressen. Ein Fresser ist wie ein Schwein, das sich im Dreck suhlt, so daß Würmer in seinen Körper gelangen und derjenige, der Schweinefleisch ißt, schwer krank wird, unter Umständen sogar stirbt. Aus einem ähnlichen Grund dürfen auch Reptilien und andere Fischarten nicht gegessen werden. Juden dürfen auch kein Blut verzehren, nicht einmal das Blut von Hühnern, und nicht gleichzeitig Milchprodukte und Fleisch essen, aus Sorge, ein Junges könnte in der Milch seiner Mutter gekocht werden.«

Vaters Erklärungen und Ermahnungen gingen noch eine ganze Weile so weiter. Schließlich strich er uns über den Kopf, fragte, ob wir alles verstanden hätten, sprach ein Gebet mit uns und meinte dann, daß dies unsere letzte Sünde gewesen sei. Unsere Unwissenheit könne uns möglicherweise vor göttlicher Strafe schützen, aber niemand wisse, wie Gottes Entscheidung ausfallen werde. »Papa«, fragte ich, »und welche Strafen gibt es?« »Das weiß ich nicht, Moischele«, sagte er, »aber manchmal endet es mit furchtbaren Bauchschmerzen oder Blindheit, oder man wird stumm oder kriegt einen Buckel oder bleibt sein Leben lang arm. Gott kann alle möglichen unvorhersehbaren Strafen verhängen.«

Als wir wieder allein waren, ließ Salek nicht erkennen, daß ihn die bevorstehende göttliche Strafe ängstigte. Er freute sich vielmehr, daß Vater wegen der verbotenen Flußkrebse die Sache mit den Kirschen völlig vergessen hatte.

Ich konnte nicht einschlafen. Grauenhafte Geister standen flüsternd um mein Bett, die mit den Fingern auf mich zeigten und die Fäuste schüttelten. Ich hatte schreckliche Angst und überlegte, was besser sei – blind oder taub oder stumm zu sein. Einen Buckel zu haben oder arm zu sein, erschien mir als das geringste Übel, da in diesem Fall meine Eltern oder Brüder für mich sorgen würden. Blind oder taub oder stumm sein, war eindeutig die schlimmste Strafe. Ob ich Gott irgendwie besänftigen konnte? Ängstlich beobachtete ich, was Salek und mir in den nächsten Wochen zustieß. Jedes Bauchweh, jedes unwillkürliche Zucken der Augenlider erschien mir als Vorbote der kommenden Strafe. Als Wochen später noch immer nichts passierte, fragte ich Salek, ob er der Ansicht sei, daß Gott uns vergeben habe. »Dummerle«, sagte er, »glaubst du, er hat nichts Besseres zu tun, als an uns Hosenscheißer zu denken?« Mir gefiel diese Antwort, und ich beschloß, Vater nicht zu fragen, ob Salek recht hatte. Jom Kippur stand vor der Tür, und ich bereitete mich auf diesen Tag vor, voller Hoffnung, daß Gott mir meine Sünden vergeben würde.

Einen Tag vor Jom Kippur rief Vater die Familie zusammen, legte sich den Gebetsschal um, nahm ein lebendes Huhn in die Hand, schüttelte es über unseren Köpfen hin und her und sprach dabei ein Gebet. Unsere Sünden sollten in das Huhn übergehen. Das Tier entleerte sich vor Schreck über meinem Kopf. Mein kurz geschorenes Haar und das Hemd waren so schmutzig, daß ich, ohne auf das Ende des Gebets zu warten, zu Manja lief, die mich gründlich schrubbte und mir frische Sachen gab. Vater und die anderen mußten herzlich lachen, aber ich war untröstlich und rief: »Papa, ich werde nie mehr an solchen *kiepurys* teilnehmen.« Salek schlug vor, den Afterausgang des Huhns vor der Zeremonie mit einem kleinen Korken zu verstopfen, aber Vater hatte eine bessere Lösung. »Das nächste Mal«, sagte er zu mir, »nehmen wir einen lebenden Fisch.«

Diese Episode blieb mir lange in Erinnerung. Viele Jahre später erklärte ich in einem Gespräch mit meinem Vater, daß dieses Ritual ein primitiver Brauch sei, den die Juden schon längst hätten über Bord werfen sollen. »Stimmt«, antwortete er, »es hat nichts mit unserem Glauben zu tun. Es ist eine uralte Tradition, die wahrscheinlich auf vorbiblische Zeiten zurückgeht. Aber jedes Volk hält an bestimmten Sitten fest, auch wenn sie nicht zu erklären sind. Die meisten Völker der Welt haben einen Sündenbock in der einen oder anderen Form. Wir Juden nehmen ein harmloses Huhn oder einen Fisch, während andere Völker die Juden als Sündenbock angesehen und in unruhigen Zeiten oder bei Hungersnöten ermordet oder vertrieben haben. Vielleicht ist es besser, Sünden und Schwierigkeiten auf einem Huhn abzuladen statt auf Menschen.«

Am Abend von Jom Kippur zog mein Vater ein blütenweißes Hemd, einen weißen Mantel und Pantoffeln an. Das spöttische Lächeln verschwand aus seinem Gesicht, er schaute ernst drein, als wären seine Gedanken nicht mehr bei uns. Auch Mutter und die Geschwister zogen ihre Festtagssachen an. Bevor wir zur Synagoge gingen, versammelte Vater die Familie um sich, legte uns den Gebetsschal um, hielt die starken Arme über unsere Köpfe und sprach einen Segen. Seine Augen waren naß, Mutter schluchzte, bat Gott um Gnade für uns alle, er möge uns unsere Sünden vergeben und uns Gesundheit schenken und daß wir immer ein Auskommen haben. Wir küßten uns und wünschten uns *Chatima towa* (einen guten Vermerk bei Gott). Mutter und Vater umarmten sich zuerst und flüsterten sich etwas ins Ohr. Mit Tränen in den Augen drückten sie jedes ihrer Kinder an sich. Eine eigentümliche Atmosphäre erfüllte das Haus. Ich hatte den Eindruck, daß Gott uns in diesem Moment ernst und nachdenklich wie ein Vater betrachtete und überlegte, welches Schicksal er uns im kommenden Jahr bestimmen sollte.

Unsere kleine Synagoge (*schtible*) bestand aus einem weißgetünchten, stets blitzsauberen Raum. Im Innern gab es einen dekorativen Schrank mit prächtigen Vorhängen, in dem die Torarolle aufbewahrt wurde. Daneben stand das Betpult für den Kantor und das Podest für die Vorlesung der Tora. An Jom Kippur wurde in der Synagoge eine Trennwand aufgestellt, damit auch die Frauen beten konnten. Ich weiß überhaupt nicht, wie meine Mutter, die nicht lesen konnte, den ganzen Tag über mit großer Inbrunst betete, während ihre Tränen auf das Gebetbuch fielen. Das *Kol Nidre* ging allen zu Herzen. Die Männer hüllten sich in ihren Gebetsschal. Ich sah das konzentrierte Gesicht meines Vaters, der die Augen geschlossen hielt, und hörte die tiefe, sonore Stime des Kantors. Auch ich war überwältigt und ergriffen.

Die ganze Familie fastete Nacht und Tag, selbst mein Schwesterchen Lola durfte nur ihren Durst löschen. Sooft Hunger und Durst unerträglich schienen und ich an Essen und Trinken denken mußte, entsann ich mich des allgegenwärtigen Gottes und fastete heldenhaft weiter. Das Verhalten meiner Brüder Levi und Salek erregte mein Mißtrauen. Sie verschwanden am Nachmittag und kehrten frisch und munter wieder in die Synagoge zurück. Hatten sie eine schreckliche Sünde begangen, überlegte ich, waren sie nach Hause gegangen, um etwas zu trinken oder gar zu essen?

In jenem Jahr hatte Jom Kippur auch insofern eine sehr viel größere Bedeutung für mich als in den Jahren zuvor, als ich noch nicht in den Cheder ging. Ich war knapp sechs, und Vater fand, daß sein Sohn die Zeit nicht länger mit sinnlosen Spielen vertrödeln, sondern sich dem Studium biblischer Texte widmen sollte. Salek erklärte mir sofort, wie man es vermied, vom *Melamed* (Lehrer) mit dem langen Lineal geschlagen zu werden. »Wenn er dich aufruft, gehst du sofort zu ihm und gibst ihm das Brot oder das Brötchen, das Mutter uns morgens mitgibt. Sag ihm, du bist schon satt. Noch besser, sag überhaupt nichts. Leg das Brötchen einfach neben ihn, aber richte es so ein, daß er dich dabei sieht. Er wird dich anschließend gut behandeln und dich nicht mit dem Lineal schlagen.«

Salek hatte recht. Eifrig lernte ich das hebräische Alphabet, und ich war sicher, daß der *Melamed* zufrieden mit mir sein würde; trotzdem knuffte er mich in die Rippen, weil ich die Buchstaben nicht schnell genug zusammenfügte. Er hieß Reb Schajo. Wir Kinder staunten über seine sechsfingrige Hand, die anscheinend zwei Daumen hatte. Sooft er auf einen Buchstaben zeigte, schauten wir auf seinen Daumen. Eine Kopfnuß von Reb Schajo, und man lenkte den Blick vom wunderlichen sechsten Finger wieder auf die wunderbar geformten hebräischen Buchstaben.

Ich brauchte nur ein paar Tage, um zu lernen, wie man dem *Melamed* ein Brot hinschob, einen Apfel oder etwas anderes Eßbares, das wir zu Hause hatten auftreiben können. Eines Tages blieben mein Bruder und ich länger als sonst in der Schule, weil Vater uns abholen wollte. Bei dieser Gelegenheit sah ich, wie der *Melamed* alle Gaben – Brötchen, Brote und Obst – in einen Beutel tat, den er dann in einen Samtbeutel steckte, wie er von frommen Juden zum Aufbewahren des Gebetsschals verwendet wird. Vater begrüßte Reb Schajo freundlich, plauderte eine Weile mit ihm und ging mit uns davon. Unterwegs erkundigte er sich, wie der Unterricht so ging. Aufgeregt erzählte ich ihm von der Szene, die ich gerade miterlebt hatte. Papa schwieg eine Weile, dann wandte er sich an Salek: »Schajele, du gehst jetzt seit einem Jahr in den Cheder, warum hast du mir nie davon erzählt?« Seine Frage blieb unbeantwortet. Er nahm uns bei den Händen, beugte sich herunter und sagte: »Reb Schajo hat viele Kinder, die er von seinem Lohn allein nicht ernähren kann. Kein Wunder, daß er nimmt, was ihm zugesteckt wird. Brot ist schließlich eine Gabe Gottes, das darf man nicht wegwerfen.« Darauf erwiderte Salek: »Aber Papa, wir lassen es nicht liegen, wir geben es ihm, weil wir uns vor seinem Lineal fürchten.« »Er nimmt dir nichts weg, Schajele«, sagte Vater. »Er hat hungrige Mäuler zu stopfen. Indem ihr von eurem Essen abgebt, übt ihr eine *mizwa*.«

Eines Tages, nicht lange nach diesem Gespräch, erklärte Vater, daß er uns auf der bekannten Schule Edelstein anmelden würde. Diese Schule besuchte ich zusamen mit meinem

Bruder und Alter, meinem besten Freund und Sohn des Freundes meines Vaters. Alters Vater hieß nur »*der Geyle*« (Rotschopf). Ich staunte nicht schlecht, als der Lehrer an unserem ersten Schultag Alter mit dem Namen Solarz aufrief und nicht »Geyle«. Jedenfalls drückten Alter und ich dieselbe Schulbank und blieben seitdem unzertrennlich. Ich war gern bei ihm zu Hause. Dort war es immer ruhig, sauber und gemütlich. Ich hörte auch gern den Gesprächen zwischen seinen Tanten und Onkeln zu. Sie sprachen oft von tapferen Leuten, Mitgliedern einer Untergrundgruppe, die von der Polizei gesucht wurden. Einmal fragte ich Vater, was das für Leute waren. »Wenn du größer bist, erkläre ich es dir«, lautete seine knappe Antwort. Ich für mein Teil begann, mir die Männer genauer anzusehen, die auf dem Trottoir neben runden Öffnungen standen, eigenartige Werkzeuge dabeihatten und hinunterstiegen und auf Metall klopften und etwas heraufriefen. Das also waren die Leute vom Untergrund, dachte ich. Aber warum man nicht über sie reden durfte und warum die Polizei sie nicht fand, blieb mir ein Rätsel.

Edelsteins Schule bedeutete das Ende meiner Freiheit. Außerdem wurde mir klar, daß die Nachbarskinder ebenfalls auf die Schule gingen, nur eben in ganz andere. Spielen konnten wir jetzt nur noch abends, an Sonntagen oder Feiertagen. Am liebsten spielten wir *narodowka*. Wir bildeten zwei Mannschaften und maßen eine Entfernung von elf Schritten zwischen den beiden Linien. Zwei Torhüter nahmen ihre Position an den beiden gegenüberliegenden Seiten des Karrees ein.

Wir hatten gerade das erste Schuljahr hinter uns gebracht, es waren Ferien, und fast jeden Tag spielten wir auf dem Platz vor unserem Haus. Meistens gewann unsere Mannschaft, und Salek war einer unserer besten Spieler.

Eines Abends blieben Salek und ich noch etwas länger auf

dem Platz. Plötzlich tauchten die Jungen der Verlierermannschaft auf und riefen, wir Juden hätten schuld an ihrer Niederlage. »Ihr verliert nur, weil ihr keine Spieler seid, sondern Schlappschwänze«, antwortete Salek. Daraufhin stürzte sich einer der Älteren auf ihn. Salek war in einer aussichtslosen Lage und ging bald zu Boden. Der Junge kniete auf ihm und fing an, ihn so zu würgen, daß er keine Luft mehr bekam, während zwei andere seine Arme festhielten. Ich schaute mich um, sah eine große Flasche, schnappte sie mir und schlug sie dem Jungen, der Salek würgte, über den Kopf. Mit dem Rest der zerbrochenen Flasche in der rechten Hand wandte ich mich den beiden anderen zu, die nun davonstürzten. Mit dem Mut der Verzweiflung rief ich den anderen zu: »Wer will der nächste sein?« Unser Spielplatz lag bald völlig verlassen da.

Salek und ich gingen nach Hause, ohne den Eltern etwas zu erzählen. Bald klopfte der Vater des verletzten Jungen an unserer Tür. Salek verschwand sofort, als er das bandagierte Opfer meines Selbstverteidigungsaktes erblickte, während ich mich, in banger Erwartung der unausweichlichen Strafe, unter dem großen Eßtisch versteckte. Mein Vater wechselte ein paar Worte mit dem Vater des Opfers, nahm dann seinen schweren Gürtel und schlug kräftig zu. »Du Nichtsnutz, ich werde dir diesen Unsinn austreiben! Ich werde dir eine Lektion erteilen, an die du dein Lebtag denken wirst, hast du verstanden!« Doch in diesem Moment war ich froh, daß der Gürtel nur das Tischbein traf und nicht mich. Angsterfüllt und empört hockte ich unter dem Tisch und berichtete, was passiert war und warum. Janek, das Opfer unseres resoluten Gegenangriffs, schwieg zuerst. Als Vater ihn aufforderte, seine Version der Geschichte zu erzählen, räumte er ein, als erster zugeschlagen zu haben, es sei aber nicht böse gemeint gewesen, er habe Salek nur ein bißchen würgen wollen. Vater redete noch ein wenig mit Janeks Vater und versprach, ihm die Arztkosten zu ersetzen.

Sobald die beiden gegangen waren, rief Vater mich zu sich. Ich schlotterte vor Angst, da ich nicht wußte, was mir bevorstand. Doch zu meiner großen Überraschung und Erleichterung umarmte und küßte er mich. Er setzte mich auf einen Stuhl und sagte: »Du hast völlig richtig gehandelt, Moischele. Ich bin sehr stolz auf dich. Als Jude mußt du wissen, daß solche Dinge immer wieder passieren werden. Gegenüber Antisemiten, das sind die Menschen, die Juden hassen, mußt du immer stark auftreten. Ich werde nicht ewig da sein und dich beschützen können. Dein bester Schutz besteht darin, nie auch nur die leiseste körperliche oder geistige Schwäche zu zeigen.«

Später, in den schweren Jahren, dachte ich immer wieder an diese Worte meines Vaters, und sie wurden eine Art Paßwort im Alltag. Später prägten sie sogar die Art und Weise, wie ich meine eigenen Kinder erzog. Vielleicht ist es mir deshalb gelungen, die schwärzesten Tage in der Geschichte der Menschheit zu überstehen.

Edelsteins Schule veränderte mein Leben von Grund auf. Morgens stand Salek und mir der lange Weg bevor, nachmittags derselbe Heimweg. Manchmal warteten ein paar polnische Jungen in der Limanowska-Straße und riefen: »He, Judenlümmel, gib uns Geld für eine Zigarette!«

Salek schärfte mir ein, solchen Aufforderungen keinesfalls nachzukommen, da man uns sonst für Schlappschwänze halten und nach Lust und Laune mit uns verfahren würde. Also kam es wiederholt zu Streit und Rempeleien, und da die Winterabende immer dunkler und länger wurden, wurden wir auch immer öfter und zunehmend aggressiver angegriffen. Eines Tages hatten wir es mit einem zahlenmäßig stärkeren Gegner zu tun, so daß wir einfach davonliefen. Blutend und mit zerrissenen Sachen kamen wir zu Hause an. Mutter schlug die Hände über dem Kopf zusammen, doch Vater fragte nur: »Na, mit wem habt ihr euch diesmal gerauft?« Wir berichteten von unseren inzwischen alltäglichen Keilereien, und schließlich bat Salek, Vater oder Levi sollten uns ab sofort abends von der Schule abholen. Vater dachte über diesen Vorschlag nach, nahm uns bei den Händen und sagte: »Nein, Kinder, weder Levi noch ich haben dafür Zeit. Ihr seid alt genug, um auf euch aufzupassen. Habt ihr verstanden? So ist das Leben!«

Wir sprachen mit unseren Spielkameraden und fragten sie um ihre Meinung, doch sie wußten auch keine Lösung. Salek wandte sich an Nunek, erzählte ihm von unserem Problem und versprach ihm eine Schachtel Zigaretten, wenn er uns helfen würde. »Warum gibst du Nunek die Zigaretten, dann kannst sie doch gleich den Jungen geben«, sagte ich. »Weil Nunek uns nicht zwingt. Wir geben sie ihm freiwillig, kapiert?« Ein paar Tage später tauchte Nunek mit einem Bleirohr auf, das in ein Stück Zeitungspapier eingewickelt war, und sagte zu Salek in einer Mischung aus Deutsch und Jiddisch, die er benutzte, wenn er mit Mutter sprach: »Schachune (so sagte Mutter zu Salek), gib mir deinen Ranzen.« Salek brachte ihm das Gewünschte. Nunek erklärte: »Paß auf, nimm dieses Stück Rohr und steck es so unter den Deckel, daß es ein wenig herausschaut, so daß du es schnell hervorholen kannst. Wenn du an den Ort kommst, wo diese Scheißer euch immer angreifen, schickst du Moniek vor, du selbst bleibst zehn Schritte hinter ihm. Sie werden sich natürlich Moniek vorknöpfen, weil er so klein ist. In diesem Moment kommst du von hinten heran und haust ihnen das Rohr über die Birne. Hast du verstanden, Schachune?« Salek und ich hatten verstanden und gingen daran, einen Schlachtplan auszuarbeiten.

Ein paar Tage später tauchten unsere Gegner wieder auf. Salek blieb zurück, während sie mich umringten und riefen: »He, Jude, rück Geld für Zigaretten raus!« Sie schubsten und stießen und rempelten mich, schlugen mir auf den Kopf und zerrten an meinen Sachen. Plötzlich tauchte Salek auf und teilte wilde Schläge aus. Ein Junge blutete aus Kopf und Ohren und lief brüllend davon, gefolgt von seinen Kumpanen. In der Dunkelheit wußten sie nicht, wie ihnen geschah. Salek und ich kamen uns wie Helden vor. Nunek bekam seine Zigaretten, aber Vater erzählten wir nichts.

Tags darauf stand ein Polizist vor der Tür und forderte Vater auf, sich mit uns auf der Wache zu melden. Er erklärte, daß wir einen Jungen fast umgebracht und mit einem Verfahren vor dem Jugendrichter zu rechnen hätten. Vater rief uns herbei, hieß uns Platz nehmen und fragte seelenruhig, was wir denn diesmal angestellt hätten. »Nichts, Papa, du hast selbst gesagt, wir sollen uns verteidigen, und nichts anderes haben wir getan!« antwortete Salek erregt. Wir berichteten von unserer Taktik und von Nuneks Rohr. Vater schüttelte den Kopf, strich uns zärtlich über den Kopf und sagte: »Schon gut, Kinder, aber ihr müßt anderen Jungen doch nicht gleich die Köpfe blutig schlagen.«

Am nächsten Abend gingen wir drei zur Wache an der Ecke Piwna-Straße. Der »Herr Inspektor«, wie Vater ihn anredete, hatte eine Glatze, einen Schnurrbart und sah ziemlich gefährlich aus. Er brüllte irgend etwas und wies uns die Stühle vor seinem Tisch zu. Vater saß irgendwo im Hintergrund. Der »Inspektor« nahm ein Blatt Papier, tauchte die Feder in das Tintenfaß und sagte zu Salek: »Na, dann erzähl mal, wie du diesen Goj umbringen wolltest.« Salek und ich berichteten ihm von den wiederholten Angriffen und erklärten, daß wir keine andere Wahl gehabt hätten, als uns zu verteidigen.

»Verteidigen?« donnerte der Polizist, »fast umgebracht habt ihr den Jungen!«

»Aber sie wollten meinen Bruder umbringen«, entgegnete Salek, »deswegen habe ich ihn verteidigt.«

»Du dummer Judenbankert«, sagte der Polizist, »weißt du nicht, daß ihr, wenn ein Pole euch Juden angreift, auf die andere Straßenseite laufen und *Aj wej, Polizei, aj wej!* rufen sollt?« und hob die Hände, um zu zeigen, wie Juden um Hilfe rufen. In diesem Moment griff Salek nach dem Tintenfaß und warf es auf den Polizisten. Der »Inspektor« duckte sich, das Tintenfaß krachte gegen die Wand, auf der sich ein riesiger Klecks ausbreitete. Der Polizist sprang auf und streckte die Hand nach Salek aus. Ich war wie gelähmt vor Angst. Salek stand entschlossen da und ballte die Fäuste. Vater warf sich zwischen die beiden und sagte etwas zu Salek, doch der Polizist öffnete nur eine Tür, zeigte mit dem Finger auf den Raum mit einem vergitterten Fenster und brüllte: »Dort hinein!« Vater redete ebenfalls auf Salek ein, er solle gehorchen. Meine Angst wurde immer größer. Ich wollte auch in das furchterregende Zimmer, um Salek Gesellschaft zu leisten, doch Vater bat mich, hinauszugehen und draußen zu warten. Ungeduldig wartete ich, bis Vater und Salek endlich aus der Polizeiwache herauskamen.

Vater ging eine Weile schweigend neben uns her. Schließlich sagte er zu Salek: »Schajele, du darfst deine Hand niemals gegen einen Polizisten erheben. Nicht einmal, wenn er dich beleidigt oder dir etwas tut, denn die Polizei schützt die Leute und muß deshalb respektiert werden. Aber wenn diese Jungen dich angreifen, sollst du dich verteidigen, so gut du es kannst.« Er schwieg einen Moment und sagte dann: »Dein

Abenteuer, Schajele, wird mich teuer zu stehen kommen. Na ja, es ist halt nicht zu ändern. Aber ich will dir noch etwas sagen. Der Inspektor hat mir versprochen, sich darum zu kümmern, daß diese Jungen dich nie mehr angreifen. Wir werden sehen.«

In den nächsten Tagen hielten sich die Jungen der Bande, die uns so gepiesackt hatten, tatsächlich zurück. Salek war in meinen Augen ein Held, und ich fühlte mich etwas sicherer. Der Zwischenfall war aber nur der Beginn neuer und unerwarteter Ereignisse. Eines Tages kam Vater mit blauem Auge und geschwollenem Gesicht nach Hause. Wir erschraken über sein Aussehen. Er erklärte, eine Bande von Antisemiten habe ihn zusammengeschlagen. »Uns stehen schwere Zeiten bevor«, sagte er. »Eine Wirtschaftskrise, die Leute wissen nicht, wie sie über die Runden kommen sollen, und die Juden werden gewiß teuer dafür bezahlen müssen.« Die Bedeutung seiner Worte sollte mir schon bald klar werden.

Großmutter Mindl, die wir alle furchtbar gern hatten, weil sie uns immer spannende Geschichten erzählte, kam eines Tages auf Besuch. Sie schlief in der Küche neben dem Laden, und Manja zog in eine kleine Kammer um. Großmutter war schwerhörig, und man mußte schon brüllen, um sich mit ihr zu verständigen. Da sie in der Küche schlief, brachten wir unseren Spitz im Laden unter. Wir liebten ihn, er war so klug, daß wir sogar Ball mit ihm spielten. Doch eines Tages schlug ihm jemand mit einem schweren Stein den Kopf ein. Wir waren todtraurig. Ein paar Tage später mußten wir morgens feststellen, daß unser Laden komplett ausgeraubt worden war. Großmutter hatte nichts gehört, und unser Spitz war tot und konnte uns nicht mehr warnen. Die Einbrecher hatten ihn getötet, und dafür verabscheuten wir sie noch mehr als für den Diebstahl. Meine Eltern waren untröstlich. Sie hatten fast ihren ganzen Besitz verloren. Frauen aus dem Viertel standen Mutter bei. Gegenüber einer dieser Frauen deutete sie an, daß den Dieben wahrscheinlich jemand geholfen hatte, und zwar Nowak.

Am nächsten Abend, wir saßen gerade am Eßtisch, stand Nowak, betrunken und mit einem Messer in der Hand, auf der Schwelle. Meine Eltern wußten nicht recht, wie sie reagieren sollten. Nowak baute sich vor meinem Vater auf und erklärte entschlossen: »Awrum, sag deiner Frymcia Lebwohl. Ich werde ihr die Kehle durchschneiden. Sie hat mich beleidigt. Verstehst du, Awrum, sie hat mich beleidigt. Sie hat gesagt, ich habe euch bestohlen. Ich habe bei meinen Nachbarn gestohlen. Ist dir klar, was sie gesagt hat? Ich bin ein Dieb, na gut, aber ein ehrlicher Dieb, ich stehle bei niemandem, bei niemand im Haus.« Sein Gesicht war tränenüberströmt.

Vater wußte sofort, daß Nowak nicht gekommen war, um uns nur einen Schrecken einzujagen. Seine Ankündigungen machte er immer wahr. Vater forderte ihn auf, sich zu setzen, bat Mutter, eine Flasche Wodka zu bringen, die er immer im Haus hatte, und schickte Mutter dann aus dem Haus.

Wir Kinder blieben sitzen und warteten gespannt, wie die Sache ausgehen würde. Vater schnitt eine Scheibe Brot ab, brachte einen fetten Hering und goß ein Glas Wodka ein. »Hier, Jozio, trink erst mal, damit du klar denken kannst«, sagte er. Nowak kippte den Wodka hinunter, aß den halben Hering, stand auf und sagte, das Messer noch immer in der Hand: »Und jetzt werde ich Frymcia die Kehle durchschneiden. Ich werde sie schon finden.«

»Setz dich, Jozio«, sagte Vater. »Setz dich, und laß uns ein Gespräch von Mann zu Mann führen.« Er schenkte unentwegt nach und erklärte, daß es sich für einen ehrbaren und bekannten Mann wie Nowak nicht schicke, eine törichte Frau zu bedrängen. »Du weißt doch, wie es ist, Jozek. Eine Frau ist eine Frau.« Aber Jozek Nowak ließ nicht locker. Er hörte zu, stand wieder auf, nahm das Messer und wiederholte: »Ich muß sie umbringen, Awrum, versteh mich doch, es geht nicht anders.« Nach jeder seiner Erklärungen zog Vater ihn wieder auf seinen Stuhl und schenkte weiter ein. Als die Wodkaflasche fast leer war, schlug Nowaks Stimmung plötzlich um. »Awrum«, sagte er, »schenk dir auch ein, laß uns gemeinsam trinken. Du weißt, daß ich dich liebe und achte, na komm schon, gib mir deine Schnauze, Awrum.« Schluchzend umarmte er meinen Vater und küßte ihn. »Also gut, nur dir zuliebe werde ich sie schonen, Awrum, nur dir zuliebe. Und ich werde deiner Frymcia sogar zeigen, wer euch bestohlen hat. Zum Beweis dafür, daß ich es nicht war. Gib den Burschen Geld, dann kriegst du alles zurück. Aber du mußt wissen, Awrum, früher oder später werden sie dich wieder ausrauben, und niemand und nichts wird dir helfen können.«

Nowak hielt sein Wort. Ein paar Tage später führte er Vater und mich zu einer Spelunke in der Krotka-Straße. Dort fanden sich die Waren, unversehrt und bewacht von zwei jungen Männern mit schmalem Oberlippenbärtchen. Sie schärften Vater ein, nicht zur Polizei zu gehen, sonst würden sie ihn fertigmachen – Nowak zufolge eine ernst zu nehmende Warnung. Vater handelte einen Preis aus und gab den beiden Geld. Am selben Tag brachte ein Pferdewagen Säcke mit Zucker, Mehl, Buchweizen, Teekisten, Seife und alle übrigen Sachen zurück. Wir waren sehr glücklich, vor allem Vater und Mutter. Schließlich hatte Nowak Mutter in Ruhe gelassen, und meine Eltern konnten weiter ihr Geschäft betreiben, auch wenn es sie eine Stange Geld gekostet hatte. Unsere Freude war aber nur von kurzer Dauer. Vater ließ die Ladentür verstärken und spezielle Schlösser einbauen. Doch für die Diebe war es ein Kinderspiel. Ein paar Wochen später war der Laden komplett leergeräumt. Mutter verlor diesmal kein Wort über Nowak, aber meine Eltern waren ruiniert.

Tatsächlich war Nowak kein Dieb, sondern Hehler. Die Krise, von der jedermann sprach, traf auch ihn. Der Markt für Diebesgut war nicht besonders gut, und Nowak trank mehr als üblich. In alkoholisiertem Zustand verlangte er Geld von seiner Frau, einer kleinen, dürren Person, die ganze Tage an ihrem Webstuhl saß und einfache Wandbehänge herstellte. In vielen Häusern unseres Viertels gab es solche Handwebstühle, die bis in die späte Nacht klapperten. Nowak wußte, wann seine Frau einen Teppich verkauft hatte; betrunken kam er dann nach Hause und schlug Elsa, so hieß seine Frau, bis sie ihm etwas Geld gab. Die Nowaks wohnten im Erdgeschoß unseres Hauses, und so konnten wir oft durchs Fenster sehen, wie er seine Frau schlug. Elsa schrie und weinte, und wir Kinder hatten Mitleid mit ihr. Aber alle hatten Angst vor Nowak, so daß ihr niemand helfen konnte, nicht einmal ihre Söhne Nunek und Lodek.

Eines Tages wurden wir Zeugen einer grotesken Szene. Die Frauen aus unserem Haus hatten sich vor Nowaks Tür versammelt, jede mit einer Holzpantine in der Hand. Wir hörten Elsa weinen, weil Nowak sie wieder einmal schlug. Schließlich kam er nach draußen, und sofort umringten ihn die Frauen und schlugen mit den Pantinen auf seinen kahlen Kopf ein. Nowak, der sich, betrunken wie er war, nicht wehren konnte, lief hinaus auf die Straße, doch die Frauen verfolgten ihn und schlugen weiter auf ihn ein, bis ihm das Blut von der Stirn und aus der Nase lief, und brüllten im Chor: »Du verdammtes Miststück, das ist wegen Elsa!« Plötzlich kam Elsa aus dem Haus gelaufen und brach beim Anblick ihres blutenden Mannes in Wehgeschrei aus: »Gott o Gott, sie bringen meinen Jozek um, sie bringen ihn um!« Und dann stürzte sie sich auf die Frauen und bearbeitete sie ihrerseits mit ihren kleinen Fäusten. »Laßt meinen Jozek in Ruhe!« schrie sie. »Laßt ihn los!« Weinend führte sie den blutüberströmten Mann ins Haus und rief immer wieder: »Was haben sie meinem guten Jozek getan, was haben sie mit ihm angestellt.« In diesem Moment schlug Nowak ihr ins Gesicht.

Wir Kinder fanden dieses Schauspiel sehr aufregend, obschon uns nicht klar war, warum Elsa ihren Mann vor den empörten Frauen schützen wollte. Es machte Spaß, zuzusehen, wie Nowak die Hände vor das Gesicht hielt und die Frauen immer wieder hochsprangen, um dem großgewachsenen Mann einen Schlag über den Kopf zu geben. Hinterher spotteten die Erwachsenen über Nowak, der es lange Zeit vermied, den Nachbarn sein Gesicht zu zeigen. Pan Hofman sagte lachend: »Nicht, daß er vor den Frauen Angst hatte, sie haben ihn einfach gedemütigt. Ein so großer Kerl wird von Frauen verprügelt – das ist das Schlimmste, was man sich vorstellen kann.« Jedenfalls zeigte sich, daß Elsa von der Demütigung ihres Mann am Ende doch profitierte, denn fortan wurde sie nicht mehr so oft verprügelt.

Immer wieder kam es in unserer Straße zu Schlägereien. Einmal wurde ein höherer Angestellter der Boryszowka-Fabrik brutal verprügelt. Eines Abends hörten wir, wie jemand aus Leibeskräften schrie. Alle Kinder rannten hinaus. Wir sahen einen Mann, der einem anderen die Jacke über den Kopf gezogen hatte und mit Fausthieben auf das Opfer einschlug, bis es blutüberströmt zu Boden sank. Später hieß es, Kuba aus der Nachbarstraße habe sich für seine Entlassung gerächt. Immer mehr Leute wurden entlassen, und meine Eltern machten sich Sorgen. Und eines Tages war das Schaufenster von Herrn Glaser, unserem Konkurrenten, mit Parolen wie »Jedem das

Seine« und »Kauft nicht bei Juden« beschmiert. Ein paar Jungen aus unserer Straße riefen mir spöttisch zu: »He, Itzig, paß gut auf, Hitler ist hinter dir her!« Im Herbst schändete jemand unsere Laubhütte, und eines Abends, wir saßen gerade am Eßtisch, flog ein Stein über das Dach. Für mich und meine Geschwister waren die sorglosen Jahre endgültig vorbei.

Eines Tages erfuhren wir, daß Lodzia, deren alter Vater arbeitslos war, mit Tuberkulose im Sterben lag. Mutter dachte lange nach und beriet sich mit Vater. Schließlich nahm sie ein großes Stück Butter, zwei Brote, einen Krug Milch und noch andere Lebensmittel und brachte alles zu den Klaczewskis. Zuerst lehnte der alte Klaczewski Mutters Angebot ab, weil sie uns noch Geld schuldeten, doch dann lenkte er ein.

Lodzia starb, und ich ging mit Salek zu ihrer Beerdigung, obwohl Vater uns gebeten hatte, nicht auf den Friedhof zu gehen. Als der Sarg mit der jungen, schönen Lodzia in die Grube gelassen wurde und der Pfarrer ergreifende Worte sprach, mußten wir weinen. In dieser Zeit fingen wir an, Fragen zu stellen wie etwa: Was passiert mit einem Menschen, wenn er tot ist? Warum sterben manche Leute jung und manche alt? Ist das so, weil Gott es will? Und ist Lodzias Gott ein anderer als unser Gott? Ist unser Gott womöglich gerechter, weil er nicht zuläßt, daß so junge, schöne Frauen sterben? Diese Fragen stellte ich Vater bei der ersten Gelegenheit. Wie es seine Art war, zog er einen Stuhl heran, auf den ich mich setzen mußte, und sagte: »Moischele, das sind schwere Fragen, du verstehst das alles noch nicht, dafür bist du noch zu klein. Es gibt einen Gott für alle Menschen auf der Welt, aber es führen verschiedene Wege zu ihm. Die guten, anständigen Christen haben ihren Weg zu Gott, wir haben unseren. Wir sind nicht sehr viel anders als sie, aber es gibt zwei wichtige Unterschiede, und die verstehst sogar du. Erstens dürfen Juden nicht missionieren. Christen dagegen haben Missionare, die andere Menschen bekehren, manchmal sogar mit Gewalt. Das mußte in Verbrechen enden, wie bei der spanischen Inquisition, in deren Verlauf Zehntausende Juden ermordet wurden. Und gewaltsame Bekehrung führte oft zu blutigen, grausamen Religionskriegen. Der zweite Unterschied ist noch einfacher. Wir Juden brauchen das Christentum nicht für unseren Glauben, aber der christliche ist ohne unseren nicht denkbar. Alles andere erkläre ich dir, Moischele, wenn du größer bist und in der Schule etwas mehr gelernt hast.«

Edelsteins Schule war nicht religiös, aber wir lernten Hebräisch und hatten auch Religionsunterricht. Manchmal trat unser Religionslehrer ans Fenster, wischte über die beschlagene Scheibe und rieb sich die feuchten Hände. Die Jungen in der Klasse wisperten: »Unser Rabbi hat wieder einen gelassen«, denn in diesem Fall mußten sich gläubige Juden die Hände waschen, besonders wenn sie gerade in der Bibel lasen.

Neben der Schule standen junge, hübsche Frauen, die vorbeikommende Männer ansprachen. Die älteren Jungen sagten, es seien Prostituierte. Einmal bat ich Leon, den Ältesten, der in jeder Klasse sitzengeblieben war, mir zu erklären, was Prostituierte sind. »Was für eine saublöde Frage, Moniek!« erwiderte er. »Wart's ab, ich werd's dir mal zeigen.«

Eines Winterabends rief Leon ein paar von uns zusammen. »So, dann werden wir uns mal mit Prostituierten amüsieren«, sagte er. Er ging mit uns zur Ecke Limanowska/Krotka-Straße, wo mehrere hagere, ärmlich gekleidete Frauen standen. Sooft ein Mann an ihnen vorüberging, sagten sie auf Polnisch oder Jiddisch zu ihm: »Na, Schatz, wie wär's mit uns beiden? Es kostet nicht viel.« Als Bezahlung nahmen sie sogar Zigaretten. Wenn sich die beiden handelseinig geworden waren, führte sie den Mann zu einer Latrine in einem Innenhof.

Diese Buden waren nachlässig zusammengezimmert, so daß man durch die Bretterritzen spähen konnte. Leon durfte gucken, während die anderen neben ihm standen. Sobald das Stöhnen anfing, gab uns Leon ein Zeichen, und dann fingen wir Jungen an, mit den Fäusten gegen die Wände zu trommeln, und im nächsten Moment liefen wir schon davon. Leon sagte, daß uns die Prostituierte keinesfalls sehen dürfe, sonst würde sie uns bei der nächsten Gelegenheit verdreschen. Ich beteiligte mich auch an dem Getrommel, aber noch immer war mir nicht klar, was die Frau mit diesem Mann an diesem ekelhaften Ort anstellte. Also bat ich Leon, mir alles genau zu erklären. Ich mußte wissen, warum die beiden ausgerechnet auf diese dreckige Latrine gingen und was sie da drinnen taten. Leon antwortete lachend: »Diese Huren sind sowas von arm, sie haben nicht einmal ein Zimmer, auf das sie mit ihren Kunden gehen können. Und was sie tun? Nichts anderes als das, was alle anderen Leute auch machen, wenn sie Kinder machen. Sie bumsen. Genau wie deine Eltern auch.« Und dann erteilte er mir eine Lektion, die mit den abscheulichsten Details ausgeschmückt war. Zutiefst erschüttert entgegnete ich, daß meine Eltern nie und nimmer solche Schweine seien. Da mußte Leon so laut lachen, daß ich glaubte, er hätte den Verstand verloren. Er erzählte es seinen Schulfreunden, die nun ihrerseits in schallendes Gelächter ausbrachen, von dem sich auch mein Bruder Salek anstecken ließ. Ich war in der vierten Klasse, das Schuljahr ging zu Ende, und meine einfache, schöne Welt stürzte in sich zusammen. Die grausame Realität wurde mir immer unbegreiflicher.

Viele Kinder aus wohlhabenden Familien gingen auf unsere Schule. Sie besaßen Fahrräder und Schlittschuhe und trugen elegante Kleidung. Von solchem Luxus konnten Alter und ich nicht einmal träumen, obschon wir zu den besten

Schülern gehörten, und das betrübte uns. Im Schulhof gab es eine Souterrainwohnung, die man in Ermangelung einer Tür durch das Fenster betrat. Die Bewohner waren furchtbar arm und lebten vom Betteln. Unmittelbar neben der Wohnung befand sich die Schullatrine. In der strengen Winterkälte gefror die Scheiße, und wenn ganz plötzlich der Frühling kam, taute alles auf und ergoß sich in das Innere der Wohnung. Die Leute mußten dann, nachdem sie tagsüber gebettelt hatten, am Abend unter viel Gefluche die Exkremente beseitigen. Mir fiel es immer schwerer, zu verstehen, warum diese Welt so kompliziert und so ungerecht war.

Die steigende Arbeitslosigkeit und der antijüdische Wirtschaftsboykott zwangen meine Eltern, ihre Wohnungen mitsamt Laden zu verkaufen. Wir zogen in ein billigeres Viertel, in das Haus Limanowska-Straße 91, in dessen Hof ein Schuppen stand, wo Vater Laugen und Verdünner herstellte. Die fertigen Produkte verkaufte er an kleine Färbereien und Gerbereien. Oft bekam er Spritzer dieser kaustischen Flüssigkeiten ab, und nicht selten kam er mit leichten Verätzungen auf Händen, Gesicht, ja sogar auf den Augenlidern nach Hause.

All diese Veränderungen berührten unseren Alltag nur wenig. Am Sabbat gab es weiterhin üppige Mahlzeiten, und die Feiertage wurden festlich begangen. Ein großer Silberleuchter stand auf dem Tisch, und Vater schenkte Wein in einen schönen Silberbecher. Dann sprach er das Gebet, alle Anwesenden erhoben sich und sagten Amen. Zum Besuch der Synagoge am Sabbat zog Vater seinen besten Anzug an. In der Westentasche steckte eine wunderschöne goldene Uhr mit einer schweren goldenen Kette. Sonntags nach dem Frühstück las er in der polnischsprachigen *Republika* oder im jüdischen *Haint*. Später machte er einen Spaziergang, auf den er mich meistens mitnahm, und manchmal kam auch Salek mit.

Gegenüber von uns ist ein kleines Kaffeehaus, in dem auch Bier ausgeschenkt wird. Mir haben es die Napoleonschnitten angetan, während Vater sich mit einem Bier begnügt. Hin und wieder setzt sich ein Nachbar oder ein Bekannter zu uns an den Tisch, etwa Herr Suter, ein Volksdeutscher. Wenn Suter sich mit meinem Vater unterhält, spricht er Jiddisch. Die beiden sprechen über Geschäftliches, Vater berät ihn, wo und wie er mit dem Verkauf von Socken, Nähgarn und ähnlichen Artikeln einen hübschen Gewinn machen kann. Suter hat großes Interesse an Vaters Taschenuhr, manchmal holt er sie aus der Westentasche, öffnet sie, studiert die eingravierten Inschriften und lauscht dem leisen, regelmäßigen Ticken. Suter fragt, ob er für die Uhr einen Käufer finden soll. »Diese Uhr ist nicht zu verkaufen«, sagt Vater. »Selbst wenn meine Familie hungern würde.« Und dann erzählt er die Geschichte der Uhr, wie er sie als Hochzeitsgeschenk bekam, das nicht verkauft, sondern nur an den Erstgeborenen weitergegeben werden darf. Das Festhalten an der Tradition ist stärker als der Wunsch nach materieller Erleichterung. Manchmal bringt Suter seinen Sohn mit, der einen krummen Rücken und einen kleinen Buckel hat und seinen Vater überragt. Nur selten spendiert Suter seinem Sohn ein Bier. Mein Vater bestellt Bier für den jungen Suter und sagt: »Dein Vater spricht Jiddisch, aber er hat kein jüdisches Herz.«

Onkel Schlomo, einer von Mutters Brüdern, ist häufig bei uns zu Besuch. Er hat zwei bildhübsche Töchter, die zu ernähren immer schwieriger für ihn wird. Schon seit Jahren sucht er Arbeit als Tischlermeister, aber immer weniger Leute geben aufwendig hergestellte Möbel in Auftrag. Mutter setzt ihm stets einen Teller Suppe und eine anständige Portion Fleisch vor. Er nimmt auch ein großes Stück Kuchen und trinkt Tee mit Zitrone. Der flache, etwas angebrannte Kuchen schmeckt uns Kindern nicht besonders, aber Onkel Schlomo greift eifrig zu, was Mutter mit Wohlgefallen sieht. Er schlürft seinen Tee und klagt über die miserable Qualität der Massenware. »Man nimmt das Zeug in die Hand, und was sieht man? Nichts als Risse und Nägel. Und das nennen sie Möbel! Zaunmacher hauen die Dinger zusammen! Eine Schande! Wo soll das nur hinführen? Tischler wie ich sind arbeitlos, und jeder Zaunmacher stellt Möbel her.«

Bisweilen erhält Onkel Schlomo den Auftrag, ein teures Möbelstück zu restaurieren oder zu einer vorhandenen Einrichtung einen passenden Tisch oder einen Schrank zu liefern. Dann läßt er sich nicht mehr blicken. Nach einer Weile wissen meine Eltern, daß bald die Rechnung eines Holzlieferanten eintreffen wird oder eines anderen Lieferanten von Waren, die Onkel Schlomo benötigt, oder ein Schuldschein wird vorgelegt, der auf Vaters Namen ausgestellt ist. Die Unterschrift auf diesen Papieren hat Onkel Schlomo gefälscht. Jeder Holzlieferant weiß, daß die Unterschrift gefälscht ist, aber niemand zerbricht sich deswegen den Kopf. Schließlich wird weder seine Schwester noch sein Schwager dafür sorgen, daß er ins Gefängnis kommt. Und als Vorstandsmitglied des Verbandes Jüdischer Kaufleute in Lodz kann Vater es sich nicht leisten, den Schuldschein anzufechten. Manchmal ist Vater wütend, wenn ihm ein solcher Schuldschein vorgelegt wird. Dann ballt er die Fäuste und ruft: »Das ist das letztemal. Ich werde ihn verklagen. Soll er ins Gefängnis gehen.« Bei diesen Worten bricht meine Mutter in Tränen aus. Darüber ärgert sich mein Vater, und er bittet Mutter, aufzuhören. Mutter sagt: »Du wirst nichts unternehmen!«

Manchmal taucht Onkel Schlomo wieder auf. Rasch deckt Mutter den Tisch, während Vater ihn wortlos begrüßt. Wenn Onkel Schlomo sich sattgegessen hat, fragt Vater: »Sag mal,

Schlomo, dein Bruder Nehemia ist doch sehr reich, warum wendest du dich ausgerechnet an mich?« Onkel Schlomo antwortet, daß er die Schuldscheine abwechselnd auf Nehemias und Vaters Namen ausstellt. »Nehemia zahlt die größeren Beträge, du, Awremele, die kleineren, also beklag dich nicht. Außerdem habe ich Kinder, die ich ernähren muß. Wenn es dir nicht paßt, zeig mich an, dann müßt ihr sie ernähren. Leck mich am Arsch!«

In der Familie meiner Mutter heißt Onkel Schlomo »der Schreiber«. Diesen Spitznamen hat auch mein Vater, weil jeder zu ihm kommt, der ein Formular ausgefüllt haben will. Die Leute sagen, in unserer Familie gebe es zwei Schreiber – einen für gefälschte Schuldscheine und einen für Formulare.

Als meine Eltern den Laden mit ihrem Hausanteil verkauften, borgte sich Alters Vater (»der Gejle«) Geld von meinem Vater und eröffnete in der Limanowska-Straße eine Musikalienhandlung. Er hatte bemerkt, daß diese Straße bei Musikanten sehr beliebt war, und hoffte, mit dem Verkauf von Violinen, Akkordeons und Trompeten seinen Lebensunterhalt zu verdienen. »Es ist jetzt ein Jahr her«, sagt Vater, »aber der Gejle hat nicht mehr als ein paar Saiten und Kolophone verkauft.« Wenn wir knapp bei Kasse sind, fragt Mutter, ob man ihn nicht bitten könne, einen Teil des Darlehens zurückzuzahlen. »Nein, Frymet, das ist aussichtslos.« Eines Nachts weckt Mutter, die nachts oft Pläne schmiedet und sich Dinge überlegt, meinen Vater und fragt, ob er sich nicht einen Teil der Schulden in Form einer Geige zurückzahlen lassen könne. Vater sagt: »Die Nacht ist zum Schlafen da, also schlaf jetzt. Erzähl mir morgen von deinen Plänen.« Wenig später weckt sie ihn erneut: »Weißt du, Awrum, es wäre sehr schön, wenn unser Levi Geigenunterricht nehmen würde, findest du nicht?« Vater antwortet: »Ja ja, aber er wird seine Stunden nicht nachts nehmen. Also laß ihn schlafen.«

Ein paar Tage später brachte Vater eine von Gejles Violinen mit nach Hause – das war das einzige, was er von dem geliehenen Geld je wiedersah. Zu jener Zeit wurden in Lodz die ersten Tonfilme gezeigt, so daß Hunderte von Musikern ihre Arbeit verloren. Sie lebten in großer Armut und versuchten, sich als Straßenmusikanten durchzuschlagen. Mutter fand einen Geiger, der bereit war, für eine warme Mahlzeit und ein symbolisches Honorar Levi Stunden zu geben. Er kam zweimal die Woche. Levi verzog sich dann mit seinem Lehrer in ein Zimmer, und nach einer Weile hörten wir schauderhaftes Gekratze, begleitet von einer Stimme, die – »eins, zwei, drei – eins, zwei, drei« – den Takt gab. Wenn Levi Unterricht hatte, suchten Salek und ich das Weite. Sechs Monate später, als Pessach näherrückte, fragte Mutter den Lehrer, ob Levi »Jidl mit dem Fidl« spielen könne oder »Hatikva«.

»Nein«, sagte der Lehrer, »er kann nur ein paar Takte spielen.«

»Ich habe noch nie von einem jüdischen Lied namens *Ein paar Takte* gehört«, sagte Mutter, »aber ich fände es so schön, wenn er zu Pessach etwas Jüdisches spielt.«

Dem Lehrer blieb nichts anderes übrig, als mit Levi »Hatikva« und »Jidl mit dem Fidl« einzustudieren. Eines Tages spielte Levi tatsächlich etwas, von dem er behauptete, daß es »Hatikva« sei. Mutter war sehr stolz auf ihn.

In der Pessachwoche kamen viele Besucher, hauptsächlich Onkel und Tanten – für Mutter eine ausgezeichnete Gelegenheit, das musikalische Talent ihres Sohnes vorzuführen. Also bat sie ihn, auf der Geige etwas zu spielen. Levi zierte sich erst, lenkte dann aber ein. Jeder hörte aufmerksam zu, und Mutters Augen wurden feucht vor Stolz und Freude. »Wie schön er *Jidl mit dem Fidl* gespielt hat«, rief sie. Levi erklärte, es sei *Hatikva* gewesen. Die anderen Gäste waren geteilter Meinung, fanden aber auch, daß er hervorragend gespielt habe.

Ich beendete gerade die fünfte Klasse an Edelsteins Schule und Salek die sechste. Da meine Eltern große Mühe hatten, das Schulgeld aufzubringen, beschloß Vater, uns in einer staatlichen Schule anzumelden, später würde ich dann das Technische Gymnasium besuchen. »Moischele ist fleißig, aber nicht so begabt wie du, Schajele. Selbst die begabtesten Schüler bringen es zu nichts, wenn sie faul sind, aber mit Fleiß und Eifer kommt man weit.« Nach der Grundschule sollte Salek sich eine Arbeit suchen, um zum Lebensunterhalt der Familie beizutragen.

Das Schuljahr ist fast zu Ende, aber Salek hat noch immer keine Arbeit gefunden. Mutter bittet Vater, sich bei Onkel Sender für Salek zu verwenden. Onkel Sender, Besitzer einer großen Fabrik für Kleidungsaccessoires, hat bereits Fela und Regina, die Töchter seiner Schwestern Bela und Sura, eingestellt. »Nein, Frymet«, sagt Vater. »Ich werde Sender nicht bitten, mir einen Gefallen zu tun.« Einige Tage später versucht Mutter es noch einmal, doch Vater läßt sich nicht umstimmen. Mutter weint. Ihre Tränen haben ihn noch immer erweicht. Schließlich willigt er ein, Sender aufzusuchen. Ich komme mit. Onkel Sender begrüßt ihn höflich, bietet Kuchen und Tee an, stellt allerlei Fragen und drückt sein Bedauern darüber aus, daß keiner von Vaters Söhnen nach jüdischer Tradition lebt. Er weist auf mich hin, ich sei ja ein gutes Beispiel, laufe ohne Jarmulke und ohne Schläfenlocken herum. Er habe Verständnis, wenn jemand sich die Schläfenlocken abschneide, aber ein unbedeckter Kopf sei völlig inakzeptabel. Schließlich fragt er bemüht beiläufig: »Awrum, warum trägst du eigentlich nicht unsere Taschenuhr mit der goldenen Kette? Kann es sein, daß du sie verkauft hast?« Selbst ich spüre die Betonung auf dem Wort »unsere«. Vater antwortet, daß er die Uhr nur bei besonderen feierlichen Anlässen trägt und daß er sie niemals verkaufen, sondern an Levi, seinen Ältesten, weitergeben wird. »Aber dein Lejbl, möge er hundertzwanzig Jahre leben, hat ebenfalls unsere Gebräuche vergessen und verhält sich wie ein Goj.« Nach kurzem Schweigen sagt Vater: »Komm, Moischele, es wird Zeit, daß wir gehen.« Da sagt Onkel Sender: »Awrum, schick deinen Schaje Chune zu mir. Soll er eine Banklehre erhalten. Deine Kinder scheinen ja begabt zu sein, wie du, und anständig, wie es der Familientradition entspricht. Und noch etwas: Bei mir muß Schajele eine Jarmulke tragen. Was er zu Hause macht, ist deine Sache.«

Schweigend machen wir uns auf den Heimweg. Vater hält meine Hand, aber mit den Gedanken ist er woanders, er vergißt sogar, mir die versprochene Napoleonschnitte zu spendieren. Zu Hause deckt Mutter wortlos den Tisch, und auch Salek fragt nicht. Auf Levi warten wir nicht, da er erst spät nach Hause kommt. Nach dem Essen, beim Tee, sagt Vater: »Schajele, nächste Woche fängst du bei Onkel Sender an. Sieh zu, daß du rasch die finanziellen Seiten eines Geschäfts lernst, das sind wertvolle Kenntnisse, die dir im Leben nützlich sein können. Deinen Lohn kannst du behalten. Aber vergiß nicht, daß du bei der Arbeit eine Jarmulke und den traditionellen Mantel tragen mußt. Wir werden dich nach der neuesten Mode einkleiden.« Salek hört zu, murmelt etwas, stellt aber keine Fragen. Mutter schweigt. Später spricht sie noch lange mit Vater. Er wirkt bedrückt, doch sie strahlt.

Am nächsten Tag geht Vater mit Salek in die Stadt. Abends kommen die beiden mit einem schönen grauen Gabardinemantel und einer eleganten Jarmulke heim. In seinen neuen Sachen ist Salek nicht wiederzuerkennen. Auf einmal wird mir klar, wie groß er ist, er überragt selbst Vater. Mutter befühlt den Mantelstoff, bittet Salek, sich herumzudrehen, ihre Augen lachen. »Schajele, du siehst sowas von gut aus, genau wie Papa, als er jung war, und du bist ihm so ähnlich. Was für ein schöner Mantel, trag ihn in Gesundheit!« sagt sie und küßt Salek.

Einige Tage nach Arbeitsbeginn gibt es Probleme für Salek. Zuerst weist Onkel Sender ihn darauf hin, daß er nicht versichert sei. Bei einer Betriebsinspektion soll er sagen, daß er seinen Onkel besucht. Überdies hat Senders Frau ihm verboten, ihr Badezimmer zu benutzen. Salek ist wütend. »Für die Versicherung bin ich sein Neffe, aber wenn es ums Scheißen geht, bin ich ein Arbeiter.« Aber es gibt noch andere, schwerwiegendere Probleme. Einige Burschen aus dem Viertel verspotten Salek wegen seiner neuen Aufmachung. Eines Tages kommt er mit verdrecktem Mantel und ohne Jarmulke nach Hause. Ein paar Rowdys waren mit dem Ruf: »Haut den Jidden auf die Schnauze, gebt ihm eins in die Fresse!« über ihn hergefallen, hatten ihm das Käppchen vom Kopf gerissen und den Mantel in den Schmutz getreten. Salek konnte sich mit knapper Not losreißen. Mutter ist verzweifelt. Schluchzend nimmt sie ihm den Mantel ab und säubert ihn. Papa hört sich Saleks Geschichte an und schweigt eine ganze Weile. Schließlich sagt er: »Schajele, morgen ziehst du eine normale Jacke an und setzt eine normale Mütze auf. Den Mantel und die Jarmulke läßt du auf der Arbeit, du kannst sie anziehen, wenn du morgens dort ankommst.«

Levis und Saleks Lohn legt Mutter zurück, um ihnen gute Kleidung zu kaufen. Sie freut sich, daß ihre Söhne samstags mit Mädchen ausgehen und anscheinend beliebt sind. Sie lacht, wenn die beiden von ihren Erlebnissen erzählen, und strahlt vor Stolz. Eines Tages bittet Levi sie, ihm einen Hut zu kaufen. Sie bespricht sich mit Vater. Am nächsten Abend geht sie mit Levi los. Die beiden kommen mit einem teuren Filzhut zurück, der fast einen ganzen Monatslohn gekostet hat. Freitagabend steht Levi lange vor dem Spiegel und probiert seinen neuen Hut. Er kommt sehr viel später nach Hause als sonst, die Eltern warten besorgt, ich schlafe in ihrem Zimmer, kann durch die geöffnete Tür die Küche sehen. Als er schließlich da ist, sprechen meine Eltern mit ihm und bitten ihn, das nächste Mal etwas früher heimzukehren, es seien unruhige Zeiten, und in unserem Viertel würden immer wieder Leute ermordet.

Als Levi am nächsten Freitagabend wieder ausgeht, erinnern ihn die Eltern daran, nicht zu spät zurückzukommen. Es wird Mitternacht, aber Levi ist nicht da. Auch um ein Uhr nicht. Meine Eltern können nicht schlafen, auch ich liege wach da. Mutter fragt Vater, ob sie zur Polizei gehen sollen. Er sagt: »Mit so einem Hut gibt man vor Freunden und Freundinnen an. Wer weiß, wohin ihn dieser Hut führt. Ich habe dir gesagt, daß für so einen jungen Kerl ein billiger Hut reicht, aber du wolltest ja nicht hören, Frymet, jetzt hast du den Salat.« Endlich geht die Tür auf. Mutter springt aus dem Bett, greift sich ein großes Küchenmesser und tappt leise zur Tür. Ich sehe, wie Levi auf Zehenspitzen die Küche betritt. In diesem Moment fällt Mutter über ihn her, reißt ihm den Hut vom Kopf und fängt an, wie wild darauf einzustechen. Schließlich wirft sie Levi den zerschlitzten Hut vor die Füße und ruft: »Von jetzt an trägst du eine Mütze, wenn du abends ausgehst. Jetzt ist Schluß mit dem Hut. Hast du verstanden – es ist Schluß!« Mutter steigt wieder ins Bett. Vater sagt: »Frymet, der Hut hat seine Strafe bekommen, jetzt schlaf endlich!«

Am Samstag nimmt Mutter den ramponierten Hut, legt

ihn weg, nimmt ihn wieder, hält ihn seufzend hierhin und dorthin. Vater redet auf Levi ein, um ihn von seinen nächtlichen Eskapaden abzubringen. Levi antwortet: »Papa, ich bin erwachsen. Du kannst mir deinen Rat geben, aber einmal in der Woche muß ich mein Vergnügen haben, genau wie meine Freunde, ich werde mich also weiterhin amüsieren, mit oder ohne Hut, ganz egal.« Zwei Wochen später kommt Levi mit seinem Lohn nach Hause. Mutter geht mit ihm in die Stadt. Die beiden kommen mit einem neuen, ebenso teuren Hut zurück, er hat nur eine etwas andere Farbe. Vater schmunzelt. »Diesen Hut wirst du wohl nicht bestrafen, Frymet, was?«

Kurz vor Ende meiner Grundschulzeit wird festgestellt, daß viele Kinder Krätze haben. Ein Vertreter des Gesundheitsamts verteilt eine Salbe und erklärt uns den Gebrauch. Aber die wichtigste Schutzmaßnahme besteht in gründlichem Waschen und häufigem Wechseln der Kleidung. Alter und ich haben keine Krätze, wir zählen zu den saubersten Schülern. Vom Lehrer bekommen wir daraufhin einen besonderen Auftrag: wir sollen die Eltern der betroffenen Schüler besuchen, ihnen die Salbe geben und erklären, wie wichtig es ist, auf Körperpflege zu achten. Wir beginnen unsere Tour in der Krotka-Straße, wo unser ärmster Mitschüler wohnt. Eine Ein-Zimmer-Wohnung voller Dampfschwaden, eine magere Frau, die sich über einen Bottich mit Wäsche beugt. Der Junge hockt neben ihr auf dem Fußboden – einen Tisch gibt es nicht – und versucht, seine Hausaufgaben zu machen. Wir erklären der Frau den Grund unseres Kommens, überreichen ihr die Salbe und weisen darauf hin, daß der Junge täglich ein Bad nehmen muß. Ihre höhnische Frage, ob wir denn auch Seife dabei haben, beantworten wir mit dem Hinweis, daß sie als Wäscherin doch Seife hat. »Ja, aber die gehört den Leuten, für die ich wasche, ich habe kein Geld für Seife, also steckt euch euren guten Rat an den Hut und verschwindet!« ruft sie und haut, um ihrer Aufforderung Nachdruck zu verleihen, mit einem nassen Handtuch nach uns. Den Rückweg legen wir schweigend zurück. Ich weiß, daß Alter in ärmlichen Verhältnissen lebt. Ich koche innerlich, ich möchte am liebsten schreien, bringe aber kein Wort heraus.

An der Ecke Sierakowska-Straße, in der wir wohnen, befindet sich die Bäckerei der Friedrichs, die eine Etage unter uns wohnen. Vater unterhält sich oft mit ihnen auf Deutsch. Manchmal besuchen sie uns und staunen über die Bücher deutscher Dichter. Der dicke Herr Friedrich sagt kopfschüttelnd: »Ich bin Deutscher, aber solche Bücher habe ich nicht gelesen.« Vater mag die Friedrichs, gute Menschen seien das.

Eines Tages, auf dem Nachhauseweg von der Schule, sehe ich einen unrasierten, ärmlich gekleideten Mann mit einem Laib Brot aus der Friedrich'schen Bäckerei stürzen und davonrennen. Herr Friedrich erscheint und brüllt: »Ein Dieb, ein Dieb! Haltet ihn!« Von irgendwoher kommt ein Polizist angelaufen, der in seine Trillerpfeife bläst. Eine Menschenmenge versammelt sich, der Mann bricht ein großes Stück Brot ab und verschlingt es. Der Polizist nimmt ihn am Arm, der Mann wehrt sich nicht, versucht nur, den Bissen möglichst schnell hinunterzuschlucken. Die Leute rufen etwas, Herr Friedrich macht eine resignierende Handbewegung, läßt dem Mann das Brot, der Polizist führt ihn ab. Nachdenklich gehe ich weiter. Ich schreibe schon seit einiger Zeit Gedichte, einfach so, ohne zu wissen warum. Diesmal setze ich mich gar nicht erst an meine Hausaufgaben, sondern schreibe ein Gedicht, wahrscheinlich das einzige, an das ich mich bis an mein Lebensende erinnern werde:

Wenn der Tag heranbricht, o Gott,
Gib den Hungrigen zu essen.
Wenn alles Leben erwacht, allmächtiger Gott,
füge den Menschen keinen Schmerz zu.
Sag mir, gnädiger Gott, warum
So viele Menschen hungern.
Warum müssen sie ihr täglich Brot stehlen,
Die Armen, die Hungrigen?
Ich verzichte auf deine Gnade,
Denn du tust den Frommen weh.
Halte deine Hand nicht über die Gottesfürchtigen,
Sondern über die Armen, die Elenden!

Manchmal zeige ich meinem Vater die Gedichte. Er sagt dann mit der Andeutung eines Lächelns: »Schreib weiter, Moischele, vielleicht kommt ja was dabei heraus.« An diesem Tag liest er das Gedicht zweimal, dreimal und sagt stirnrunzelnd: »Es wird Zeit, daß wir ein ernstes Gespräch miteinander führen, Moischele. Komm, setz dich!« Ich ahne schon, was er vorhat, nehme mir aber vor, nicht klein beizugeben, sondern ihm von meinen Gedanken zu erzählen, die mich schon so lange bedrücken.

»Bist du sicher, Moischele, daß Gottes Gnade wirklich entbehrlich ist?« fragt er.

»Manche meiner Mitschüler behaupten, daß Gott überhaupt nicht existiert«, sage ich, »sondern daß die Natur uns geschaffen hat, wie Darwin es bewiesen hat. Nur die Menschen können diese grausame Welt verbessern. Wenn Gott existiert, Papa, warum ist er dann so ungerecht? Ist er womöglich machtlos, vielleicht sogar grausam? Nein, Papa, einen solchen Gott will ich nicht. Schau doch nur, wie grausam das Leben ist! Warum ist das so, Papa?«

Vater bleibt ganz ruhig. »Fangen wir bei deinem Darwin und der Natur an. Der Unterschied zwischen Gläubigen und Ungläubigen besteht darin, daß für die einen ›jemand‹ die Welt regiert, während für die anderen ›etwas‹ die Welt regiert. Wenn du darüber nachdenkst, wirst du sehen, daß der Unterschied gar nicht so groß ist, wie es scheint. Schließlich können wir das Geheimnis dieses ›Jemand‹ ebensowenig ergründen wie das Geheimnis dieses ›Etwas‹. Du willst, daß es gerecht und gut auf der Welt zugeht. Schön. Aber wozu brauchen wir dann das Paradies? Adam und Eva wurden ja genau deswegen aus dem Garten Eden vertrieben, weil Gott wollte, daß die Menschen leiden, sündigen, gute Taten vollbringen, Kummer und Freude erfahren. Das ist das grausame und zugleich erhabene Schicksal des Menschen. Das ist auch der Grund, warum wir Juden noch immer auf den Messias warten, der uns von diesem furchtbaren Schicksal erlösen wird.« Vaters Worte irritierten mich, seine Überlegungen waren keine Antwort auf meine Fragen. Sie verlangten zuviel Opfer und Demut – nicht von mir, aber von all den Armen, Hungrigen und Benachteiligten in unserer Umgebung.

Alter und ich wurden, nachdem wir mühelos die Aufnahmeprüfung des Jüdischen Technischen Gymnasiums Jaroszynski bestanden hatten, in den Ingenieurszweig aufgenommen. Meine Eltern waren sehr stolz. Vater träumte davon, daß sein Sohn Ingenieur würde. Er meinte, daß ich in Polen nicht studieren könne, es würden nur wenige Juden zum Studium zugelassen, und die müßten im Hörsaal stehen und würden von christlichen Studenten verprügelt. »Ich werde dich nach Brüssel schicken, wo Cousins deiner Mutter leben, oder nach Paris, wo Onkel Jakob Krzetowski wohnt. Bis dahin lerne fleißig!«

Mutter fand, daß ich eine elegante Schuluniform tragen solle. Sie kaufte erstklassigen Stoff und bat Pan Lenga, den besten Schneider weit und breit, mir eine Uniform zu nähen. Mit dem Schulabzeichen auf dem Ärmel stolzierte ich herum und fand, daß ich etwas Besseres war als meine Brüder und die alten Freunde aus unserem Viertel. Lolas Schulfreundinnen interessierten sich auf einmal für mich, doch ich beachtete sie kaum.

Eines Tages, als ich ganz allein in der Wohnung war, kamen Straßenmusikanten mit Mandolinen und Violinen auf den Hof und spielten, und einer sang den Schlager »Ich treff' mich mit ihr um neun«. Ich warf ihnen einen Groschen aus dem Fenster, den ich in ein Stück Zeitungspapier eingewickelt hatte. Da sah ich Hava in die Wohnung kommen, sie war etwas älter als Lola, aber die beiden waren dicke Freundinnen. Hava hatte mir in der letzten Zeit sehnsüchtige Blicke zugeworfen. Obwohl sie recht hübsch war, fand ich andere Freundinnen von Lola faszinierender. Hava freute sich jedenfalls, daß ich allein war. Sie trat ans Fenster, tat, als interessiere sie sich für die Musikanten, und drängte sich dabei an mich. Ich wußte nicht, was tun. Sie nahm einen Stuhl, setzte sich neben mich, legte den Kopf an meine Knie und schlang die Arme um meine Schenkel. Ein unbekanntes, angenehmes Gefühl stieg in mir hoch. Unwillkürlich legte ich die Hände auf ihre Wuschelhaare und begann, ihr Gesicht zu streicheln. Plötzlich bemerkte ich eine Laus in ihrem Haar. Meine Eltern, besonders Mutter, hatten uns eine große Angst vor Läusen eingeimpft. Sooft einer von uns eine Laus oder Läuseeier mit nach Hause brachte, wurden wir alle geschrubbt, und Manja mußte die Bettwäsche gründlichst waschen. Wir Jungen schleppten das Wasser vom Hof in den zweiten Stock und trugen das schmutzige Wasser hinunter. All diese Erinnerungen waren beim Anblick des Tierchens sofort in mir hochgestiegen. Da ich Hava nicht verletzen wollte, sagte ich, daß ich wieder an meine Hausaufgaben müsse, und schob sie sanft von mir. Sie war merklich enttäuscht. Schon bald sollte ich herausfinden, warum sie jede Gelegenheit wahrnahm, meine Aufmerksamkeit zu gewinnen.

Alter und ich beendeten unser erstes Jahr am Technischen Gymnasium als Klassenbeste. Bis auf Kadettenausbildung hatten wir in allen Fächern eine Eins, doch der Leutnant der polnischen Armee gab aus Prinzip keine gute Noten, weil er fand, daß Juden keine guten Soldaten seien. Im Unterricht pflegte er einen an den kurzen Haaren zu ziehen, bis man aufheulte. Und dann schärfte er uns ein: »Soldaten müssen sich an Schmerzen gewöhnen. Wenn deine Schläfenlocken länger wären, Srulek, würde es nicht so weh tun.« Jeder hieß bei ihm Srulek, was uns irritierte, aber wir konnten nichts daran ändern. Trotz des »Befriedigend« im Kadettenunterricht betrachteten Alters und meine Eltern unsere Zeugnisse immer wieder mit großem Stolz.

Die Sommerferien sollten wir in Romanow verbringen, nicht weit von Lodz. Mit unseren entfernten Cousins wurde vereinbart, daß sie uns zwei Kammern in einem Blockhaus vermieten würden. Kurz vor der Abreise besuchte ich Alter, um mit ihm Pläne für die Ferien zu machen. Es war schon dunkel, als ich mich auf den Heimweg machte. Plötzlich lief mir Hava über den Weg, sie hatte auf mich gewartet. Ich sah, daß sie sehr aufgeregt war, den Tränen nah. »Was ist los, Havele?« »Ich möchte nicht, daß du mich vergißt. Ich liebe dich so sehr, ich kann ohne dich nicht leben.« Im nächsten Moment drängte sie sich an mich und küßte mich. Ich war ein bißchen ratlos, erinnerte mich aber daran, ihren Haaren fernzubleiben. Vor unserem Haus verabschiedeten wir uns, und ich sagte, daß sie mich und Lola während der Ferien in Romanow besuchen könne. Und natürlich versprach ich ihr, sie nicht zu vergessen.

Alter fuhr mit Schwester Frania und seiner Mutter nach Romanow. Zum ersten Mal reiste ich ohne meine Eltern oder die älteren Brüder, nur mit Lola. Jeden Freitag brachte Mutter oder Vater Lebensmittel und frische Wäsche nach Romanow. Doch unter der Woche waren wir allein und bekamen einen ersten Geschmack von Unabhängigkeit, so, wie es unsere Väter geplant hatten. Wir spielten Schach und liefen morgens nackt über die Wiesen. Diese morgendliche Übung hatte sich Alter ausgedacht, und sie machte mir von Anfang an sehr viel Spaß. Aber es zeigte sich, daß wir nicht allein waren. Andere Blockhäuser waren ebenfalls belegt, und zwar von Mädchen in Lolas Alter, die hauptsächlich mit sich selbst beschäftigt schienen. Tatsächlich interessierten sie sich für Alter und mich.

Eines Tages, wir haben unsere allmorgendliche Sportübung gerade beendet, stellen wir verblüfft fest, daß unsere Sachen verschwunden sind. Wir schauen uns ratlos um und hören plötzlich schallendes Gelächter, sehen eine Gruppe Mädchen, die auf eine Kiefer zeigen. Dort oben hängen die Sachen. Die Mädchen lachen sich kaputt. Sie rufen, wir sollen hochklettern, und verfolgen mit großem Interesse, wie wir splitternackt hochsteigen. Angekleidet, aber wütend auf die unverschämten Mädchen, kehren wir in unsere Hütte zurück, fest entschlossen, Rache zu nehmen. Die Mädchenbande folgt uns kichernd.

In dieser Zeit sah ich Minja zum ersten Mal aufmerksam an. Als sich unsere Blicke trafen, wurde sie unsicher, hörte auf zu lachen und sah mich eindringlich an. Auch ich war verlegen, ohne es mir erklären zu können. Seltsamerweise suchte ich an diesem Abend nach ihr. Sie selbst war nicht überrascht, so als wußte sie, daß es dazu kommen würde. Und wie selbstverständlich erklärte sie, daß sie bei mir sein, mit mir spazierengehen und reden wolle. Bald erschien mir jeder Tag, an dem wir uns nicht gesehen hatten, so gut wie vergeudet. Sie faszinierte mich mit ihrem goldenen Haar, der freien Stirn, den blauen Augen, ihrer etwas heiseren Stimme und vor allem mit ihrem ungewöhnlichen Gesichtsausdruck – dieses Lächeln, in dem Traurigkeit, Nachdenklichkeit, Erwartung oder vielleicht auch Hoffnung war. Ich habe es nie ergründet, denn schon bald sollten wir, unschuldig, in die Hölle eintreten.

Mitte August gingen die Ferien langsam zu Ende. Überraschend tauchte Hava in Romanow auf. Sie wohnte in unserem Blockhaus und schlief mit Lola in einem Bett. Ich fragte Lola, ob sie glaube, daß Hava sauber sei. »Ganz bestimmt, Moischele. Die Läuse bringt ihr kleiner Bruder nach Hause. Hava ist wirklich nett und schrecklich in dich verliebt. Ich bin offen gestanden ein bißchen überrascht, denn es gibt so viele hübsche Burschen, und du bist bloß ein kleiner Hosenscheißer.« Lola muß gewußt oder zumindest geahnt haben, daß mein Herz für Minja schlug, doch sie nahm meine Schwärmerei nicht allzu ernst. Sie las seit einiger Zeit Liebesromane und hatte sogar angefangen, selbst solche Sachen zu schreiben. Sie träumte davon, eine bekannte Schriftstellerin zu werden. Obwohl jünger als ich, erklärte sie mir: »Die Liebe ist wie der Wind, sie kommt und geht. Wir dürfen unsere Gefühle nicht so ernst nehmen, sollten sie aber auch nicht gering achten. Hava ist wirklich in dich verknallt, und was Minja angeht, na ja, man weiß nie, wie sich die Dinge entwickeln. Also: Enttäusche Hava nicht, du weißt nie, was die Zukunft bringt.«

Lolas Bemerkungen erschienen mir zynisch, und das sagte ich ihr auch. Doch begann ich, Hava nicht mehr so distanziert zu begegnen. Dazu kam, daß ihre offen gezeigten Gefühle, und erst recht ihre reifen weiblichen Formen, meinen Widerstand lähmten. Wir gingen aus, oft gemeinsam mit Minja, und spielten. Hava tat alles, um mit mir allein zu sein, während ich alles tat, um genau das zu verhindern. Trotzdem ergab es sich, daß wir eines Abends allein waren. Plötzlich schlang Hava die Arme um mich, drückte sich an mich und küßte mich leidenschaftlich. Eine Woge der Glückseligkeit erfaßte mich. Völlig willenlos, wie in einem Rausch, legte ich mich neben sie ins Gras. Sie küßte mich noch immer hingebungsvoll. Sie strahlte eine unglaubliche Wärme aus, und ich ahnte, daß ich alles tun würde, worum mich dieses reife Mädchen bitten würde. In diesem Moment hörten wir laute Schritte, und der Bann war gebrochen. Wir standen rasch auf, Lola rief schon: »Abendessen ist fertig!«

Zwei Tage später reiste Hava ab, nicht ohne mir vorher erklärt zu haben: »Moischele, du gehörst mir, mir allein. Vergiß das nicht!« Ich war nach Havas Abreise ziemlich durcheinander und sah mich den Gefühlen, die in mir brodelten, hilflos ausgeliefert. Minja musterte mich eine Weile mit ihrem rätselhaften Gesichtsausdruck, nahm meine Hand und sagte: »Laß uns reden!« Wir machten einen langen Spaziergang. Sie fragte mich nach der Schule, den Brüdern, meinen Plänen. Plötzlich fing sie an, aus ihrem Leben zu erzählen. Von ihrem Vater, einem Schneider, und ihrer boshaften Stiefmutter. Ihre Mutter war gestorben, als sie ein Kind war, und sie mußte für zwei kleine Brüder sorgen, weil ihre Stiefmutter fast die ganze Zeit arbeitete. Minja hatte nie genug Geld für Essen, von Kleidung oder Schulheften ganz zu schweigen. »Ich würde gern eine berühmte Wissenschaftlerin werden und eine Erfindung machen, mit der man Hunger, Armut und Krankheiten besiegen kann, Krankheiten wie die Tuberkulose, an der meine Mutter gestorben ist. Ich würde so gern studieren wie du, Moniek.« Ich wußte nicht, was ich antworten sollte. Wir schwiegen. Eine kleine Träne lief über ihre Wange. Am Ende unseres Spaziergangs fragte ich sie: »Minja, hast du mich gern?« Sie antwortete nicht, sah mich nur an, mit Augen, die nah und zugleich sehr fern waren. Nachdem wir uns mit einem Händedruck verabschiedet hatten, hielt sie noch einen Moment inne und sagte dann ruhig, aber mit großer Überzeugung: »Wir sind fast erwachsen, aber noch nicht ganz. Merkwürdigerweise bist du mir nahe, ich weiß nicht einmal, warum. Du bist ein wenig wie ich, aber viel, viel glücklicher. Ich habe dich sehr gern, und ich glaube, ich könnte dich mein Leben lang lieben. Wenn das Schicksal uns nur läßt.«

In den nächsten Tagen mußte ich immer wieder an Minja denken. Sie war so ganz anders als Hava, in jeder Hinsicht. Viele Jahre später wurde mir der Unterschied bewußt: Hava war ausgesprochen leidenschaftlich, dabei einfach und auch ein wenig oberflächlich, Minja dagegen war eine Welt für sich, eine unbekannte Welt. Sie glich einer großen Wiese mit vielen Blumen, eine jede anders und rätselhaft, von unbekannter Farbe und unbekanntem Duft. Sie verzauberte mich mit ihrer schüchternen und doch erwachsenen Art und mit ihrer ungewöhnlichen Schönheit, die so gut zu ihrer ausgeprägten, starken Persönlichkeit paßte.

Eines Tages beschlossen wir alle, einen Waldspaziergang zu unternehmen, Beeren und Pilze zu sammeln und uns auf diese Weise vom Sommer zu verabschieden. Keiner wußte, daß dies unser letzter Ausflug in einen Wald war, bevor die Tore der Hölle sich öffneten, für die meisten war es der allerletzte Ausflug im Leben. Wir zerstreuten uns, aber Minja blieb bei mir, oder besser gesagt, ich bei ihr. Sie tat die Beeren, die sie gesammelt hatte, in mein Körbchen, und ich füllte ihres mit Pilzen. Ihr Verhalten sollte alle Zweifel, die ich in bezug auf ihre Gefühle haben mochte, zerstreuen. Als wir uns nebeneinander auf einen mächtigen Baumstumpf setzten, legte sie den Kopf an meine Schulter, aber ganz anders als Hava. Ihre anmutige und zugleich ernste Art hatte etwas Würdevolles – mir und sich selbst gegenüber. Sie war, wie immer, nah und warm und doch irgendwie fern. Sie wehrte sich nicht, als ich meine Hand auf ihre Brust legte, sah mich nur mit ihren geheimnisvollen Augen an und sagte: »Moniek, wir sind noch Kinder. Ich werde dir gehören, dir ganz allein, wenn das Schicksal es nur gut mit uns meint.«

Das Schicksal meinte es nicht gut mit uns. Minja und ihre Familie wurden, wie Hava und ihre Familie, in Chelmno zu Asche verwandelt. Fünfundzwanzig Jahre später, als Eichmann in Israel der Prozeß gemacht wurde, schrieb ich Minja einen Brief. In Polen durfte er nicht veröffentlicht werden, da, wie mir erklärt wurde, schon zuviel über jüdisches Leid geschrieben worden sei. Ich habe daher beschlossen, ihn an dieser Stelle einzufügen. Wer weiß, vielleicht wird Minja ihn ja doch einmal lesen.

Warschau, den 25. Februar 1963

Liebe Minja,

zwanzig Jahre sind seit diesem Tag vergangen … Erinnerst du dich? Es war ein naßkalter Winter, wir versanken in Gestank und Hoffnungslosigkeit. Wir begegneten uns zwischen Lutomierska und Krotka, in der Nähe des Stacheldrahtzauns. Trotz der einsetzenden Dunkelheit konnte ich deine Augen sehen: Groß, blau, diese Augen, in denen ich zum erstenmal unendliche Verzweiflung gelesen hatte, tiefe Hoffnung und freudige Erwartung. Es war im vierten Jahr unserer Freundschaft, die nicht die Zeit hatte, sich zu Liebe zu entwickeln, sondern etwas anderes geworden war, etwas, das den besonderen Reiz unreifer Jugend ausmacht ... wie der überwältigende Frühlingsgeruch. Du flüstertest in deiner etwas heiseren, samtigen Stimme – und ich wußte sofort Bescheid. Du sagtest, daß du mit deiner Stiefmutter abreisen müßtest, die so unfreundlich, egoistisch, eifersüchtig war – schließlich gab es die kleinen Geschwister. Und kaum hörbar fügtest du hinzu: »Mach dir keine Sorgen, wir haben alles noch vor uns, wir haben ...« Die letzten Worte gingen unter im Husten deiner zerrissenen Lungen. Du entferntest dich mit hängenden Schultern, ohne mir zum Abschied die Hand gegeben zu haben. Es war die erste und letzte Lüge deines Lebens, vielleichst wußtest du die ganze Wahrheit.

Hätte ich damals gewußt, daß deine Asche auf dem Fluß treiben würde, hätte ich dir zum Abschied etwas anderes sagen können? Wie hoffnungslos wir waren, Minja. Gibt es etwas Brutaleres und Erniedrigenderes, als lebendige Menschen in hilflose Kreaturen zu verwandeln? Ich bin heute noch hilflos, Minja. Hilflos gegenüber all jenen, die dein flachsblondes, seidiges Haar zu Asche verwandelt haben und auch dein Herz, dessen Lied ich nur einmal hören durfte, am Ende jenes Sommers, als wir auf dem Baumstumpf saßen, umgeben von Kiefern, die kerzengerade in den Himmel ragten. Ohne Worte erzählten wir einander, was uns verband, und eine einzige Bewegung deiner Hand reichte aus, meine Sehnsucht zu zügeln.

Als wir zum Waldrand gelangten, drücktest du schüchtern meine Hand und sagtest: »Wir sind noch Kinder, alles liegt noch vor uns.« Genau wie bei jener späteren Begegnung an diesem düsteren Wintertag. Doch es lag nichts vor uns als eine dunkle Win-

ternacht und die Zeit der Demütigungen, des Hungers, der uns altern ließ und hilflos machte.

Meine Freunde sagen: »Vergiß!« Deine Mörder sagen dasselbe. Auch die Zeit ist gegen uns, dein Bild wird immer schwacher. Aber ich kann es nicht, ich schaffe es nicht. Nachts bin ich wieder bei euch, ich strecke die Hand aus, um euch aus der Hölle herauszuholen, und wache dann schweißgebadet und hilflos auf. Dein Schatten lebt in meinem Herzen weiter, festgehalten von einer Klammer aus bitterer Erinnerung und grausamem Vergessen.

»Vergiß!« sagen sie ... Doch jetzt bringen sie deine Peiniger vor Gericht, nachdem sie ein unbeschwertes Leben geführt haben. Achtzehn Jahre lang durften sie ein schönes Leben führen, bevor man ihnen den Prozeß machte, mit leeren Paragraphen, für die du und die Deinen nur Zahlen seid, Kleingeld, ein paar Münzen, die zusammenzuzählen niemand sich die Mühe macht.

All die Namenlosen, die mit dir bei Chelmno verbrannt wurden, deren Knochen über den ganzen Kontinent verstreut sind, wußten nicht, daß sie die Opfer einer Verschwörung wurden, die bis zum heutigen Tag fortbesteht. Die in jenen schrecklichen Zeiten in die Kirche gingen, schwiegen, als Millionen gekreuzigt wurden und neue, endlose »Kreuzwege« durch ihr Land führten. Werden ihre Nachkommen jemals niederknien vor jenem Wald von Gekreuzigten, vor jenen, die ihnen die Zehn Gebote gaben?

Minja, erinnerst du dich an diesen Sommerabend? Ich legte den Kopf in deinen warmen Schoß, schaute in die Ferne, wo sich die letzten Sonnenstrahlen von der Erde verabschiedeten. Soviel beredtes Schweigen zwischen uns. Plötzlich rollte dir eine kleine Träne über die Wange. Wie zur Rechtfertigung sagtest du: »Zeit und Schönheit leben nur in uns und mit uns.« Ich konnte nur schweigen, verzaubert von diesem einen Satz, der mich durch all die Jahre der Erniedrigung begleiten sollte. Noch immer versuche ich, die Unendlichkeit von Zeit und Schönheit zu ermessen, die in deiner Träne, deiner letzten Träne war. Der Regen hat sie weggewischt, die Flüsse haben sie fortgetragen in ein kaltes Meer, das seine Wellen unablässig ans Ufer wirft, über die Fußabdrücke all jener, für die die unerfüllte Zeit und die unbeschriebene Schönheit eine kaum wahrgenommene Episode sind.

Alte Leute haben mir erzählt, daß die Ner heutzutage blauer sei und geräuschvoller dahinfließe als früher. Es sind deine Augen, Minja, wenngleich zu Asche verwandelt, die diesem trüben Wasser eine neue Farbe gegeben haben, und es ist deine Stimme, die flüsternd von all dem erzählt, was sich nie mehr ereignen wird. So ist der Fluß dein Denkmal geworden, er schließt deinen letzten Herzschlag in sich ein und deine letzte Hoffnung ... Soll der Fluß Anklage erheben!

Dein M.
Nr. B-8259

Die Ferien in Romanow gingen früher als geplant zu Ende. Die meisten Urlauber packten aufgeregt ihre Sachen und kehrten eilig nach Lodz zurück. Vater und Salek kamen unangekündigt in einem Pferdefuhrwerk unseres Nachbarn, des Kohlehändlers Falatycki. Binnen einer Stunde hatten sie unser Gepäck, mich und Lola aufgeladen. Vor der Abfahrt lief ich los, um Minja Lebwohl zu sagen. Zum ersten und letzten Mal umarmte sie mich, küßte meine Augen und Wangen (aber nicht auf den Mund) und sagte mit ihrer heiseren Stimme: »Ich hab dich gern, Moniek, ich glaube sogar sehr gern. Wirst du an mich denken? Vergiß mich nicht, auch ich werde versuchen, dich nicht zu vergessen.« Und sie schenkte mir ihr eigentümliches, rätselhaftes Lächeln.

Die Solarz kehrten mit uns nach Lodz zurück. Die Straßen waren von Militär verstopft, es herrschte eine nervöse Atmosphäre. Die Leute sprachen von Krieg, jeder hortete Lebensmittel und andere Vorräte. Wir waren die einzigen im Haus, die ein Telefon hatten. Andauernd klingelte es, alle wandten sich ratsuchend an meinen Vater, auch Onkel Sender. Zu ihm sagte er: »Sender, verkauf alles, besorg Fahrkarten für die ganze Familie und geh nach Frankreich oder in irgendein anderes westliches Land. Wenn ich Geld hätte, würde ich das tun. Kauf Wertpapiere oder Devisen, aber verlier keine Zeit, fahr sofort ab. Hier erwartet uns nichts Gutes.«

Es kamen auch Anrufe von »Lilkas Kavalier«. Lilka bewohnte mit ihrer Mutter und ihrer »Schwester« Ewa ein kleines Zimmer über uns. Alle Nachbarn wußten, daß Ewa in Wirklichkeit ihre Tochter war, die sie von ihrem Liebhaber hatte, sie sah ihm viel zu ähnlich. Wir Jungen waren jederzeit bereit, Lilka ans Telefon zu rufen, denn sie war sehr nett, sehr hübsch, immer elegant gekleidet und vergaß nie, uns eine Süßigkeit, ein Stück Kuchen oder etwas anderes anzubieten. Manchmal, wenn Lilka allein in ihrer kleinen Wohnung war, sahen wir ihren Liebhaber die Treppe hocheilen, drei Stufen auf einmal. Ein großer, schlanker Mann mit dunklem Haar, elegant gekleidet, zurückhaltend. Lilka, eine Katholikin, konnte ihn nicht heiraten, weil er Jude war. Ihre Mutter, so wurde getuschelt, wollte sich das Leben nehmen, wenn Lilka einen Juden heiratete. Lilka war ihr einziges Kind. Die Eltern des Mannes hatten ihrerseits mit ernsten Konsequenzen gedroht, falls er das Mädchen heiraten sollte. Meine Eltern mochten Lilka, sie sprachen oft von ihr, fragten sie aber nie nach ihrem Kavalier. Das eine oder andere Mal hatte sie wohl etwas erzählt, aber wir Kinder bekamen davon nichts mit. Kurz vor Kriegsausbruch wurde Lilka ungewohnt nervös.

Als ich zwei Jahre nach Kriegsende unser Haus suchte, stieg ich zuerst in Lilkas Wohnung hinauf. Ich fand Ewa mit einem Baby in den Armen, sie sah müde aus, war aber noch immer schön. Ich erkundigte mich, was aus ihrer »Schwester« und dem Kavalier geworden sei. Ewa ging zuerst nicht darauf ein, doch dann brach sie in Tränen aus und begann zu erzählen.

»Du weißt ja, daß mein Vater Jude war, mich hätten sie also genauso umgebracht wie ihn. Mutter wollte mein Leben um jeden Preis retten. Irgendein Deutscher machte ihr den Hof, und dank seiner Hilfe passierte mir nichts. Nach dem Krieg schoren die Nachbarn ihr die Haare ab und steckten sie in ein Lager. Sie ist noch immer dort. Mein Mann Wojtek – du müßtest ihn kennen, er war euer Torwart – und ich helfen ihr, so gut es geht, aber die Leute zeigen mit dem Finger auf mich. Für sie bin ich der letzte Dreck: Gestaposchlampe, Jüdin, Deutsche und Hure. Was wollen sie von mir? Ich würde ja weggehen, aber wohin? Wo finde ich eine Wohnung und Arbeit?«

Seltsam, das einzige, was mich an Ewas Bericht berührte, war, daß man Lilkas wunderschöne Locken abgeschnitten hatte. Als ich, Jahre später, Filme mit Marilyn Monroe sah, erinnerte mich ihr Gesicht an Lilka. Die beiden sahen sehr ähnlich aus, Lilka war vielleicht noch eine Spur schöner.

Die alten Nachbarn im Haus Limanowska-Straße 91 erzählten eine andere Version von Lilkas Schicksal. Kurz vor der Errichtung des Ghettos fand Lilka bei Verwandten außerhalb der Stadt ein Versteck für ihren Freund. Ein paar Monate später wurde er denunziert, die Gestapo kam und erschoß ihn in einem nahegelegenen Waldstück. Die Leute glaubten, daß Lilka Kurowska ihn an den jungen Gestapomann verraten hatte, der ihr den Hof machte. Andere meinten, er sei von Lilkas Verwandten oder irgendwelchen Nachbarn verraten worden. Nach dem Abzug der Deutschen wurde Lilka in der Wohnung des Gestapomanns verhaftet. Sie hatte noch immer das Bild ihres »Kavaliers« bei sich, konnte aber nicht erklären, warum er entdeckt wurde, kurz nachdem sie ihre Affäre mit dem Deutschen begonnen hatte. Ebensowenig konnte sie erklären, warum sie das Foto des jüdischen Mannes bei sich hatte, dessen Identität ihrem deutschen Liebhaber womöglich bekannt war. Außerdem wurde ihr von den Nachbarn vorgeworfen, ein angenehmes Leben geführt zu haben, während alle anderen von den Deutschen drangsaliert oder ermordet worden waren.

In den letzten Augusttagen 1939 wußte jeder, daß es Krieg geben würde. Vom Fenster aus sahen wir die jungen Männer, die mit einem Köfferchen in der Hand auf die Straßenbahn warteten, die sie zum Bahnhof bringen würde. Ganze Familien verabschiedeten sich von Männern, Vätern, Söhnen, winkten ihnen hinterher, es waren tränenreiche Szenen. Vater hing am Radio, während Levi seufzend die Schallplatte mit dem Schlager »Dies ist der letzte Sonntag, heut' sagen wir Lebwohl, wir geh'n für immer auseinander« spielte und sich nach seiner Irena sehnte. Jeden Morgen lief Salek zu Onkel Sender, um bei der Auflösung des Geschäfts zu helfen. Niemand ahnte, daß in diesem Krieg ein ganzes Volk untergehen würde mitsamt seiner Kultur, seiner Würde und seiner Geschichte. Und daß von den Opfern keine Spuren mehr bleiben würden, nicht einmal Grabstätten.

III

Der endlose Tag

Es ist gut, daß du mich so oft besuchst, Vater.

Ich besuche dich nicht, Moischele. Das ist kein Besuch.

Aber es gibt dich doch schon lange nicht mehr. Du bist nach rechts gegangen, wie es der Uniformierte mit dem Stock befahl, dem hohen Schornstein entgegen, mit gesenktem Kopf, in der endlosen Menschenschlange. Also, wie …

Moischele, du verstehst mal wieder die Kompliziertheit unserer Welt nicht. Wir alle existieren in dir, auch wenn ihnen das nicht gefällt.

Ich verstehe, Vater, ich glaube schon. Aber … wenn du in mir existierst, wie du sagst, warum stellst du mir dann so viele Fragen, und warum redest du immer mit mir?

Das bin nicht ich, Moischele. Du stellst dir diese Fragen selbst. Ich leihe dir nur meine Stimme.

Du sagst also, daß ihr alle bei uns geblieben seid?

Ja, mein Sohn, und wir werden immer bei euch bleiben, auch wenn sie wollen, daß wir verschwinden.

Aber warum höre ich dich nur, wenn ich ganz allein bin? Warum geht das Gestern nicht zu Ende?

Du wolltest schon immer Dinge wissen, auf die es keine Antworten gibt.

Ja, ja. Mir ist seit langer Zeit klar, Vater, daß es Fragen gibt, die niemand beantworten kann. Aber darauf kommt es jetzt nicht an. Deine Anwesenheit tröstet mich. Dein Rat war mir immer eine Hilfe, auch wenn ich ihn nicht immer befolgt habe. Inzwischen bin ich älter als du, und ich habe viel durchgemacht. Mehr denn je brauche ich deinen Rat. Kannst du mir erklären, Papa, warum ich als einziger von uns überlebt habe? Und dieser Tag, an dem wir in die Hölle getrieben wurden, warum ist er so furchtbar, so unerträglich lang, warum hört er nie auf, warum folgt er mir wie ein Schatten?

Ich muß ein wenig ruhen ... Es ist immer wieder dasselbe... Mama, Mama, gib mir deine Hand, ich ertrinke! Warum rudern sie so schnell? Schau, Mama, meine Finger berühren dich fast, halt mich fest, laß meine Hand nicht los! Ich ertrinke, Mama, ich ertrinke ... Warte, nein, nein, nicht ich ertrinke, du bist es ... Mama, gib mir deine Hand, hier, noch näher, schnell, warte, hier, hier ... Mama, Mama, ertrink nicht, hörst du, Mama ... so viel Wasser, überall Wasser... warte einen Moment, nur einen Moment, damit ich die Augen aufmachen kann. Warum ist meine Stirn so feucht? Warte einen Moment, damit ich Luft holen kann ... So ist es besser ...

Moischele, ich habe dir gesagt, daß ich noch immer bei dir bin, bei Mama, Levi, Schajele, Lola, bei uns allen, die wir so gnadenlos vernichtet wurden.

Ach, du bist's, Vater, nicht so schnell, einen Moment ... warte, Papa, warte. Sie stecken mich wieder in diesen großen Eisenkasten. Laßt mich raus! Ich muß hier raus! Ich muß raus! Aber es geht nicht. Einer von ihnen bewacht jeden Ausgang. Er grinst und hält diesen Stock in der Hand, zeigt mir den Weg, dort, am Ende brennt ein furchtbares Feuer, Leute schreien, grauenhafte Schreie ... Ich muß hier raus. Ich muß, ich muß ... Es ist immer wieder dasselbe. Diese Nacht, dieser Tag, wird er denn nie enden? Warte einen Moment, ich will ausruhen, ich will Luft holen ... ach, du bist's, Toschka ... einen Moment. Du sagst, ich habe geschrien. Vermutlich hast du recht, verzeih mir. Gleich werde ich einschlafen ...

Mama, Mama! Als er in Jerusalem vor Gericht stand, wollte ich unbedingt mit dir reden. Du warst immer so still, Mama, und jetzt sagst du überhaupt nichts. Ich habe dir einen Brief geschrieben … Ich habe ganz vergessen, du kannst ja nicht lesen. Ich lese ihn dir vor. Also, hör zu:

6. Mai 1961
Liebe Mama!
Du wirst wahrscheinlich überrascht sein, daß ich nach so vielen Jahren der Trennung beschlossen habe, dir zu schreiben. Warum ich deine Ruhe, deinen ewigen Frieden störe, kann ich nicht erklären, weder dir noch mir. Vielleicht ist es das Bedürfnis eines Menschen, der im Laufe der Zeit vieles durchgemacht hat. Vielleicht sind es andere Gründe, die sonderbaren Fragen meiner Tochter.

Dieser Brief entstand in einer dieser Nächte, in denen ringsum Stille ist und nur die eigenen Herzschläge die Sekunden des Lebens angeben.

Vielleicht erinnerst du dich an unsere letzten gemeinsamen Momente. Wir verbrachten sie unter einigermaßen erträglichen Bedingungen. Immerhin waren wir einer der letzten Transporte. Die Nacht war warm, wie üblich im August, doch als ich deine Stirn berührte, fühlte ich kalten Schweiß. Ich traute mich nicht, dich zu fragen, Mama, was dich bedrückte. Ich erinnere mich, daß du wortlos meine Hand nahmst. Es war stockdunkel im Waggon. Wußtest du, mit welchem deiner Kinder du deine letzte Hoffnung teiltest? Mir war damals nicht klar, daß ich deine rauhen Hände zum letzten Mal berührte, deine müden, tiefliegenden Augen, deine pochende Stirn, dein Haar.

Immer wieder muß ich daran denken, daß ich kein einziges Wort von dir, keinen Blick aus jener Nacht behalten habe. Nichts ist in meinem Herzen geblieben von dieser letzten Reise, die wir gemeinsam unternommen haben, nur die Berührung deiner Finger.

Ich erinnere mich, daß der Zug in der Morgendämmerung plötzlich anhielt, die Türen aufgerissen, Befehle gebrüllt wurden und wir mühsam aufstanden. Zu spät wurde mir klar, daß ich auf der Rampe entlanggetrieben wurde. Am Ende einer langen Menschenschlange blieb ich stehen, vor mir Vater. Und er, sonst so lebhaft und energisch, wandte sich nicht einmal nach mir um, obwohl er wußte, daß ich direkt hinter ihm stand. Vielleicht hatte er, genau wie du, alles verstanden, vielleicht war ihm alles klar. Mit hängenden Schultern ging er langsam vor mir her.

Da sah ich sie, dick und gutgelaunt, miteinander plaudernd. Von der Seite tauchte ein Schar kleiner Kinder auf, ohne Mutter und Vater, verlorene Kinder … Einer dieser breitschultrigen Männer in Uniform dirigierte sie mit einer leichten Berührung des Stöckchens, das er wie ein Verkehrspolizist in der Hand hielt, in den Menschenstrom, den er nach rechts winkte. Dorthin dirigierte er auch meinen Vater. Ich folgte ihm, reihte mich aber im allerletzten Moment hinter Salek in den anderen Menschenstrom ein, der nach links schwenkte. Als wir hinter dem Tor waren, konnten wir rechts noch immer Vater sehen, der auf ein Gebäude mit einem hohen Schornstein zuging. Er schaute sich nicht einmal um.

Sehr viel später, als wir alle auf dem Sammelplatz standen und alles verstanden hatten, sahen wir in einer entfernten Mädchengruppe unsere Lola, der man die wunderschönen Zöpfe abgeschnitten hatte, so daß wir sie kaum erkannten. Fast stumm rief sie uns zu, sagt mir alles. Der süßliche Rauch, der aus dem Schornstein aufstieg, die Kälte und Verzweiflung machten die Situation immer schwieriger. In dieser schweren Zeit begegnete ich Levi. Er wurde in einem anderen, separaten Lagerbereich gefangengehalten. Levi, dieser sensible und feine Mensch, machte uns Mut. Er beschwor uns, niemals zu vergessen. Salek und ich versprachen ihm, sofern wir überleben sollten, alles zu tun, um die Erinnerung wachzuhalten. Doch ich blieb allein. Lola und dreizehntausend andere wurden auf ein Schiff geladen und auf dem Meer versenkt. Über deine Söhne weiß ich nichts. Sie schweigen, genau wie du, Mama.

Ich habe also überlebt. In meinem Herzen trug ich die Erinnerungen, die das Leben schwer machen. Ich wurde Soldat. Aber mein Gewehr erwischte nicht genug von ihnen. Sie waren schneller. Nur ihre Frauen und Kinder waren übrig. Deshalb, nur deshalb, habe ich so wenig Kugeln verschossen, Mama.

Und dann … dann kamen »Experten« und erklärten uns, wieviele von uns ermordet wurden. Sechs Millionen, sagten die einen, bloß viereinhalb Millionen, sagten andere. Man suchte nach den Schuldigen. Wieviele müssen schuldig sein, Mama, bei einer Million, zwei Millionen, drei Millionen Ermordeten? Wieviele? Es gibt keine Schuldigen. Du schweigst nämlich, Mama, aber sie sprechen. Der Stumme kann nicht anklagen, aber der Sprechende kann sich verteidigen. Niemand klagt sie an.

Ich kann keinen einzigen Tag ruhig leben, wenn ich weiß, daß sie ihr täglich Brot essen, ihre Kinder in die Schule schicken, die Verwandten besuchen. Ich kann nicht, und doch muß ich es. Warum, Mama? Manchmal quält mich der Gedanke, daß sie gewonnen haben und nicht ich. Die Welt hat sich sehr verändert seit deinem Tod, doch die Legenden, deren Opfer wir wurden, leben fort. Nach wie vor werden Menschen gedemütigt, nur weil sie eine andere Hautfarbe haben, fremdartig aussehen, einen fremd klingenden Namen haben. Auf der Welt ist weiterhin Platz für deine Mörder und deren Freunde.

Was kann ich tun, damit deine Asche nicht entehrt wird, damit deine Enkelin ein menschenwürdiges Leben führen kann?

Dein Sohn
Nr. B-8259

Der endlose Tag bricht an – dröhnende Flugzeuge am Himmel, Explosionen sind zu hören, die Leute schreien … Spätabends kommen die Friedrichs schutzsuchend zu uns, sie fürchten sich vor antideutschen Ausschreitungen in der Stadt. Die gutmütige dicke Frau Friedrich schluchzt. Du, Vater, beruhigst sie und bittest Lola und mich, den Friedrichs unsere Betten zu überlassen, damit sie ruhig schlafen können. Ich liege neben dir, höre deine tiefen Seufzer und deinen unregelmäßigen Atem. Der Morgen begrüßt uns mit dem Lärm rollender Räder ihrer Kriegsmaschinen. Die Friedrichs bedanken sich strahlend und versprechen, daß sie uns das nie vergessen werden.

»Juden raus! Verschwindet, für Juden gibt es kein Brot!« Unsere Nachbarn von gestern erkennen uns. Frau Friedrich schenkt uns Brot. Ihre Söhne, die sich die Armbinden mit dem Symbol angelegt haben, zwingen Levi, erniedrigende Arbeit zu verrichten. Du erklärst uns, daß der Fanatismus dieser jungen Leute sich bald legen wird.

Zwei deutsche Polizisten haben sich bei den Friedrichs einquartiert. Unser Nachbar, Herr Hahn, ein bekannter Kommunist, hängt eine große Hakenkreuzfahne aus dem Fenster. Der Polizeibeamte, der bei den Friedrichs wohnt, klopft an unsere Tür. Er befiehlt dir, Vater, jeden Abend die Stiefel zu putzen. Lola, unsere schöne, stolze Lola, schleudert ihm die Stiefel vor die Füße. Nur der Fürsprache von Frau Friedrich ist es zu verdanken, daß er deine Tochter nicht erschießt. Als dieselben Polizisten dich am nächsten Tag auf der Straße anhielten und deinen Bart in Brand setzten, lachten alle, wirklich alle …

Frau Menzel war früher mit Mutter befreundet. Abends erscheinen die uniformierten Deutschen, die bei den Menzels einquartiert sind, an unserer Tür. Sie haben eine vollständige

Liste unseres gesamten Besitzes dabei und befehlen uns, den schönen siebenarmigen Leuchter und die Pessach-Becher, die uns an deinen Zweig der Familie erinnerten, in den Sack zu stecken. Sie nehmen auch Mutters Pelzmantel, den du ihr zum Hochzeitstag gekauft hast, und reißen ihr die Ringe, einschließlich des Eherings, von den Fingern. Sie schauen auf der Liste nach und befehlen dir, deine Taschenuhr abzugeben. Du weißt nicht, daß ich sie in der kalten Asche des Ofens versteckt habe. Ihr sucht nach der Uhr, könnt sie nicht finden. Der Uniformierte schlägt dir ins Gesicht und gibt dir einen Tritt. Verzeih mir, Vater, es war meine Schuld, daß sie dich geschlagen haben. Aber vielleicht ist ja die Uhr schuld, deine verdammte Uhr, der wir später noch viele Prügel verdanken sollten.

Manja gehörte ja fast zur Familie. Jedesmal, wenn ihr armer, alter, zahnloser Vater vorbeikam, hast du ihn hereingebeten, ihm heißen Kaffee mit Zucker und Milch vorgesetzt, ein Stück Challah eingetunkt und gesagt: »Essen Sie, Herr Wächter, Sie brauchen nicht zu kauen, es ist sehr nahrhaft.« Du hast ihm immer etwas für seine Familie mitgegeben. Ein paar Tage, nachdem die Deutschen die Stadt besetzt hatten, verschwand Manja plötzlich. Jetzt taucht sie, in Begleitung ihrer Schwester und eines uniformierten Deutschen, wieder auf, zeigt ihnen, wo wir unsere letzten Ersparnisse versteckt haben, für Notzeiten. Sie zeigt ihnen Vaters Zigarettenetui und nimmt das Geld heraus. Ich stehe neben Manja, schaue ihr in die Augen und frage sie: »Warum, Manja, warum?« Sie verzieht das Gesicht zu einem bösen Grinsen. So habe ich sie nie gesehen. Zwei, drei Wochen sind vergangen seit jenem Tag. Die Leute verändern sich doch nicht so schnell, unmöglich.

Also, Vater, sag mir, wie soll ich meine Gefühle ihnen gegenüber auseinanderhalten – Verachtung, Haß, sogar Respekt? Es fällt mir so schwer, zu verstehen, daß die Welt sich verändert hat und sie noch immer da sind, mit diesem höhnischen Ausdruck, diesem Stolz. Ich habe dir einen Brief geschrieben, aber vielleicht habe ich ihn an mich selbst gerichtet oder an diejenigen, für die der Tag gerade beginnt.

Herbst 1989

Lieber Papa!

Fast ein halbes Jahrhundert ist vergangen, seit du auf deine letzte Reise geschickt wurdest. Aus den Schornsteinen steigt nicht mehr der Rauch von Menschen. Deine Folterer haben überlebt. Sie haben die Plätze geräumt, ihre Häuser renoviert, ihre Wohnungen gereinigt. Sie haben sich neu eingekleidet, tragen saubere Hemden über sauberen Körpern. Sie bellen nicht mehr Kommandos. Ihre Worte sind einfach, klingen fast melodisch. Die Arme, die sie früher eckig bewegten, lassen sie jetzt locker hängen. Nur ihr Blick ist verschlossener, er verbirgt Gedanken, die schwer zu lesen sind. Manchmal äußern sie ihre Gedanken, schreiben etwas oder sprechen bei einem Bier mit ihren Freunden. Urteile akzeptieren sie nur von ihresgleichen. Sie haben die Anklagebank verlassen, geben sich moralisch und treten als Richter auf. Sie erklären alles … dir, mir, meinen Kindern, meinen Nächsten. Sie haben unser unergründliches Gestern und die beunruhigende Zukunft zu ihrem Alibi gemacht. Sorgfältig tragen sie Fakten aus der Vergangenheit anderer Menschen zusammen, während die Verbrecher schweigen und sich hinter den Gesetzen verstecken. Sie übertreiben das Echo gewaltsamer Übergriffe bloß, um ihr unermeßliches Gestern zu rechtfertigen. Sie wissen, daß die freudigen Gefühle der Lebenden viel stärker sind als lähmende Gedanken an die Vergangenheit. In ihren Gesichtern steht Verach-

tung. Und in den Mundwinkeln erkenne ich den leisen Spott des Verbrechers, der sich seiner Strafe entzogen hat. Wer wird ihr nächstes Opfer sein, Papa?

Dein Sohn
Nr. B-8259

Ich schrieb diesen Brief, wußte dich in meiner Nähe, während sie mir selbstbewußt erklärten, was ich und die Meinen zu tun hätten, um ihren Respekt zu verdienen. Kann unser Gestern ihr Heute sein? Dieser Tag gehört mir, mir allein, uns, niemandem sonst.

Du erinnerst dich, Papa, daß ich, gegen deinen Rat, nach Osten floh. Warum seid ihr mir nicht nachgekommen? Bald kehrte ich zurück, völlig verlaust, mit schmerzenden Beinen und von Durchfall geplagt. Du hast mich vor dem sicheren Tod bewahrt, hast den Sanitäter Janicki und Frau Friedrich gerufen, die Arznei, Rotwein und warme Hühnersuppe brachte. Als ich wieder zu Kräften gekommen war, hast du den Pferdewagen der Falatyckis mit Bettzeug, Kleidung und anderen Sachen beladen und gesagt, ich solle mit Moniek Falatycki nach Tomaszow Mazowiecki fahren. »Diese Stadt liegt im Generalgouvernement, während Lodz, das jetzt Litzmannstadt heißt, zum Reich gehört. Wir werden nach Tomaszow umziehen, dort leben Verwandte von uns. Dort wird es wohl nicht ganz so schlimm sein wie in Lodz. Du, Moischele, bist jung, die Deutschen werden dich also nicht beachten, und Moniek Falatycki sieht ja fast wie ein Goj aus. Geh jetzt, und Gott sei mit dir...«

Unterwegs nach Tomaszow passierten wir die Grenze zwischen dem Reich und dem Generalgouvernement. Die deutschen Soldaten guckten lustlos, ein paar polnische Jungen trieben sich in der Nähe herum. Ich hatte mir einen Schal umgewickelt, aber sie erkannten mich an den Augen. »Ein Jude, ein Jude, ein Jude!« riefen sie den Soldaten zu. Falatycki erklärte, er wisse nicht, wer ich sei, er habe mich unterwegs aufgelesen, ich hätte am Straßenrand gestanden und ihn gebeten, mich mitzunehmen.

Die Soldaten packen mich. »Raus!« rufen sie und schicken mich mit einem Fußtritt wieder über die Grenze. Falatycki fährt weiter, ich bleibe allein zurück. Es wird dunkel, es ist bitterkalt. Ich habe nichts bei mir, keinen Zloty. Ich laufe querfeldein, weg von diesen Jungen, sehe die Straße vor mir, muß aber noch einen Teich überqueren. Das dünne Eis knackt unter den Füßen. Ich erinnere mich an unseren wunderbaren Physiklehrer Fraenkel, ziehe meinen Mantel aus, lege ihn auf das Eis und schiebe mich langsam vorwärts. Ich höre das Knacken des Eises, aber schließlich erreiche ich das andere Ufer. Ich erreiche die Straße. In der Ferne sehe ich Bauernhäuser und Lichter. Ein großer Pferdewagen kommt langsam näher. Ich traue meinen Augen nicht – es ist Falatycki! »Moniek, wieso bist du hier?« rufe ich ungläubig. »Ich wußte, daß du irgendwann die Straße erreichst, du bist ja nicht dumm, also bin ich langsam weitergefahren.« »Aber dort ist ein Teich«, sage ich. »Du mußtest daran vorbei, Moischele.« »Ich bin übers Eis gegangen.« »Genau das, was man von einem dummen Gymnasiasten erwartet. Du hättest ertrinken können. Hü, meine Pferde!«

Bei der Rückkehr aus Tomaszow sehe ich die gleichen Szenen immer wieder: Juden werden gruppenweise weggeführt, zusammengeschlagen, ausgeraubt. Ich schlafe auf dem mit Stroh ausgelegten Pferdewagen ein. Jude, Jude, Jude …

Levi hat beschlossen, Irena zu heiraten, und meine Eltern sind einverstanden. Es stellt sich heraus, daß Irena schwanger ist. Sie ist eine schöne Frau, hat hellblondes Haar und ist etwas größer als Levi. Die beiden beschließen, nach Ostrowiec zu ziehen, wo einige von Irenas Verwandten wohnen. Nach meiner Rückkehr aus Tomaszow bekommen wir Post von ihnen. Sie sind mittellos, brauchen Hilfe. Ich höre meine Eltern: »Diese Uhr ist der einzige Wertgegenstand, den wir noch haben. Levi ist unser Erstgeborener, die Uhr gehört ihm. Wir leben in einer furchtbaren Zeit, schlimmer noch als in den Jahren der Chmielnicker Pogrome. Soll Levi die Uhr haben, er kann sie verkaufen, vielleicht rettet sie ihn.«

Am nächsten Tag bittest du mich, Levi die Uhr zu bringen. »Salek ist leicht zu erkennen, sie werden ihn zur Zwangsarbeit abholen, er ist alt genug. Also gehst du, Moischele. Du nimmst diese Tasche mit. Darin ist ein halbes Brot, ein Gläschen Marmelade und eine kleine Büchse Zucker. Die goldene Taschenuhr ist auf dem Boden der Büchse versteckt. Mach sie nicht auf. Du reist nach Kielce, zu Onkel Schmuel Biermann. Levi und Irena werden dort auf dich warten. Schmuel wohnt in der Wesola-Straße. Frag dich einfach durch, es ist nicht weit vom Bahnhof. Der Zug kommt abends an, du mußt dich sputen, daß du vor Beginn der Ausgangssperre da bist. Gott sei mit dir!«

Der Zug hat so viel Verspätung, daß es schon dunkel ist, als ich in Kielce ankomme. Passanten zeigen mir den Weg, aber die Straßenlaternen sind nicht erleuchtet. Ich verlaufe mich. Plötzlich höre ich schwere Stiefelschritte hinter mir. Ich drehe mich um, sehe einen großen Soldaten, der nach mir greift. »Ausweis!« »Ich bin gerade erst angekommen«, sage ich. »Ich suche die Wohnung meines Onkels.« »Du bist Jude, was?« »Jawohl«, sage ich, ohne zu wissen, warum ich nicht gelogen habe. Er entreißt mir meine Ledertasche und schlägt mir mit aller Kraft ins Gesicht. Ich falle zu Boden. Der Mann kommt näher, tritt mir in den Bauch, in die Lenden, gegen den Kopf. Ich halte die Hände vor den Kopf, aber die Tritte hören nicht auf. Durch die leicht gespreizten Finger meiner Hand sehe ich, wie er seine Pistole aus dem Halfter zieht. Seltsame Gedanken schießen mir durch den Kopf. Dann höre ich jemanden näherkommen. Der Soldat dreht sich um. Der andere trägt eine Postuniform. Die beiden sprechen miteinander. Der Deutsche nimmt meine Tasche, öffnet sie und schaut nach, was darin ist: Brot, Marmelade, Zucker. »Scheiße!« ruft er verächtlich und gibt dem Polen die Tasche. Er kommt wieder zu mir und haut mir den Pistolengriff über den Kopf. Mir wird schwindlig, das Blut läuft mir übers Gesicht. Die beiden Männer entfernen sich. Es ist furchtbar kalt, aber ich fühle nichts. Oder doch so etwas wie Freude, ringsum Stille, völlige Stille, das tut gut … Jemand nimmt meinen Arm, zieht mich in einen Hauseingang. Lautlos wird die Tür geschlossen. Ich werde in ein Zimmer getragen, meine Wunden werden gewaschen, und auf die blauen Flecken wird ein feuchter Umschlag gelegt. Ich komme zu mir, beantworte Fragen. Natürlich kennen sie Schmuel Biermann, den besten Tischler in Kielce. Jeder kennt ihn, er wohnt ein paar Häuser weiter. Sie haben in derselben Synagoge gebetet. Ich bekomme warmen Tee und ein Käsebrot. Ich esse es und falle im nächsten Moment auf einer Bank in tiefen Schlaf.

Meine Retter begleiten mich am nächsten Morgen zu meinem Onkel. Die ganze Familie, einschließlich Levi und Irena, ist versammelt. Ich erzähle meine Geschichte, die Einzelheiten werden von meinen Rettern ergänzt. Es stellt sich heraus, daß sie die ganze Szene von ihrem Fenster aus beobachtet haben, ihnen ist nichts entgangen. Onkel Schmuel und Levi freuen sich, daß ich am Leben bin, das ist das Wichtigste. Aber der Verlust der Uhr ist eine Katastrophe für Levi. Er kann natürlich nicht wissen, daß sie weiteres Unglück über uns bringen wird. Onkel Schmuel legt sich den Gebetsschal um und betet in der Ecke. Nach dem Essen sagt er zu mir: »Komm, Moischele, wir gehen die Uhr suchen.« Er zieht seinen schäbigen Mantel an und geht mit mir in das Viertel, wo die Kielcer Postangestellten leben. Onkel Schmuel ist dort bekannt, die Leute grüßen ihn und berichten, wer Nachtdienst hatte. Wir betreten eine saubere Küche, in der eine ältere Frau gerade Teig knetet. Sie schaut uns nervös an. Nein, sie weiß nichts. Ja, ihr Mann hatte Nachtschicht, aber er ist spät nach Hause gekommen, sie hat ihn nicht gesehen. Im Moment ist er auf Arbeit. Onkel Schmuel sagt: »Sie kennen mich, und ich kenne Sie. Sie sind gute Menschen, anständige Christen. Diese Uhr ist das einzige, was den Bruder meines Neffen vor Armut und Hunger bewahren kann. Er hat gerade geheiratet, und diese Uhr ist das einzige, was sie besitzen. Ich gebe Ihnen also fünfzig Zloty, das ist viel Geld. Bitte geben Sie uns die Uhr zurück.« »Panie Biermann«, sagt sie, »ich habe Ihnen doch gesagt, ich weiß von nichts.« »Liebe Frau, ich möchte ungern etwas tun müssen, was mir widerstreben würde. Wenn Sie die Uhr nicht zurückgeben, gehe ich zur Polizei, erstatte Anzeige, und am Ende wird keiner von uns die Uhr haben.«

Schweigend und nervös knetet die Frau weiter. Nach einer Weile hört sie auf, wischt sich die Hände ab und verschwindet aus der Küche. Kurz darauf kehrt sie mit meiner Tasche wieder. Sie nimmt die Zuckerbüchse heraus und schüttet den Inhalt auf den Küchentisch, neben den Teig, nimmt die Uhr mit der Kette, macht sie sorgfältig sauber und gibt sie meinem Onkel. »Bitte drohen Sie mir nicht, Panie Biermann. Ich gebe sie Ihnen wieder, weil mir das junge Paar leid tut, und ich will nichts an mich nehmen, was mir nicht gehört.« Onkel Schmuel gibt der Frau die fünfzig Zloty und sagt: »Sie sind ehrlich, ich wußte es. Ich danke Ihnen für Ihre Freundlichkeit, bitte grüßen Sie Ihren Mann. Möge Gott es Ihnen vergelten.« Draußen auf der Straße sagt Onkel Schmuel: »Kann sein, daß sie die Uhr auch ohne Drohung zurückgegeben hätte, aber man weiß nie.«

Ich verabschiedete mich von Irena, Levi und der Familie meines Onkels. Ich ahnte nicht, daß ich sie zum letzten Mal gesehen hatte. Später dann, als du, Vater, zu dem Gebäude mit dem hohen Schornstein gingst, während für mich ein anderer Leidensweg begann, begegnete ich Levi wieder. Er war in einem anderen Teil des Lagers, ich konnte mit ihm und seinen Freunden über den Stacheldrahtzaun hinweg sprechen, der uns trennte. Verzeih mir, Papa, daß ich dir erzähle, was ich von ihnen hörte.

Levi, der gerade Vater geworden war, suchte verzweifelt nach einer Möglichkeit, Geld zu verdienen. Er wollte eine kleine Zuckerbäckerei betreiben oder so etwas. Niemand wußte ja, daß der schreckliche Tag für uns schon begonnen hatte. Jedenfalls versuchte Levi, die Taschenuhr zu Geld zu machen. In Ostrowiec lebten einige Volksdeutsche, alte Bekannte von Irenas Familie. Nur sie wären imstande, in solchen Zeiten einen so wertvollen Gegenstand zu kaufen. Doch sie wollten nur einen symbolischen Preis bezahlen, ein paar Groschen. Levi lehnte dankend ab. Etwas später erschienen ein paar junge uniformierte Deutsche und forderten Levi auf, die Uhr herzugeben. Sie zerrten ihn aus dem Haus und verprügelten ihn draußen auf der Straße. Als Levi in seine Wohnung zurückkehrte, fand er die sterbende Irena, vergewaltigt und mit aufgeschlitzten Brüsten. Das Baby, dem sie gerade die Brust gegeben hatte, lag mit zerschmettertem Kopf neben ihr.

Levi wollte sich das Leben nehmen. Irenas Verwandte nahmen ihn auf. Ein paar Tage später wurden sie alle in das Lager bei Pionki geschickt, wo sie in einer Munitionsfabrik arbeiteten. Die Strapazen des täglichen Überlebenskampfs machten, daß Levis Erinnerung an diese Ereignisse etwas verblaßte.

Ja, mein lieber Sohn, diese Uhr hat uns nichts als Kummer gebracht. Auch mir, wie du weißt.

Ich erinnere mich, Vater, ich erinnere mich. Du warst so erschöpft durch den Hunger, die Kälte und die anstrengende Arbeit im Ghetto. Aber du hast nicht aufgegeben. Nicht einmal fünfzig warst du, und ziemlich kräftig. Im Sommer kamst du eines Tages bleich und zitternd nach Hause. Es zeigte sich, daß du deinem ehemaligen Nachbarn begegnet warst, Herrn Suter, der inzwischen zweiter Kripochef im Ghetto war. Er begrüßte dich wie einen alten Freund und erkundigte sich sofort nach der Uhr mit der Kette. Du erklärtest ihm, daß Levi sie bekommen habe, er wohne in Ostrowiec. Suter glaubte dir nicht und kündigte seinen Besuch an. Die Uhr und andere Wertgegenstände, sagte er, sollten schon bereit liegen, sonst werde die Sache bös enden. Wie üblich sprach er Jiddisch. Wir alle wußten, daß uns eine neue, vielleicht die grausamste Tortur erwartete.

Am Abend erschien der alte Suter in Begleitung seines buckligen Sohns und eines weiteren Deutschen. Sie warfen das Bettzeug auf den Boden, schlugen in der Küche alles kurz und klein, schlugen die Fenster ein und gingen mit dir fort. Mutter flehte Suter an, dich nicht zu schlagen, und versicherte ihm, daß er alle noch verbliebenen Wertgegenstände gefunden habe. Sie sprach Jiddisch mit ihm, redete ihn sogar mit »*Reb Suter*« an. »*Frymcia*«, antwortete Suter, »*wen Awremele wet zurik kumen wet er noch lebn.*« Das betonte »noch« hatte einen unheilvollen Klang. Wir hielten abwechselnd Wache vor dem großen Gebäude in der Koscielna-Straße, dem Polizeihauptquartier, vor dem jeder Ghettobewohner Angst hatte. Wir wollten hinein, selbst wenn es uns das Leben kosten sollte, doch vergeblich. Fünf Tage später brachten dich die Suters in einer Droschke zurück, warfen dich wie einen Sack Kartoffeln auf die Straße und riefen lachend: »Kannst dich nicht beklagen, Awrum, wir haben dich bis nach Hause gebracht. Da siehst du, was für ein gutes Herz wir haben.« Die Nachbarn riefen uns sofort. Weinend trugen wir Kinder dich ins Haus. Du warst ein Schatten deiner selbst, Vater. Gesicht, Rücken, Hintern und Bauch – überall Wunden und Blutergüsse. Du konntest kaum sprechen, konntest nicht sitzen und nicht liegen. Wir rollten unsere Bettdecken zu eine Art weichen Rolle zusammen, auf der du tagelang in »Klappmesserstellung« lagst, ohne dich zu bewegen. Wir fütterten dich mit allem, was wir uns von den hungrigen Mündern absparen konnten, und wuschen deine Wunden mit lauwarmem Wasser und bedeckten sie mit Blättern – mehr konnten wir nicht tun. Als du endlich wieder sprechen konntest, wurde uns klar, welch unendliche Qualen du in diesen Tagen und Nächten erlitten hattest. Du sagtest zu uns Kindern: »Wenn einer von euch überlebt, soll er die Suters finden und ihnen dieselben Qualen zufügen, die sie mir zugefügt haben.« Und dann erzähltest du:

»Suter wußte, wie er die ungewöhnliche Hitze für seine Zwecke nutzen konnte. Er wußte, daß ich großen Hunger hatte, also gab er mir zuerst ein Stück Brot und einen furchtbar salzigen Hering und spielte den Menschenfreund. Ich versicherte ihm, daß wir nichts mehr besaßen und daß Levi die Uhr hatte. Er könne selbst nachsehen. Statt einer Antwort gab er seinem dicken Sohn ein Zeichen, der daraufhin anfing, mich zu schlagen. Suter sagte dabei: »Hans, revanchier dich für die Biere, die er dir immer spendiert hat. Und vergiß nicht, ihm sein jüdisches Herz zu lohnen.« Der junge Suter schlug unbarmherzig zu. Seine Peitsche hatte er mit einer Art Dornenkugel versehen, und damit drosch er auf mich ein. Am Ende jeder ›Sitzung‹ ließen sich mich allein und stellten mir einen Eimer Wasser hin. Aber es war salziges Wasser, ich konnte es nicht trinken, obwohl ich vor Durst fast starb. Irgendwann brachte Suter ein Kruzifix und etliche Flaschen Bier und sagte: ›Rück die Uhr raus, Awrum, dann gehört das Bier dir.‹ Ich verlor mehrmals das Bewußtsein, und dann kippten sie Salzwasser über mich, so daß ich mir nicht einmal die Lippen ablecken konnte. Vielleicht hatte das Wasser ja eine heilende Wirkung auf meine Wunden. Immer wieder erklärte ich Suter, daß ich ihm die verfluchte Uhr längst gegeben hätte, wenn ich sie besäße, mein Leben sei mir teurer als die Uhr. Und wenn menschliche Empfindungen für ihn keine Rolle mehr spielten, so möge er doch als Christ Mitleid haben. Daraufhin hielt er mir das Kruzifix hin und sagte, ich solle das Kreuz küssen und schwören. Das wollte und konnte ich nicht, und wenn ich es mit dem Leben bezahlen sollte. Da gab er mir das Hakenkreuz und befahl mir, es zu küssen. Das tat ich, und ich erklärte ihm auch warum.

›Euer Naziemblem geht auf das Kreuz zurück. Das Hakenkreuz wäre nicht zum Symbol unserer gegenwärtigen Qualen geworden, wenn euch die Verachtung und der Haß auf die Juden nicht schon seit Jahrhunderten im Namen des Kreuzes eingeimpft worden wären. Das Hakenkreuz wird vergehen, Suter, aber das Kreuz wird bleiben und weiterhin dafür sorgen, daß wir verfolgt und gedemütigt werden, und es wird Haß säen statt Friedfertigkeit.‹ Als Suter aus meinem Mund hörte, daß das Hakenkreuz nicht von Bestand sei, wurde er fuchsteufelswild und begann, wie von Sinnen auf mich einzuschlagen. Ich war schon fast tot, doch dann kippten sie einen

Eimer kaltes Wasser über mir aus, so daß ich wieder zu mir kam. Anschließend brachten sie mich in die Lotnicza-Straße und warfen mich dort aus dem Wagen.«

In den nächsten Tagen kamst du nie ganz zu Bewußtsein. Du hast viel geredet, aber wir konnten nicht recht verstehen, was es war. Vielleicht hast du gebetet. Mutter, die die ganze Zeit bei dir war, sagte, daß sie unseren Gott nicht mehr verstehen könne. Findest du nicht, Vater, daß meine und Saleks Zweifel an der Weisheit Seiner Ratschlüsse begründet sind?

Frag mich nicht, mein Sohn, es ist ohnehin schon schwer genug für mich.

Warum hast du dich denn geweigert, das Kreuz zu küssen, und dir damit zusätzliches Leid eingehandelt? Es ist doch auch nur ein Symbol, und dein Leben muß dir doch wichtiger gewesen sein als ein Symbol.

Nun ja, Moischele, es gibt solche und solche Symbole. Die Juden werden seit zweitausend Jahren verfolgt, aber am meisten hatten sie unter Christen zu leiden. Sie übernahmen alles von uns: unsere Lehre, unsere Gesetze, sogar unsere Feiertage. Sie konnten ihre Lehre und Moral nicht mit ihren Handlungen in Einklang bringen. Sie, die von Gnade sprechen, haben uns jahrhundertelang verfolgt und ermordet, uns Dinge vorgeworfen, die wir nicht begangen haben. Das ist es, im Kern, was das Kreuz für uns symbolisiert. Für uns ist das die Bedeutung des Kreuzes. Wenn wir es küssen, erkennen wir die Legitimität der endlosen Verfolgung von uns Juden an. Zumindest die Nazis berufen sich nicht auf Jesus, sondern tun das, was sie verkündet haben. Wäre Jesus ein Hindu oder ein Afrikaner gewesen und nicht einer von vielen jüdischen Propheten, hätten uns die Christen wahrscheinlich in Ruhe gelassen. Und die Deutschen hätten uns auch nicht einen solchen Haß entgegengebracht, und die Nazis hätten nicht soviel Rückhalt in diesem zivilisierten Volk gefunden. Schließlich haben wir Juden die Christen nicht an unsere Bibel, unsere Geschichte, unseren Glauben und an unsere Traditionen gekettet. Als Suter mich zwang, das Kreuz zu küssen, fragte ich ihn, was sie von uns wollten. Wir wollen von ihnen nur in Ruhe gelassen werden.

Diese verfluchte Taschenuhr, Vater. Ihretwegen haben wir so viel gelitten.

Vielleicht, mein Sohn, vielleicht. Ohne diese Uhr hättest du, hätte ich vielleicht weniger gelitten, aber nicht die Juden insgesamt. Ich weiß nicht, warum unser Gott uns diese Demütigungen auferlegt hat, diese Leiden und die vollständige Vernichtung.

Findest du nicht, es wäre besser gewesen, du hättest auf mich und Salek gehört und wärst mit der ganzen Familie nach Osten geflohen? Wenn wir überleben, Vater, wirst du sehen, daß sie eine andere, eine gerechte Welt aufbauen werden. Und ich werde ihnen dabei nach Kräften helfen.

Bereits im Herbst 1939 wurden die Bewohner unserer Stadt in verschiedene Gruppen aufgeteilt. Ganz oben standen die Reichsdeutschen, dann kamen die Volksdeutschen, also Deutsche mit polnischer Staatsangehörigkeit, dann die Polen und schließlich, ganz unten, die Juden, die keinerlei Rechte besaßen. Wer in eine der »besseren« Kategorien aufrücken wollte, mußte das mit den entsprechenden Dokumenten nachweisen, aber auch die Alleruntersten fanden einen Ausweg, indem sie Papiere fälschten oder ihr Leben oder das anderer Leute gefährdeten und indem sie gegen die neuen Bestimmungen und Verordnungen verstießen.

Im Winter 1939/40 fiel reichlich Schnee, die Kälte war dennoch erträglich. Für uns begann mit diesem Winter eine neue Zeit, deren Resultat uns bis an das Ende unserer Tage begleiten wird. Es begann mit der Verordnung, wonach jeder von uns auf der Kleidung den gelben Stern zu tragen hatte, vorn und auf dem Rücken. Gelb vermutlich deswegen, damit man das Zeichen aus der Ferne besser erkennen konnte. Wir sind Juden, hast du immer gesagt, Vater, und bräuchten uns nicht eines Zeichens zu schämen, das doch unser Symbol ist. Doch damals wußten wir nicht, daß der Stern ihnen bei unserer Vernichtung helfen sollte. Als Anfang 1940 bekanntgegeben wurde, daß alle Juden binnen weniger Tage in ein bestimmtes Stadtviertel umziehen mußten – das war wirklich schlimm. Kein Wunder, daß für viele die Notwendigkeit, die Zugehörigkeit zu einer bestimmten Bevölkerungsgruppe nachzuweisen, von lebenswichtiger Bedeutung war und mit tragischen Konsequenzen einherging.

Die Menzels – sie hatten uns die Uniformierten geschickt, die uns ausraubten und Vater zu Brei schlugen – galten als Volksdeutsche. Sie hatten sofort eine große Hakenkreuzfahne über ihrer Bäckerei gehißt. Als sie jedoch anfingen, ihre Abstammungsdokumente zusammenzusuchen, um ihre Zugehörigkeit zur höchsten Kategorie nachzuweisen, zeigte sich, daß eine Urgroßmutter eine getaufte Jüdin gewesen war. Ein paar Tage später erhängte sich der alte Menzel im Keller seines Hauses.

Die Schwierigkeiten der Menzels waren aber nichts im Vergleich zu denen der Szymczaks, deren Probleme auch schon viel früher begonnen hatten. Herr Szymczak war ein ausgezeichneter Geiger, seine Frau war Lehrerin. Sie hatten einen Sohn und eine Tochter im schulpflichtigen Alter. Als Jude wurde Szymczak von guten polnischen Orchestern nicht mehr beschäftigt, und seine Frau durfte an staatlichen Gymnasien nicht mehr unterrichten. Anfang der dreißiger Jahre ließen sich die Szymczaks taufen und trugen fortan ein demonstrativ großes Kreuz um den Hals. Ihre Verwandten brachen alle Beziehungen zu ihnen ab, und die Schwiegereltern, orthodoxe Juden, hielten sogar *Shiwa*, als wäre ihre Tochter gestorben. Daß Herr Szymczak und sein Sohn auffällig jüdisch aussahen, machte die Sache nicht besser. Aber auch Frau und Tochter konnten keine lupenreine christlich-slawische Abstammung reklamieren. Als Mitte der dreißiger Jahre Lodzer Juden von polnischen Antisemiten auf der Straße verprügelt, gelegentlich sogar umgebracht wurden, blieb Herrn Szymczak und seinem Sohn das Schicksal ihrer vormaligen Glaubensgenossen nicht erspart. Einem Augenzeugen zufolge schlugen die Angreifer, als Szymczak ihnen das Kreuz an seiner Halskette zeigte und rief, er sei Christ, nur noch wütender auf ihn ein, weil er seine wahre Herkunft hinter dem Zeichen des Friedens zu verbergen suchte. Doch die feste Bindung der Szymczaks an ihre neue Religion wurde durch diese Vorfälle nicht erschüttert, und sonntags ging die Familie regelmäßig zur Messe.

Als der Befehl zum Tragen des gelben Sterns erlassen wurde, glaubten die Szymczaks, daß sie davon nicht betroffen seien. Sie wohnten in der Zgierska-Straße in dem Viertel, das als Ghetto ausersehen war. Sobald die Anordnung erlassen war, mußten wir dorthin ziehen, und die »Besseren« mußten das Viertel verlassen. Es dauerte einige Tage, in denen die verschneiten Straßen völlig ihr Aussehen veränderten. Jung und alt und sogar Kinder zogen Schlitten, Karren, Handwagen – vollbepackt mit Bettzeug, Töpfen, Büchern und Mobiliar. Die jüdischen Familien, die bereits in dem betreffenden Stadtviertel wohnten, freuten sich, daß sie nicht umziehen mußten. Aber den Szymczaks erging es genau umgekehrt – sie wollten, wie alle anderen Christen, ob Deutsche oder Polen, hinüber auf die andere, die arische Seite. Im nicht-jüdischen Teil der Stadt war aber niemand bereit, ihnen eine Wohnung zu vermieten. Die Taufbescheinigung nützte Herrn Szymczak überhaupt nichts, weil er semitisch aussah und (wonach sich viele Leute ganz unverblümt erkundigten) beschnitten war. Damit war das Schicksal der ganzen Familie besiegelt: Sie blieben in ihrer alten Wohnung. Und weil alle Ghettobewohner den gelben Stern tragen mußten, fügten sich auch die Szymczaks und nähten das Zeichen an ihre Sachen, trugen aber weiterhin das Kreuz. Für viele Leute, die sich in einer ähnlichen Situation befanden, war das Tragen des gelben Sterns mit großen moralischen und seelischen Qualen verbunden.

Auch für Juden, die mit den Traditionen ihrer Vorfahren gebrochen, sich vollständig assimiliert hatten und sich mit der polnischen Kultur identifizierten, bedeutete das Tragen des gelben Sterns oftmals eine große persönliche Tragödie. Die Steins beispielsweise, wohlhabende religiöse Juden, sahen sich genötigt, ihre Tochter mitsamt Familie bei sich aufzunehmen. Der Schwiegersohn, Saubermann, kam aus einer reichen schlesischen Familie. Sein Vater war hoher Reserveoffizier der polnischen Armee, der unter Pilsudski gekämpft hatte, und ein bekannter Literaturkritiker. Die Saubermanns waren Kunsthändler in Lodz. Ihre Tochter sprach Französisch, Deutsch und Polnisch, aber kein Wort Jiddisch. Die Saubermanns, die mein Vater von seinen vielfältigen Kontakten her kannte, hatten immer herabgeschaut auf diese bärtigen, schläfenlockigen Juden mit ihrem schweren Akzent. Und plötzlich wurden sie mit denen in einen Topf geworfen – was für eine Schande! Nicht nur mußten sie ihre schöne Wohnung im Stadtzentrum aufgeben, sie sahen sich gezwungen, Schulter an Schulter mit den religiösen Steins zu leben, ja schlimmer noch, mit ihren Nachbarn auf Jiddisch zu kommunizieren oder mitanzuhören, wie ihr geliebtes Polnisch verhunzt wurde. Es dauerte ein paar Monate, bis sie erkannten, daß sie Glück im Unglück hatten – Glück, weil sie eine Unterkunft gefunden hatten, Unglück, weil ihre tiefe Liebe zur polnischen Kultur und ihre Abkehr vom Judentum nichts an ihrem tragischen Schicksal änderte.

Dank Vaters Weitsicht blieben uns trotz Zwangsumsiedlung viele Unannehmlichkeiten erspart. Herr Radtke, ein Bekannter von Vater, besaß eine bescheidene, aber saubere Wohnung in einer Straße, die im Ghetto lag. Als Volksdeutsche mußte seine Familie dort ausziehen. Vater und er glaubten, daß diese unverständlichen neuen Vorschriften mit dem Krieg zu tun hatten und daß nach Kriegsende wieder Normalität einkehren werde. Einfachheitshalber vereinbarten Vater und Herr Radtke, ihre Wohnungen in möbliertem Zustand zu tauschen, also keine Möbel mitzunehmen. So gingen die handgearbeiteten Möbelstücke aus der berühmten Tischlerei Biermann in Herrn Radtkes Besitz über. Dieses Arrangement stellte sich aber auch für uns als vorteilhaft heraus. Die zerlegten Handwebstühle, die in der Mansarde lagerten, konnte Herr Radtke nicht mitnehmen. Als Kälte und Hunger die ersten Opfer unter den Ghettobewohnern forderten, zersägten wir diese Webstühle zu Brennholz. Mutter tauschte die wertvollen Objekte gegen verfaulte Karotten, Rüben, ja sogar gegen Brot ein. Als wir in kalten Winternächten, noch immer nicht ahnend, welches Schicksal uns bevorstand, die Wohnung mit den Radtkeschen Webstühlen heizten, erklärte Vater, daß er nach dem Krieg Herrn Radtke entschädigen werde.

Unsere neue Wohnung bestand aus einem Zimmer, einer großen Küche und einem kleinen Nebenraum, der als Speisekammer oder Garderobe diente. Direkt vor dem Haus verlief der Stacheldrahtzaun, der das Ghetto umgab. In den ersten

Wochen nach der Errichtung des Ghettos waren keine Wachposten in Sicht, aber das Verlassen des Ghettos war bei Todesstrafe verboten. Doch bald sahen wir von unserem Fenster aus den Wachposten.

Das größte Problem war die Ernährungslage. Eines Tages hörten wir jemand von der Straße heraufrufen: »Frymyt! Frymcia!« Auf der anderen Seite des Zauns stand Frau Puchalska, Mutters beste Freundin. Die beiden klagten einander ihr Leid. Zwei Tage später machte sich Frau Puchalska wieder mit Rufen bemerkbar, sie hat einen großen Topf Grütze dabei. »Nimm, Frymcia, und gib es deinen Lieben zu essen. Ich hatte kein Brot, deshalb habe ich etwas Grütze gekocht. Ich habe auch Milch und Butter dazugetan, aber es ist kein Schweineschmalz drin, damit Awrum davon essen kann.« Außerdem berichtete sie, daß Herr Hoffmann, der Taubenzüchter, sich nicht auf die Volksliste eintragen ließ, er habe die Deutschen sogar verflucht und sei daraufhin in ein Lager gesteckt worden.

Zum letzten Mal in ihrem Leben essen meine Eltern, Salek und Lola Getreidebrei mit Milch. Zum letzten Mal stillen sie ihren Hunger. Eine Woche später stand Frau Puchalska wieder da, mit einem großen Bündel in der Hand. Inzwischen stand dort ein Wachposten, der ihr drohte, sie zu erschießen. Frau Puchalska brach in Tränen aus. Mutter winkte ihr vom Fenster aus zu und weinte ebenfalls. Vater schüttelte den Kopf. »Wirklich erstaunlich, daß es noch anständige Menschen auf der Welt gibt.«

Für viele Ghettobewohner ist der erste Frühling einigermaßen erträglich. In weiser Voraussicht haben sie sich mit Nahrungsmitteln eingedeckt, sie verkaufen Schuhe, Kleidung, alles mögliche, stellen sich auf die neuen Verhältnisse ein. Einige wohlhabende Leute verfügen über viel Geld, Devisen und Wertgegenstände, spüren die Beschwerlichkeit der Ghettoexistenz noch nicht, trotz rasch steigender Lebensmittelpreise. Schon im Frühjahr 1940 haben die meisten Arbeiter und Handwerker keine Arbeit mehr und leiden Hunger. Sie demonstrieren auf der Straße, fordern Arbeit und Brot. Ich finde einen alten Pfannenstiel, verstecke ihn unter meiner Jacke und reihe mich mit meinem Freund Natek, der später eine wichtige Rolle in meinem Leben spielen wird, in die Menge der Demonstranten ein. Noch weiß niemand, daß in unserer Ghettowelt die alten Verhaltensnormen nicht mehr gelten.

Die Ghettoverwaltung unter Chaim Rumkowski, den die Deutschen zum Judenältesten ernannt haben, stellte rasch eine Ordnungspolizei auf, der es aber nicht gelang, die Demonstranten aufzuhalten. SS stürmte das Ghetto und schoß auf die Menge. Es gab die ersten Opfer. Nach diesem Zwischenfall gingen die hungernden Ghettobewohner nicht mehr auf Demonstrationen. Vielleicht war das ein Grund, warum Rumkowski und seine Verwaltung Betriebe und Werkstätten einrichteten, die sogenannten »Arbeitsressorts«, in denen Kleidung, Metallgegenstände, Möbel und andere Dinge für die Deutschen produziert wurden. Die Arbeiter bekamen Lebensmittelkarten und täglich einen Teller Suppe von der Betriebsküche. Für viele Ghettobewohner war dies die einzige Überlebenschance.

Unser Nachbar, Herr Neumann, besucht uns häufig. Seine Frau Berta ist Deutsche, eine Christin. Sie haben eine fünfzehnjährige Tochter und einen siebzehnjährigen Sohn. 1938 wurden sie nach Polen umgesiedelt, weil Herrn Neumanns Eltern während des Ersten Weltkriegs von Lodz nach Frankfurt/Oder gezogen waren. Die deutsche Staatsangehörigkeit wurde ihnen verwehrt. Frau Neumann wollte sich nicht von ihrem Mann trennen, als sie Frankfurt verlassen mußten, und sie blieb auch bei ihm, als er ins Ghetto ziehen mußte. Sie ist eine füllige, stille Hausfrau. Ihr Mann arbeitet als Vertreter einer deutschen Uhrenfabrik, und selbst im Ghetto versucht er seine Wecker an den Mann zu bringen. Er spricht nur Deutsch und diskutiert mit meinem Vater über Politik. Er zweifelt nicht am deutschen Sieg und betrachtet Hitler als großen, wenn auch etwas fanatischen Politiker. Seiner Ansicht nach ist das Ghetto das Geistesprodukt eines Verrückten und der Kriegszeiten. Sobald der Krieg vorbei ist, glaubt Herr Neumann, wird er mit seiner Familie nach Frankfurt zurückgehen, in die Wohnung, um die sich in der Zwischenzeit seine Schwägerin kümmert.

Herr Neumann und seine Familienangehörigen finden keine Arbeit. Hin und wieder können sie eine Uhr oder einen Wecker verkaufen und von dem Erlös ein Stück Brot, etwas Mehl oder Buchweizen kaufen. Frau Neumann weiß nicht, wie und womit sie ihre Familie ernähren soll. Sie selbst ißt kaum etwas, und die Sachen schlottern ihr am Leib. Neumanns bewohnen ein Zimmer im dritten Stock unseres Nachbarhauses. In der Ecke steht ein kleiner Ofen, auf dem auch gekocht wird. Eines Nachmittags kommt Herr Neumann, der ebenfalls immer dünner wird, zu uns, um mit Vater zu plaudern. Plötzlich stürzt seine Tochter ins Zimmer und ruft: »Mama hat sich aufgehängt, Mama hat sich aufgehängt!« Wir stürzen alle hinüber. Frau Neumann liegt im Bett, neben ihr sitzt ein Arzt, während ihr Sohn wie versteinert dasteht. Es stellt sich heraus, daß er im letzten Moment den Strick durchgeschnitten hat, den sie um einen Fenstergriff gebunden hatte. In der Nacht zuvor hatte sie versucht, sich mit einem Sprung aus dem Fenster das Leben zu nehmen. Ihre Familie hatte es bemerkt und tags darauf das Fenster zugenagelt, so daß es sich nicht mehr öffnen ließ. Schließlich hatte Frau Neumann, als ihre Angehörigen gerade nicht im Zimmer waren, die Gelegenheit genutzt und einen zweiten Selbstmordversuch unternommen.

Zwei Wochen nach diesem Zwischenfall höre ich eines Morgens eine laute Unterhaltung auf der Straße. Vorsichtig beuge ich mich aus dem Fenster und sehe Frau Neumann im Gespräch mit einem Wachposten. Überraschenderweise kommt er ebenfalls aus Frankfurt/Oder, ist sogar in dieselbe Schule gegangen wie Frau Neumann, kennt die Namen der Lehrer, die sie erwähnt. Schließlich sagt sie: »Bitte, erschießen Sie mich.« »Aber Sie sind doch Deutsche, Sie haben hier nichts verloren«, erwidert er. »Genau deswegen will ich sterben, weil ich Deutsche bin. Ich schäme mich vor meinen Kindern und meinem Mann für das, was wir ihnen antun. Ich kann diese Armut und dieses Elend im Ghetto nicht mehr ertragen und nicht mehr mitansehen, wie meine Kinder und mein Mann leiden. Glauben Sie mir, Sie tun mir einen Gefallen, wenn Sie mich erschießen. Zielen Sie direkt auf das Herz.« Der Soldat tritt näher und sagt: »Na, wenn's unbedingt sein muß – greifen Sie nach dem Zaun, tun Sie so, als wollten Sie rüberklettern.« Ich sehe, wie Frau Neumann mit beiden Händen nach dem Zaun greift, der Soldat tritt ein paar Schritte zurück, legt an und drückt ab. Frau Neumann fällt vornüber in den Zaun. Blut spritzt aus ihrer Stirn. Atemlos wecke ich Vater und Salek, auch Mutter wacht auf. Salek läuft zu den Neumanns, um ihnen Bescheid zu sagen. Obwohl es noch zu früh ist, um näher an den Zaun treten zu können, versammelt sich die gesamte Familie Neumann um die Tote. Sie fragen den Wachposten, ob sie die noch warme Leiche mitnehmen können. »Aber ein bißchen dalli, nehmt dieses Stück Scheiße und seht zu, daß ihr trockenes Land gewinnt, sonst knalle ich euch auch noch ab.« Am nächsten Tag wird Frau Neumann auf dem jüdischen Friedhof begraben. Nach diesem Zwischenfall besucht Herr Neumann uns nicht mehr. Als ich ihn das nächste Mal sehe, starrt er nur vor sich hin.

Der Soldat, der Frau Neumann erschossen hat, ist höchstens zwanzig und immer gutgelaunt. Spätabends besucht ihn Hilda, die ich seit meiner Kindheit kenne. Der Posten schäkert mit ihr, führt sie zu seinem Wachhäuschen, läßt die Hose herunter, Hilda hebt den Rock hoch, und dann treiben sie es in aller Öffentlichkeit miteinander, so daß die Leute auf der anderen Seite des Stacheldrahtzauns sie sehen können. Für die beiden sind wir keine Menschen mehr.

Verglichen mit anderen Ghettobewohnern können wir uns glücklich schätzen, und nicht nur wegen Herrn Radtkes Webstühlen. In unserer Familie sind keine alten Leute und keine kleinen Kinder. Die Eltern stehen in der Blüte ihres Lebens, und Salek, Lola und ich sind schon so weit erwachsen, daß wir jede Tätigkeit übernehmen können. Vater läßt seine Beziehungen spielen, verschafft uns Arbeit. Lola arbeitet in einer Holzfabrik, ich bekomme als Schüler des Industriegymnasiums Arbeit in einer Metallfabrik, und Salek kommt bei der Feuerwehr unter. Mutter fertigt Strohschuhe an, und Vater arbeitet in einer ungeheizten Fabrik, wo Kleidungsstücke in Streifen geschnitten und zu Teppichen verarbeitet werden. Die Fabriksuppe wird täglich dünner, aber wir bekommen alle einen Teller. Auch die Lebensmittelrationen werden immer dürftiger, doch wir sind leidlich gesund, so daß uns das Überleben leichter fällt als anderen, den Alten, den Familien mit Kleinkindern oder den Kranken.

Auch die Juden aus der Umgebung werden ins Ghetto umgesiedelt. Sie mußten sich an bestimmten Sammelpunkten einfinden und durften nur etwas Handgepäck dabeihaben.

Wer nicht an Ort und Stelle umgebracht wurde, wurde in das Lodzer Ghetto transportiert. Eines Tages stand Jankiel Biermann aus Wloclawek, Mutters Bruder, mit seiner Frau vor unserer Wohnungstür. Wir nehmen sie natürlich auf. Die beiden müssen sich ein schmales Bett teilen, das neben dem Bett steht, in dem mein Vater und ich schlafen. Mutters und Lolas Bett wird in die Küche gestellt, und Salek schläft in der Speisekammer.

Onkel Jankiels Frau hat Nierensteine. Nachts schreit sie, daß wir oft nicht schlafen können. Trotz tränenreicher Bitten der Biermanns können Vater und Mutter nichts tun: In den Krankenhäusern gibt es keine Betten, die Ärzte haben keine Medikamente, und ständig werden Kranke aus dem Ghetto abgeholt. Nach einer schlaflos verbrachten Nacht laufen wir frühmorgens los, um pünktlich bei der Arbeit zu sein. Onkel Jankiel hat auch eine Stelle gefunden. Als gelernter Tischler wurde er von einer Tischlerei übernommen, und zwar sogar als Vorarbeiter. Tante bleibt zu Hause, ohne Verpflegung, ohne medizinische Hilfe. Schließlich besorgen wir ihr ein Krankenhausbett. Die Rationen werden immer schmaler, und jeden Tag wird der Hunger größer. Onkel Jankiel besucht seine Frau von Zeit zu Zeit, aber der Hunger scheint ihm den Verstand zu rauben. Eines Tages bringt er einen Armvoll Blätter mit, die er unterwegs aufgeklaubt hat. Mit ein paar Holzspänen aus der Fabrik kocht er die Blätter auf und ißt fluchend die schauderhafte grüne Brühe. Nach einiger Zeit kommt seine Frau wieder nach Hause, aber sie hat noch immer große Schmerzen. Im Spätherbst 1941 erfährt sie, daß ihr Name auf der Liste derjenigen steht, die umgesiedelt werden sollen. Onkel Jankiel begleitet sie. Ich werde sie nie wieder sehen.

Im Herbst 1942 wird eine »Allgemeine Gehsperre« verhängt. Leute werden gewaltsam aus ihren Wohnungen geholt und deportiert. Ein SS-Mann tritt bei unseren Nachbarn, den Gutmanns, die Tür ein, brüllt und feuert mehrere Schüsse ab. Die beiden waren schon tot. Gutmann saß erfroren auf einem Stuhl, seine Frau lag erfroren im Bett.

Vor dem Krieg hatten die Gutmanns im Viertel der religiösen Juden gewohnt. Herr Gutmann besaß dort eine Buchbinderei, in der er mit zwei Gesellen arbeitete. Jedes Buch (die Werkstatt befaßte sich nur mit religiösen Werken) wurde mit dem allergrößten Respekt behandelt, mit größter Sorgfalt wurde geklebt, gestrichen und ausgebessert. Alte und zerfledderte Bücher wurden so schön restauriert, daß man immer versucht war, einen Blick in diese Schätze zu werfen. Kein Wunder, daß fast jeder religiöse Jude in Lodz Herrn Gutmann kannte. Vater brachte ihm die drei zerlesenen Exemplare der *Geschichte der Juden* von Graetz; ich mußte jeden Tag eine Seite daraus lesen, ganz gleich, wieviel Hausaufgaben ich hatte. Erst wenn ich dieser Pflicht nachgekommen war, durfte ich hinaus und mit meinen Freunden spielen.

Dank seiner Beziehungen zu meinem Vater bekam Gutmann eine kleine Kammer in unserem Holzhaus im Ghetto. Er mußte seine ganze Buchbinderei einschließlich Werkzeug zurücklassen, nahm aber alle heiligen Bücher mit, selbst solche Bände, die sich schon auflösten. In dem winzigen Zimmer, in dem er zusamen mit seiner Frau lebte, türmten sich die Bücher. Dort arbeitete er auch weiterhin, ohne zu wissen, wann (wenn überhaupt) seine Kunden ihre Bücher abholen würden.

Nach wenigen Tagen des Zusammenlebens wurde uns klar, daß die beiden Gutmanns völlig hilflos waren. Sie wurden mit den neuen Verhältnissen einfach nicht fertig. Die beiden waren kinderlos und hatten wahrscheinlich keine Verwandten in

Lodz. Still und zurückhaltend und immer ausgesucht höflich, verhielten sie sich stets so, als wären sie jemandem auf die Füße getreten. Sie waren Anfang fünfzig, mittelgroß, ziemlich dünn. Er hatte ein kleines, sorgfältig gestutztes graues Bärtchen und wirkte meist gedankenverloren. Seine Frau, stets sauber gekleidet, sorgte dafür, daß ihr Quartier (ausgestattet mit einem Bett, einem kaputten Schrank, zwei Stühlen, einem schiefen Tisch und einem Kanonenofen) immer aufgeräumt war. Zuerst lebten Gutmanns von dem Erlös ihrer paar Habseligkeiten: einem Pelzmantel, etwas Schmuck und Leder zum Einbinden der teureren Bücher.

In den ersten beiden Jahren betrieb die jüdische Verwaltung eine Ankaufstelle, wo die Leute all die Dinge loswerden konnten, auf deren Besitz die Todesstrafe stand: Devisen, Gold, Edelsteine, Pelzmäntel, Leder und andere begehrte Waren. Als Zahlungsmittel dienten »Rumkis« (nach Rumkowski, dem Vorsitzenden des Lodzer Judenrats und Judenältesten) – Geld, das ausschließlich im Ghetto gültig war. Diese Scheine sollten illegale Kontakte zwischen Ghetto- und nichtjüdischer Bevölkerung verhindern und das Schmuggeln von Nahrungsmitteln erschweren. Nur mit Rumkis konnte man die Hungerrationen erwerben, die den Besitzern von Lebensmittelkarten zustanden. Die Wertgegenstände, die den Juden natürlich zu absurd niedrigen Preisen »abgekauft« wurden, gingen an die Deutschen, die dafür mit Lebensmitteln bezahlten.

Dieser merkwürdige Laden bot die Möglichkeit, den Ghettobewohnern auf scheinlegalem Weg ihre letzten Habseligkeiten abzunehmen, diente aber auch noch einem anderen Zweck: Die Behörden konnten ermitteln, wer Gegenstände besaß, die bei den Deutschen gefragt waren. Ab 1941 gab es eine spezielle Abteilung der jüdischen Polizei, das Sonderkommmando, dessen Angehörige Stiefel und Reithosen trugen und besser ernährt waren als die übrigen Ghettobewohner. Sie durchsuchten Wohnungen, in denen versteckte Wertgegenstände vermutet wurden, oft auf Hinweise von Informanten, die dafür eine Extraration erhielten. Die vierzig bis fünfzig Angehörigen dieses Sonderkommandos wurden von David Gertler und Marek Kliger persönlich ausgewählt. In der Regel gab es mehr Kandidaten als freie Stellen. Die Ghettobewohner, zu Zeiten waren es über 150 000, hatten vor diesem kleinen Trupp nicht besonders große Angst, sie verachteten diese Männer eher. Wer ihrem Zugriff entkam, wurde nicht selten von der deutschen Kriminalpolizei ermordet.

Nachdem die Gutmanns alles verkauft hatten, was sich nur verkaufen ließ, arbeiteten sie in einer Fabrik. Von nun an bekamen wir sie überhaupt nicht mehr zu Gesicht, obwohl wir praktisch im Nachbarzimmer schliefen. Entweder waren sie auf der Arbeit, oder sie schliefen. Als die kalten Monate des Jahres 1941 einsetzten, sahen sich Familienangehörige und Nachbarn nur noch selten. Es gab keine Zeit und keinen Grund, sich zu einem Schwätzchen zu treffen. Es war, als hätten sich die Menschen in sich zurückgezogen, und selbst innerhalb der Familie schien man kaum noch miteinander zu sprechen.

Im Winter 1941 werden die ersten Ghettobewohner deportiert. Ohne Brennholz, eingeschlossen in ihren Wohnungen, erfrieren Hunderte zu Tode. Wegen der Gehsperre fiel es keinem der Nachbarn auf, daß die Gutmanns schon lange tot waren, obwohl ihre Wohnungstür nicht abgeschlossen war. Erst nach der Aufhebung der Gehsperre bemerkten Nachbarn, die zunächst gedacht hatten, die beiden seien von SS-Männern erschossen worden, daß sie erfroren waren. Vater rief zehn Juden zusammen, damit Kaddisch (Totengebet) gesagt werden konnte, und dann wurden die beiden Leichen auf einem Karren zum Friedhof geschafft. Die Männer, die mühselig zwei Gräber in die eisige Erde schaufelten, bekamen dafür einen gefrorenen Kohlkopf, der sich im Zimmer der Gutmanns angefunden hatte.

Auch Havas und Minjas Familien werden deportiert. Wir können nicht glauben, daß sie in den Tod gehen, trotz der Gerüchte, die uns aus Chelmno erreichen. Einige Zeit nach der ersten Deportationswelle traf in Vaters Betrieb eine große Lieferung von Kleidern ein, die zu Teppichen verarbeitet werden sollten. Manche Sachen waren blutverschmiert. Einige Arbeiter fanden Kleidungsstücke, die Bekannten, ja sogar Verwandten gehörten. Als Vater eines Tages von der Arbeit kam, erzählte er, man habe ein Hemd gefunden, auf dem mit Blut geschrieben in Jiddisch stand, daß alle Deportierten getötet würden. Die grauenhafte Neuigkeit verbreitete sich rasch, aber viele Leute glaubten nicht daran. Nicht daß die Deutschen nicht bereit gewesen wären, Juden umzubringen, aber viele der Deportierten waren kräftig und gesund und hätten noch wertvolle Arbeit leisten können. Es war ja Krieg, und man konnte sich nicht vorstellen, daß die vernünftigen Deutschen so einfach auf dringend benötigte Arbeitskräfte verzichten würden.

Zu Hause hat jeder Hunger. Mutter teilt die auf Lebensmittelkarten bezogenen Rationen – Brot, Margarine, brauner Zucker, Marmelade – in gleiche Teile. Lola kriegt ein kleines bißchen mehr. Die zugeteilten Portionen liegen im Küchenschrank, und jeder von uns muß die paar Krümel Zucker, den Klecks Margarine, die Scheibe Brot so einteilen, daß es bis zur nächsten Essenslieferung reicht, vielleicht in einer Woche, vielleicht zwei, wer weiß. Obschon wir vor Müdigkeit fast umfallen, läßt uns der Hunger nicht einschlafen. Für Vater ist es noch schlimmer. Einmal geht er mitten in der Nacht in die

Küche und ißt heimlich einen halben Löffel Zucker oder Marmelade oder ein kleines Stück eingelegte Rüben. Salek wacht auf, schüttelt die Faust und ruft wütend: »Du hast meinen Zucker genommen, er gehört mir, ich bin auch hungrig, ich will auch leben. Warum nimmst du mir meinen Zucker weg?« Mutter sitzt aufrecht im Bett und weint. Sie sagt zu Salek: »Schajele, Schajele, was ist nur aus uns geworden? Du erhebst deine Hand gegen deinen Vater. Er hat immer mehr gegessen, und jetzt hat er auch mehr Hunger. Mein Gott, mein Gott, welch furchtbares Unglück!«

Ich arbeite in einer Metallfabrik und muß oft schwere Metallteile hochheben, obwohl ich zusehends schwächer werde. Besonders im Winter ist das Anstehen für die mageren Essensrationen eine Strapaze. Mit Ausnahme von Mutter pumpt jeder von uns Wasser und trägt es hoch in die Wohnung, auch das ist anstrengend. Mit letzter Kraft schleppe ich mich zu den Treffen der Untergrundorganisation, von denen noch die Rede sein wird. Weil wir alle in drei Schichten arbeiten, sehen wir uns zu Hause nur noch selten, und meine Gespräche mit Vater, Mutter, Bruder und Schwester werden immer seltener. Wenn die Leute wegen Kälte und Hunger jede freie Minute im Bett verbringen, läßt sich der Kontakt mit Verwandten oder Bekannten kaum mehr aufrechterhalten. Tante Sura, Mutters Schwester, lebt mit ihrer Familie im Nachbarhaus. Ihre Tochter Zosia, die in meinem Alter ist, bekommt Tbc und stirbt kurz darauf. Nach unserem Umzug in eine andere Wohnung verlieren wir sogar zu ihnen den Kontakt, obwohl wir uns sehr gut verstehen. Die einzige Ausnahme ist Cousine Sala und ihre Familie.

Sala Krzetowska lebte vor dem Krieg in Wloclawek. Ihre Eltern und die beiden Brüder, Jakub und Wolf, fertigten Möbel an, die wegen ihrer Qualität weithin geschätzt wurden.

Sala war eine fröhliche, energische junge Frau. Anfang Zwanzig beschloß sie, einen Mann aus Lodz zu heiraten. Mitte der dreißiger Jahr zog sie zu uns, fand Unterstützung bei meinen Eltern. Ihr Auserwählter war Henryk Wajland, ein gutaussehender, intelligenter Mann, der, immer ein geheimnisvolles Lächeln auf den Lippen, die Frauen zu faszinieren verstand. Auch Sala erlag seinem Charme. Vielleicht war sie seinetwegen nach Lodz gekommen. Salas Eltern hatten jedoch in zweierlei Hinsicht Bedenken: Henryk war mittellos, und er hatte wegen kommunistischer Tätigkeit im Gefängnis gesessen. Sala mochte aber nicht auf ihn verzichten, und mein Vater sollte ihr bei der Lösung ihrer Probleme helfen.

Nach mehreren Gesprächen mit Henryk erlag auch Vater dessen Charme. Er erinnerte Salas Brüder daran, daß er, als er meine Mutter heiratete, auch nicht viel mehr besessen hatte als ein warmes Elternhaus. Im Leben komme es vor allem auf Intelligenz, Initiative und Willenskraft an, und in dieser Hinsicht sei Henryk ja wohl gut ausgestattet. Und was den Kommunismus betreffe, so habe Henryk im Gefängnis eine Verpflichtung unterschrieben, sich künftig aus der Politik herauszuhalten; das sei der Grund für seine vorzeitige Entlassung gewesen. Den Rest seines Lebens wolle er seiner Familie widmen und ein guter Ehemann und Vater sein.

Die Hochzeit war bescheiden. Zu den Gästen zählte auch Henryks älterer Bruder, ein mittelgroßer, etwas korpulenter Mann mit einem recht unsympathischen Gesicht. Dank Salas Mitgift konnten die Wajlands in Lodz ein elegantes Geschäft für Damenbekleidung eröffnen. Bald kam ein Sohn zur Welt, und zwei Jahre später eine Tochter. Als die Wajlands ins Getto zogen, war der Junge fünf und das Mädchen drei.

Die Deutschen ermordeten die Ghettobewohner nicht nur, sie nahmen ihnen vorher auch alles Hab und Gut weg. Dazu mußte herausgefunden werden, wo was versteckt war. Vom ersten Tag an lag die Plünderei in den Händen der Kriminalpolizei, deren Ghettosektion unter dem Befehl von Suter stand, dem Vorkriegsfreund und Peiniger meines Vaters. Vor dem Krieg hatte Suter mit den Lodzer Juden Handel getrieben, aus dieser Zeit hatte er gute Beziehungen zur jüdischen Halbwelt, und gestützt auf diese Kontakte, konnte er im Ghetto mühelos ein Netz von Spitzeln aufbauen, die ihm mitteilten, wen sie im Verdacht hatten, Schmuck, Devisen, Kleidung, Spirituosen etc. versteckt zu haben. Diese Informanten waren der Schrecken der bessergestellten Leute und eine Schande für das ganze Ghetto. Bald waren die Namen der gefährlichsten Informanten überall bekannt, und Henryk Wajlands Bruder zählte dazu. Der Name Wajland löste Angst und Abscheu aus.

Vor dem Krieg hatte der ältere Wajland ein kleines Geschäft für Elektrogeräte besessen, und es war nicht klar, weshalb er sich auf die Seite der jüdischen Informanten geschlagen hatte. Manche spekulierten, daß der Gestapo Unterlagen der polnischen Polizei in die Hände gefallen waren, darunter auch die Namen der Agenten. Vielleicht stand Wajlands Name auf der Liste. Selbst bei der Ghettoverwaltung waren die jüdischen Informanten gefürchtet. Obwohl rücksichtlos, versuchten viele Informanten ihren Familien, Verwandten und alten Freunden nach Möglichkeit zu helfen. Kein Wunder also, daß in den ersten Tagen des Ghettos Henryk Wajland zum Chef der Bäckerei ernannt wurde. Wer im Ernährungssektor arbeitete, gehörte zu den Privilegierten. Erstens brauchte er nicht zu hungern und zu frieren, zweitens konnte er für ein Stück Brot, ein paar Kartoffeln, eine Rübe, etwas Brennholz praktisch alles bekommen: eine gute Wohnung, elegante Kleidung, sogar Spirituosen. So waren Sala und ihre Kinder unsere einzigen Verwandten, die kein Ansehen genossen, dafür aber weder Kälte noch Hunger zu leiden hatten. Allerdings nicht lange.

Die absurde Struktur der Ghettoverwaltung und ihrer Elite bildete sich im ersten Jahr heraus. Die höchsten Posten in Fabriken, Versorgungseinrichtungen, Müllabfuhr, Ordnungswesen und Polizei wurden mit Rumkowskis Vertrauten besetzt, aber auch mit Angehörigen der Vorkriegselite zionistischer und religiöser Organisationen. Einige der bekannten und wohlhabenden Juden wurden zu Direktoren von »Arbeits-Ressorts« ernannt. Wenn man über die Entstehung dieser Ghettoelite spricht, muß man jedoch berücksichtigen, daß anfangs niemand von den wahren Plänen der Deutschen wissen konnte, also auch nicht, daß er den Deutschen bei der Verwirklichung ihrer Vorstellungen half. Später dachten diese Leute nur noch ans eigene Überleben. Aber solche moralischen Skrupel galten wenig in der jüdischen Unterwelt, aus denen sich die Kripoinformanten rekrutierten. Willentlich oder nicht, Henryk Wajland hatte sich diesem Kreis angenähert, vermutlich ohne größere Bedenken, wie später noch zu zeigen sein wird.

Im Frühjahr 1942 ist mein Körper vor Hunger ganz aufgedunsen. In den Beinen ist Wasser, so daß mir das Gehen schwerfällt. Von zu Hause bis zur Fabrik brauche ich dreißig bis vierzig Minuten, zumal ich auch die hohe Holzbrücke überqueren muß. Jetzt brauche ich vier- bis fünfmal so lange. Nach jeder zweiten Stufe muß ich ausruhen. Eines Tages bekomme ich Durchfall und hohes Fieber und muß im Bett bleiben. Wer nicht zur Arbeit erscheint, muß damit rechnen, daß er deportiert wird. Ein mit uns bekannter Arzt meint, ich müsse unbedingt zu Kräften kommen, sonst werde ich sterben.

Eines Tages kehrt meine Mutter, selbst schwach auf den Beinen, mit ein paar Stücken angebranntem Brot zurück, die sie von Sala Wajland bekommen hat. Außerdem hat sie etwas Brennholz gegen ein paar halb verfaulte Karotten eingetauscht. Von jedem Mitglied unseres Haushalts, sogar von Lola, zweigt sie mikroskopisch kleine Margarine- und Zuckerportionen ab. Sie nimmt die gesäuberten Karottenreste, die angebrannten Brotkrumen von Sala und die zusammengekratzte Margarine und kocht mir daraus eine Suppe. Nachdem ich ein wenig kräftiger geworden bin, weil ich mehrmals täglich etwas Suppe esse, erinnere ich mich an meine ungerechten Vorwürfe, daß Mutter meine Schwester Lola lieber hat als mich. »Verzeih deinem dummen Sohn, Mama. Noch nach so vielen Jahren schäme ich mich, daß ich dir das auch nur einen Moment zugetraut habe.«

Im September 1942 versammeln sich Tausende Ghettobewohner auf dem Lagiewnicka-Platz, um eine angekündigte Rede von Rumkowski zu hören. Rumkowski appelliert an die Mütter und Väter, alle Kinder unter zehn zur Deportation freizugeben, andernfalls würden die Deutschen sie mitsamt den Eltern deportieren, und viele Menschenleben würden unnötig geopfert. Die meisten Anwesenden ahnen, und vielleicht wissen sie es auch, daß die Kinder sterben werden. Wütender Protest erhebt sich unter den Müttern und Vätern, ihre Verzweiflung ist mit den Händen zu greifen. An diesem Tag und in der darauffolgenden Nacht weint und klagt das ganze Ghetto, und in jedem Winkel erheben sich Gebete zu Gott. Die hellen Kinderstimmen sind zum letzten Mal zu hören, zum letzten Mal … dann wird das Ghetto wie ein Baum sein, der einsam im Dunkeln steht, entlaubt und ohne Borke …

Die brutale Gehsperre dauert an. Das Furchtbare ist nicht

nur, daß wir sterben sollen; schrecklich ist auch die unsägliche Demütigung, der unbeschreibliche Schmerz von Eltern und Kindern. Was sollen die Eltern, die älteren Geschwister tun, wenn die Kleinen abgeholt werden? Mit ihnen in den Tod gehen? Oder das eigene Leben und das der älteren retten? »Mütter und Väter, gebt mir eure Kinder, Brüder und Schwestern, gebt sie mir, und ich verspreche euch, ihr werdet leben. Ich muß Glieder amputieren, um den Körper zu retten!« verkündete Rumkowski.

Wer diesem Aufruf folgt, wird noch eine Weile leben, sofern er nicht schon vorher vor Hunger oder Kälte oder an den Strapazen der Arbeit gestorben ist. Viele Eltern beschließen, ihre Kinder zu begleiten. Andere weigern sich, ihre Kleinen herzugeben. Die SS-Männer reißen sie den Müttern weg, werfen sie kurzerhand aus dem Fenster. Mütter oder Väter springen hinterher. Auf den toten Straßen fließt das Blut. Jüdische Polizisten reißen die Kinder gewaltsam aus den Armen der Eltern, es kommt zu grauenhaften Szenen, die Kinder brüllen vor Angst. Manche Eltern laufen hinter den Lastwagen oder Pferdewagen her, auf denen die Kinder zusammengepfercht stehen, und werden von SS-Männern erschossen. Erschossen werden auch die jüdischen Polizisten, die nicht brutal und entschlossen genug ihre Pflicht tun. Zwischen dem 5. und 12. September 1942 wurden etwa 16 000 Kinder, Kranke und Alte in den Tod geschickt. Über sechzig Personen wurden während der Gehsperre im Ghetto erschossen.

Viele Eltern können den Anblick der Spielsachen und Kleidungsstücke ihrer Kinder nicht ertragen, nehmen sich das Leben. Manche verlieren den Verstand, andere werden zu Schatten ihrer selbst. Wieder andere sind wie versteinert. Sie wollen trotz allem überleben, müssen überleben, um sich zu rächen, um den Kampf für das Morgen zu gewinnen, nicht nur für sich selbst, sondern für das ganze todgeweihte Volk. Kann man diese gebrochenen, erniedrigten, geschändeten, gestraften Menschen, die ihre Kinder gehen ließen, verurteilen? Kann man die jüdischen Polizisten und andere Zeugen dieses unbeschreiblichen Grauens verurteilen? Welche Worte können die Atmosphäre der Gehsperre vermitteln, diese beispiellose Mischung aus Barbarei, Schande, Mut, Erniedrigung und Durchhaltewillen? Jede Beschreibung entehrt das Leid der Opfer. Es bleibt nur Schweigen, Nachdenken, grenzenloser Schmerz, Verachtung, Selbstverachtung und unendlicher Haß auf all jene, die diese Welt errichteten. Vater, wo war unser Gott, als sich tausendfache Schreie erhoben?

Du schwiegst, als ich dich nach unserem Gott fragte. Ich weiß noch genau, was du nach dieser schrecklichen Gehsperre sagtest: »Die Polizisten sind unsere Schande, aber sie sind vor allem Opfer. Sie hatten sich diese lächerlichen Mützen aufgesetzt und die Armbinden umgestreift, weil sie sich davon eine Überlebenschance versprachen, ohne zu bedenken, daß sie sich zu Komplizen machen könnten. Aber seit dem Tag, als sie ihr eigenes Volk zu quälen begannen, als sie halfen, die Kinder zu vernichten – eine Sünde, die man nicht einmal begehen darf, um das eigene Leben zu retten –, seitdem können, dürfen sie nicht freigesprochen werden. Sie müssen für ihre Schwäche verurteilt werden und nicht für ihre Verbrechen. Das steht nur Gott zu.«

Die Ghettopolizisten – was für Leute waren das? Was empfanden sie in den Tagen der Gehsperre? Auch ihnen wurden die Nächsten, selbst die Kinder weggenommen, auch sie suchten nach Möglichkeiten, inneren Frieden zu finden, auch sie hungerten – vielleicht etwas weniger als wir, aber doch hungerten sie. Viele weigerten sich, ihre Kinder wegzugeben, sondern begleiteten sie auf dem letzten Weg. Und diejenigen, die ihr

Leben auf Kosten anderer gerettet haben – kann man sie verurteilen? Gibt es einen Preis, den man unter keinen Umständen für das eigene Leben bezahlen darf? Gibt es diesen Preis – in einer Welt, deren Grausamkeit alle Begriffe übersteigt?

»Ja, mein Sohn, es gibt diesen Preis, auch wenn wir ihn nicht kennen. In den Ghettos und Lagern verhungerten Tag für Tag Tausende von Juden, aber kein einziger Fall von Kannibalismus ist bekannt geworden. Keiner von uns wollte diesen Preis bezahlen, konnte ihn bezahlen. In anderen Lagern, auch in eingeschlossenen Städten, verzehrten die Hungernden manchmal das Fleisch ihrer Leidensgenossen. Es kam gar nicht so selten vor. Es gibt also diese absolute, unantastbare Grenze der Selbsterniedrigung in uns, auch wenn wir es vielleicht nicht wissen. Vielleicht ist es eine alte, von Generation zu Generation weitergegebene Erfahrung unserer Ahnen, die immerhin einiges an Brutalität erfahren haben.«

Und welche Erfahrung hat SIE dazu gebracht, sich uns gegenüber so zu verhalten, Vater? Viele Jahre später, als ich wußte, wo all die deportierten Kinder, Alten und Kranken geendet waren, stellte ich mir immer wieder diese Frage: wie SIE diese unschuldigen, unwissenden, hilflosen Geschöpfe massenhaft in den Tod schicken konnten. Wer entkleidete diese Kinder, wer führte sie in die Gaskammern, wer hörte das Herzklopfen der verängstigten Kleinen in ihren letzten Minuten, wer hörte ihr Weinen, das nie verstummen wird? Vielleicht wurden sie getrieben, geschlagen, getreten, angebrüllt. Und wer verbrannte diese winzigen, mageren Leichen zu Asche? SIE waren doch Väter, hatten selbst Kinder, die sie liebten, gingen zur Kirche, beteten, zündeten die Weihnachtskerzen an, zur Erinnerung an den Gottessohn, der die Liebe predigte. Noch heute kann ich ihre Gefühle nicht verstehen, ihr Wertesystem.

Nur ein paar Beispiele. 1942, Drohobycz in Ostgalizien. Ein untersetzter Deutscher erwischt einen jüdischen Jungen, der Lebensmittel ins Ghetto schmuggelt. Er nimmt ein Stück Draht, erhitzt ihn, bis er glühend rot ist, und sticht dem Jungen damit die Augen aus. Der Junge schreit, doch der dicke Deutsche lacht nur, lacht und lacht …

Im Warschauer Ghetto. Ein kleiner Bub, etwa sechs Jahre, kriecht langsam durch ein Loch in der Ghettomauer, sieht den deutschen Wachposten nicht, der hinter ihm steht. Der Mann tritt näher, holt aus und zerschmettert mit einem gewaltigen Tritt den kleinen Kopf, schiebt den Toten aus dem Weg und geht weiter.

Ende April 1945, der Krieg geht zu Ende. Etwa zweitausend Überlebende eines Konzentrationslagers bei Passau entkommen, ziehen den vorrückenden US-Truppen entgegen. Eine Gruppe von Passauern macht Jagd auf die Häftlinge, zwingt sie, ihre eigenen Gräber zu schaufeln, manchen Häftlingen werden die Geschlechtsteile abgeschnitten, die Augen ausgestochen, Ohren und Zungen abgeschnitten, und schließlich werden alle Häftlinge erschossen. Es sind nicht SS-Leute, die das tun, sondern normale Bürger, unterstützt von der örtlichen Polizei.

Oder das Reserve-Polizeibataillon 101 aus Hamburg. Nur wenige der Bataillonsangehörigen waren in der NSDAP. Es waren gewöhnliche Arbeiter, Handwerker, Kaufleute, einfache Beamte. Väter und Großväter, die ihre Kinder und Enkel liebten, Menschen, die in ihrer Heimatstadt verwurzelt waren, gewöhnliche Deutsche. Von den fünfhundert Angehörigen dieses Bataillons verweigerte nur eine Handvoll den Befehl, als es darum ging, Massenmord an Kinder, Frauen, Kranken und Alten zu verüben. Beim Prozeß, der fünfundzwanzig Jahre später stattfand, erklärten die Täter, daß niemand sie gezwungen habe, sie hätten nicht als Feiglinge dastehen wollen. Das war die Grenze, die sie nicht überschreiten konnten. Nun sag mir, Vater, wie kann es Leute geben, für die Massenmord an Kindern und Frauen ein Beweis ihres Mutes ist, Beweis für den Mut erwachsener, bewaffneter Männer?

»Verstehst du nun, mein Sohn, daß man ihre Taten nicht mit denen der jüdischen Ghettopolizei vergleichen kann, nicht vergleichen darf? Sie haben getötet, weil es ihrem Begriff von Normalität entsprach. Sie töteten aus Überzeugung, fast könnte man sagen, aus Gewohnheit, und ihr Tun fand den Beifall ihrer Landsleute, vielleicht sogar ihrer Angehörigen. Es hat eine andere Dimension. Wir können diese Mentalität einfach nicht verstehen. Sie liegt außerhalb unserer Vorstellung. Die jüdischen Ghettopolizisten dagegen standen vor dem eigenen Tod, sie erlebten Erniedrigung und Schande, sie waren nicht mehr sie selbst, sie ergaben sich übermächtiger Angst, was niemand verstehen kann, der nicht die gleiche Erfahrung gemacht hat.«

Sag, Vater, wann sind wir wir selbst? Wenn wir in »normalen« Verhältnissen leben oder vielmehr, wenn wir unseren Tod und den anderer vor Augen haben? Schließlich war jeder von uns in einer solchen Situation und mußte sich entscheiden.

»Verstehst du nicht, mein Sohn, diese Frage ist so alt wie die Menschheit selbst. Das muß jeder für sich beantworten, und nicht immer entspricht die Antwort dem, was man sich wünscht. Hab also Nachsicht mit denjenigen, die zwischen ihrem und dem Leben anderer entscheiden müssen. Das ist eine furchtbare Situation. Ein Urteil steht da nur Gott zu, nicht den sündigen und schwachen Menschen. Sieh dir die Menschen in deiner Nähe an. Du wirst bemerken, daß nur wenige von ihnen anständig und gerecht sind – Menschen, die bis zuletzt an ihrer Menschlichkeit festhalten. Erinnere dich, was Henryk getan hat, dieser Henryk, der ein liebender Ehemann und Vater war. Und all die anderen, die nicht den Tod fürchten müssen, sondern ein etwas unbequemeres Leben, die sich einschränken, auf Dinge verzichten müssen, die für sie vielleicht gar nicht so wichtig sind.«

Bevor die Gehsperre verhängt wird, taucht Sala bei uns auf. Völlig aufgelöst erklärt sie, daß auch sie mit den Kindern »weggehen« muß, denn nicht einmal Henryk kann helfen. Nach dem Krieg, sagt er, wird er sie finden, und dann werden sie wieder zusammen sein. Sala weiß, daß sie uns und sich selbst etwas vormacht.

Nach diesen grausamen Deportationen gibt es im Ghetto jetzt nur noch Kinder, die sich in allen möglichen Verstecken verborgen haben. Aber nicht mehr lange. Henryk glaubt zu wissen, wohin die Kindertransporte gehen, ist sich aber nicht sicher. Vielleicht gibt er sich der Illusion hin, daß die Deutschen keine Kinder umbringen. Vielleicht hätte er seine Kinder zumindest eine Zeitlang verstecken können. Vielleicht wußte er doch, was die Ghettobewohner erwartet, oder vielleicht, weil er ein zynischer Gauner wie sein Bruder war. Aber vielleicht war sein Zynismus die natürliche Konsequenz der aussichtslosen Situation, in der viele nur für den Moment leben, wie jene, die alles Wasser trinken, bevor sie zu einer Wüstenreise aufbrechen, von der niemand zurückkehrt. Vielleicht wußte er, daß es die letzten Monate seines Lebens waren. Wie auch immer, kurz nach Salas Deportation kamen Gerüchte auf, Henryk habe in seiner Wohnung eine Art Harem eingerichtet. Im Ghetto ließ sich das für ein paar Scheiben Brot arrangieren. Nach dem Krieg fand ich keinen Hinweis, daß die Wajlands überlebt hatten. Ich wollte unbedingt wissen, wie er auf den Verlust von Frau und Kindern reagiert hatte. Gertler dagegen, der oberste Ghettospitzel und Anführer des Sonderkommandos, lebte nach dem Krieg in Deutschland, ganz friedlich, bis ins hohe Alter.

Seit einiger Zeit schießen die Wachposten in die Fenster und auf Menschen, die am Ghettozaun entlanggehen. Einfach aus Spaß. Kurz vor der Deportation baten uns Havas Eltern, nach ihrer »Abreise« ihre Wohnung zu übernehmen, damit sie nach ihrer Rückkehr eine Unterkunft hatten. Unsere Wohnung befindet sich in einem kleinen Holzhaus. Wenn die Kälte unerträglich wird, reißen Leute Bretter heraus und verwenden sie als Brennholz. Die Latrine und die anderen Schuppen im Hof sind schon längst auseinandergenommen. Wir befürchten, daß eines Nachts die Wände unseres Hauses verschwinden oder das ganze Haus einfach zusammenfällt. Wir zögern, aber am Ende beschließen wir, in Havas Wohnung umzuziehen. Die dreizehnjährige Anechka, die bei uns im Erdgeschoß wohnt, bittet uns, sie mitzunehmen. Wir fragen, wo ihre Mutter ist. »Sie liegt im Bett.« Es zeigt sich, daß ihre Mutter seit Tagen erfroren in dem einzigen Bett liegt. Jeden Morgen geht Anechka in die Fabrik, und nachts liegt sie im Bett neben ihrer toten Mutter. Sie wußte nicht, wie und wann sie die Leiche aus dem Haus bringen sollte. Schließlich nehmen Verwandte sie auf, und ihre Mutter wird zum Friedhof gebracht, auf dem es kaum noch Platz gibt.

Den Vorhaltungen meines Vaters schenke ich schon lange keine Beachtung mehr. Seit Errichtung des Ghettos sind Alter und ich an den Aktivitäten der Gruppe um Natek Horenfeld beteiligt. Natek kommt aus einer bekannten Arbeiterfamilie, aus dem Baluty-Viertel von Lodz. Er sieht gut aus, ist charmant, außerordentlich belesen und ernst. Zunächst richten wir eine Bibliothek ein. Wir sammeln unter den Freunden

Bücher, ordnen sie, fertigen einen Katalog an. In kleinen Gruppen lesen wir Bucharin, Lenin, Radek, Boris Pilnjak, Ehrenburg und viele andere. Lektüre und politische Diskussionen geben uns die Möglichkeit, zumindest für kurze Zeit den Hunger zu vergessen.

Da sich unsere kleine Bibliothek in Ziula Pacanowskas Haus befand, ergab sich oft die Gelegenheit zu politischen Diskussionen. Ziula galt unter linksorientierten Jugendlichen als Legende, da sie der Führung der polnischen KP angehört haben soll. Ihr Bruder, der in die Sowjetunion emigriert war und von dort nie zurückkehrte, war ein anerkannter Maler, dessen Bilder im Nationalmuseum gezeigt wurden. Ziula, schlank und zierlich, mit blitzenden Augen in einem ausdrucksvollen Gesicht, war außerordentlich gebildet und offen. Nachdem ich in die Führung der Jugendexekutive unserer Organisation aufgestiegen war, ergab sich eine ungewöhnliche Gelegenheit, mit Ziula über das Thema Liebe zu sprechen.

Abram Diamant, ein bekannter Zionist, war in der Metallfabrik II tätig, in der ich als Fräser arbeitete. Trotz heftiger Differenzen in bezug auf den Charakter der Nachkriegsordnung in Polen, für die wir kämpfen würden, stimmten wir darin überein, daß wir die Produktion sabotieren und die Ghettoverwaltung bekämpfen mußten, wenn wir bessere Überlebensbedingungen haben wollten. Abram und seine »Untergebenen« unterstützten uns und beteiligten sich an jeder unserer Aktionen. Abram, lebhaft und intelligent, freundete sich mit Ziulas Tochter Stasia an, die genauso schlank und zierlich wie ihre Mutter war. Nicht einmal das Elend im Ghetto konnte verhindern, daß sich die beiden ineinander verliebten. Ihre Affäre wurde von Niutek in der Jugendexekutive zur Sprache gebracht. Er war der Ansicht, daß ein Verhältnis zwischen der Tochter der Führerin unserer kommunistischen Untergrundorganisation und einem aktiven Zionisten nicht nur politisch falsch, sondern auch moralisch verwerflich sei. Ich erhielt die Aufgabe, die Sache mit Ziula zu diskutieren. Am Ende meiner Ausführungen sah mich Ziula fast mitleidig an. Lachend sagte sie: »Gott sei Dank hört die Politik dort auf, wo die Liebe beginnt. Politische Schranken sind künstlich, von Menschen gemacht und nicht für die Ewigkeit. Liebe dagegen ist ewig, und es ist gut, daß sie alle Schranken überwindet. Sag Niutek, er soll seine demagogischen Sprüche lassen und sich auf seine praktische Arbeit konzentrieren. Die Liebe ist die Privatangelegenheit eines jeden Menschen, da soll man sich nicht einmischen. Laßt Abram und Stasia in Ruhe.«

Es ergab sich auch eine Gelegenheit, mit Ziula über das Thema jüdische Ghettopolizei zu sprechen. Ein Mann namens Hecht wohnte mit Frau und einem Kind in Ziulas Haus. Vor dem Krieg war er Mitglied der Kommunistischen Partei gewesen, und sein Kontakt zu Ziula bestand schon viele Jahre. Beim Aufbau unserer Bibliothek war uns Hecht eine große Hilfe: Er legte Licht, tünchte die Wände, machte sauber und band sogar einige besonders zerlesene Exemplare. Eines Tages erfuhren wir, daß er in die jüdische Ghettopolizei eingetreten war. Da ich Mühe hatte, diese Entscheidung angesichts seiner politischen Vergangenheit zu verstehen, fragte ich bei Ziula nach. Wieder stellte ich fest, daß sie, anders als viele Genossen unserer Organisation, Hechts Handlungsweise von einer unabhängigen Position aus betrachten konnte. »Jede Gesellschaft braucht eine Polizei, damit es nicht zu Anarchie kommt«, sagte sie. »Wir Kommunisten sind gegen Anarchie. Schließlich muß jemand die Bäckereien schützen, die Lebensmittelgeschäfte, Fabriken usw. Das Problem ist, daß man unter Bedingungen, die die Deutschen geschaffen haben, kaum zwischen sinnvoller Funktion und Funktion von Deutschenhelfern unterscheiden kann. Schließlich hassen auch sie die Deutschen. Also, statt die Polizisten zu verurteilen, müssen wir eine gemeinsame Aktionsstrategie entwickeln. Wir müssen wissen, wie wir vorgehen können.« Bald war dieses Dilemma auch vielen jüdischen Polizisten klargeworden.

Ich vermutete, daß Hecht auf Anweisung Ziulas in die Polizei eingetreten war, um dort Untergrundzellen aufzubauen. Während der Gehsperre ließ Hecht seine Frau und das Kind jedenfalls nicht im Stich. Er setzte die Polizeimütze ab und ließ sich mit den Kindern und deren Müttern deportieren.

Kontakt zu Ziula hatte ich seit Sommer 1941. Im Juli, kurz nach dem deutschen Überfall auf die Sowjetunion, rief mich Natek zu einer Besprechung mit Ziula in ihr Haus. Ziula erklärte, daß ich als einer der Führer der Jugendsektion der Organisation ausersehen war, also des kommunistischen Untergrunds im Ghetto. Sie sprach ausführlich über konspirative Methoden, Taktik des politischen Kampfs, Ziele des organisierten Widerstands und warnte schließlich, daß meine Tätigkeit für mich und meine Familie nicht ganz ungefährlich sei.

Unsere Hauptaufgabe bestand darin, die Produktion in allen Ghettobetrieben zu sabotieren. Die subversive Tätigkeit war als ökonomischer Kampf getarnt: Den Arbeitern sollte vermittelt werden, daß Streiks und Bummelei unter der Parole PP (»Arbeite langsam!« – polnisch: *pracuj powoli*) in ihrem eigenen Interesse seien. Nur so würde man ihre Unterstützung gewinnen. Der Aufbau von Untergrundzellen mußte sehr vorsichtig betrieben werden. Es gab zwei Arten von Zellen: diejenigen, deren Mitglieder von der Existenz der Organisation wußten, und »freie« Zellen, deren Mitglieder nur über ihre Tätigkeit in der Fabrik wußten. Alle Untergrundzellen mußten intensiv geschult werden und unablässig ihr politisches Bewußtsein erweitern. Auch unser Selbsthilfenetzwerk mußte so schnell wie möglich organisiert werden, um die Versorgung mit Nahrungsmitteln, Medikamenten und Kleidung zu gewährleisten. Außerdem mußten wir die Unterstützung von Aktivisten anderer Organisationen im Ghetto gewinnen, besonders der sozialistischen Gruppen: Bund, Poalei-Zion-Linke, Anarchisten, selbst Trotzkisten. Im Kampf gegen die Deutschen mußten alle zusammenstehen. Die Größe der mir zugewiesenen Aufgabe überwältigte mich, aber ich war sehr erregt.

Während der Begegnung mit Ziula erschien ein Mann in der Uniform eines städtischen Angestellten. Einige dieser Leute besaßen Sonderausweise, mit denen sie jederzeit das Ghetto betreten durften, um die Stromversorgung zu kontrollieren. Ich sah sofort, daß Ziula diesen ungewöhnlichen Besucher aus der »Anderen Welt« kannte: Er überbrachte ihr einen Brief von einem Führer des polnischen prokommunistischen Untergrunds in Lodz. Viele Jahre später, nach dem Krieg, wurde mir klar, daß der Brief von Ignacy Loga-Sowinski war, Mitglied des Politbüros der Polnischen Vereinigten Arbeiterpartei, der während des Krieges den kommunistischen Untergrund in Lodz anführte. Ziula las den Brief zweimal und war sichtlich geschockt. Den Worten, die sie anschließend mit dem Kurier wechselte, entnahm ich, daß der Brief eine Antwort auf ihren Vorschlag war, Kontakt mit dem polnischen Untergrund herzustellen und um logistische Hilfe zu bitten. Die Antwort war abschlägig. Nachdem Ziula ihre Antwort geschrieben hatte, verließ der Kurier die Wohnung. Ziula sagte zu mir: »Wir müssen ganz allein kämpfen. Traurig, aber wahr. Draußen will uns niemand helfen. Na ja, ist nicht zu ändern, wir müssen halt unser Möglichstes tun.« Mit diesen Worten setzte sie unser unterbrochenes Gespräch fort.

Nicht einmal ein Jahr nach dieser Begegnung wurde Ziula in das Todeslager deportiert. Der Verlust von Ziula war ein schwerer Schlag für uns, wir verloren unsere klügste und erfahrenste Führerin.

Unser erstes konspiratives Treffen findet in einer Wohnung irgendwo hinter der zerstörten Synagoge in der Wolborska-Straße statt. Ich erkenne meine Zellengenossen: Jozek, Schayo, Itzio, Natek, Fredek und Niutek. Jeder von ihnen ist eine Persönlichkeit. Jozek ist fast schon ein richtiger proletarischer Verschwörer, dem man einfach zuhören muß, sobald er spricht. Niutek ist eine wandelnde Enzyklopädie und trotz seines Lispelns ein beeindruckender Rhetoriker. Genia Szlak überbringt uns Instruktionen und Aufträge der Führung.

Genia kommt aus einer Familie von Sattlern und Schirrzeugmachern. Ihre jüngere Schwester Fela ist Nateks Freundin und ebenfalls Kommunistin. Genias Bruder ist ein zionistischer Aktivist. Bei ihr Zu Hause sind politische Themen tabu, man will dramatische Auseinandersetzungen über die Rolle der Sowjetunion, über die Chancen eines jüdischen Staates in Palästina und über die politischen Aufgaben der Juden im Ghetto vermeiden. Genia ist eine fanatische Kommunistin. Sie war schon einmal im Gefängnis und scheint außer kommunistischen Broschüren nicht viel anderes gelesen zu haben.

Bei den illegalen Treffen unserer Exekutive diskutieren wir nicht nur über die geplanten Aktionen in den Fabriken und unter der Ghettojugend. Nach dem deutschen Überfall auf die Sowjetunion müssen wir eine Erklärung, eine Interpretation der vielen Niederlagen der Roten Armee finden, die aus Genias Sicht doch unbesiegbar ist. Hier geht es nicht allein um Politik oder Ideologie, die Rote Armee ist unsere einzige Hoffnung auf Befreiung, die einzige reale Kraft, die psychologischen und moralischen Rückhalt bietet. Bei einer Sitzung schlagen Fredek und Niutek vor, darüber zu diskutieren, wie man den Aktivisten die Niederlagen der Roten Armee erklären soll. Als Fredek die letzten Berichte über die enormen Verluste der sowjetischen Luftwaffe zitiert, verkündet Genia empört, daß wir als Kommunisten nicht der Feindpropaganda erliegen sollten, denn sowjetische Flugzeuge können überhaupt nicht abgeschossen werden. »Genia hat recht. Diese Flugzeuge haben keine Flügel, also können sie auch nicht abstürzen«, erwidert Niutek sarkastisch. Genia reagiert nicht darauf, vielleicht will sie über dieses Thema einfach nicht mehr weiterdiskutieren.

Die Lage an der Ostfront wird immer kritischer, und wir müssen uns mit den möglichen Konsequenzen auseinandersetzen. Das ist nicht nur ein politisches Problem, auch Strategie und Taktik unseres Widerstands gegen die Deutschen und gegen die Ghettoverwaltung werden davon beeinflußt. Die Erwartung, daß jeden Moment mit dem Eintreffen der siegreichen Roten Armee zu rechnen sei, muß gedämpft werden, und wir müssen uns auf einen langwierigen, außerordentlich schwierigen Kampf einstellen. Niemand von uns hat auch nur die leiseste Ahnung, welch grausames, beispielloses Schicksal uns und der gesamten Ghettobevölkerung bevorsteht.

Bei den politischen Diskussionen unserer Zelle wird mir zu meiner Überraschung klar, wie wenig ich weiß. In den nächsten Wochen lese ich »Staat und Revolution« von Lenin, den »Anti-Dühring« und den »Ursprung der Familie« von Engels sowie Bücher von Mehring, Kautsky und anderen, überhaupt alles, was mir unter die Hände kommt. Vater schaut mir über die Schulter und schüttelt mißbilligend den Kopf. Ich vertiefe mich in diese schwierigen Texte und glaube sie zu verstehen. Ich nehme bei den Diskussionen in unserer Zelle all meinen Mut zusammen und melde mich zu Wort. Niutek und Fredek, die belesensten unter uns, behandeln mich jetzt nicht mehr so von oben herab. Mein Ansehen steigt noch mehr, als ich erkläre, daß ich in Metallfabriken Untergrundjugendzellen und den ersten Streik junger Arbeiter organisiert habe.

Mitglied unserer Untergrundorganisation ist auch Sender Ajzenberg, der mit Tuberkulose im Bett liegt. Ich informiere ihn regelmäßig über unsere Entscheidungen und Aktivitäten, und bei der Planung unserer Aktionen wird seine Meinung respektiert. Wenn ich ihn besuche, begegne ich oft seiner Freundin Renata Schwartz. Sender diskutiert gern mit ihr, sie ist sehr gebildet, sehr nett, eine richtige Intellektuelle, und sie versorgt ihn mit Büchern und Lebensmitteln.

Sender überlebte bis zum letzten Tag des Ghettos. Er machte sich keine Illusionen über das Schicksal, das ihm bevorstand. Als die Deportationen nach Auschwitz begannen, besorgte er sich Gift. Bei der Ankunft in Birkenau soll er sich das Leben genommen haben. Sender war nicht nur ein außergewöhnlich kluger, sondern auch ein sehr mutiger Mensch.

Trotz Kälte und Hunger kommt unseren kulturellen und politischen Aktivitäten große Bedeutung zu. Eine wichtige Rolle spielte die Untergrundbibliothek, die von Lolek Skopicki geleitet wurde. Lolek kümmerte sich um den Zustand der Bücher, stellte einen Katalog auf und lieh sie an Interessierte aus. Auf seine Initiative hin wurden die wichtigsten und gefragtesten Bücher von Hand kopiert. Mitglieder unserer Organisation erschienen einmal in der Woche, um mehrere Seiten Text abzuschreiben, und Lolek nähte diese Blätter zusammen. Anfang 1943 konnte er sich kaum mehr auf den

Beinen halten, so daß wir ihn mit zusätzlichen Nahrungsmitteln versorgen mußten.

Bald ist klar, daß sich unser soziales Leben, unsere ganze Existenz um die Fabriken dreht. Der zunehmende Hunger lähmt die Leute, die schiere Erschöpfung macht sie immer apathischer. Der Überlebenskampf macht hart, Familien und Freundschaften brechen auseinander. Wenn unser Kampf weitergehen, wenn möglichst viele Menschen aushalten sollen, dann müssen wir vor allem Solidarität predigen, Hoffnung machen und die Leute ermutigen, nicht zu resignieren, sondern sich zu wehren – gegen den wachsenden Druck, immer mehr für die Deutschen zu produzieren, gegen die korrupte Ghettoverwaltung, gegen Einsamkeit und Apathie.

Jeder Fabrikarbeiter erhält täglich eine Kelle Suppe. Kann man sich heute überhaupt noch einen Begriff davon machen, wie wichtig ein Stückchen Rübe in der Suppe war, daß ein paar Kartoffelschalen oder Unkrautblätter, die man auf dem Feld gesammelt hat, etwas Baumrinde, Ersatzkaffee, ein gefangener Maulwurf, ein paar Blätter über Leben oder Tod entscheiden konnten? Die rationierten Lebensmittel (Brot, Rüben, Rote Bete, Marmelade, Sacharin, Ersatzkaffee, Kartoffeln) werden in derart winzigen Mengen ausgegeben, daß jeder, der nichts anderes bekommt, nach einer Weile verhungert. Wer stehlen kann, stiehlt – in Bäckereien, Gemüsedepots, Küchen. Jeder ist besessen von dem übermächtigen Bedürfnis, etwas Eßbares für sich und seine Angehörigen aufzutreiben.

Mitglieder des Beirats, die in der Ghettohierarchie ganz oben stehen, sind eifrig darauf bedacht, sich und ihre Familien zu versorgen. Sie richten spezielle Versorgungsstellen und Küchen ein, legen Gemüsegärten und Treibhäuser an, die von der Ghettopolizei bewacht werden. Direktoren und leitende

Angestellte von Bäckereien, Küchen, Lebensmitteldepots und Fabriken – von denen es im Ghetto eine große Anzahl gibt – zweigen für sich ab, soviel sie nur können. Den Preis bezahlen diejenigen, die auf der untersten Stufe dieser monströsen, von den Deutschen geschaffenen Struktur stehen. Sie verhungern als erste, sterben an Krankheiten und Apathie. Der Überlebenskampf wird eines der Hauptziele unserer Organisation.

Wie unsäglich schwer ist es, die grauenhaft ausgemergelten Frauen, die hungerleidenden Männer, die früh gealterten Jungen dazu zu bringen, zumindest gegen die Diskriminierung in den Werkstätten und Betrieben zu kämpfen. Die aktiven Mitglieder unserer Organisation rufen die Arbeiter dazu auf, »bessere Suppe« zu verlangen. Jeder weiß, daß dies nur ein anderes Wort für »bessere Überlebenschancen« ist. Unter großen Anstrengungen gelingt es uns schließlich, eine Reihe von Streiks zu organisieren, deren Ziel es ist, die Ernährungslage zu verbessern und die Produktionsziffern zu senken. Die Streiktaktik besteht darin, keine »Wassersuppe« anzurühren. Um die Deutschen nicht zu provozieren, bleibt jeder an seinem Platz, aber es wird nicht gearbeitet. Gleichzeitig mobilisieren wir Arbeiter aus anderen Fabriken, die Streikenden vor dem Verhungern zu retten. Aktivisten unserer Zellen organisieren Lebensmittelsammlungen: Jeder nicht-streikende Arbeiter spendet ein paar Löffel Suppe. Wie enorm muß dieses Opfer, wie stark die Solidarität, wie fest der Glaube an den Sinn unseres Kampfs gewesen sein. Die gespendeten Mahlzeiten werden dann von jüngeren Aktivisten in Blechkannen und -näpfen in die betreffende bestreikte Fabrik gebracht, und besonders ausgewählte Leute verteilen die Suppe an die Streikenden.

Und bald gibt es die ersten Resultate: Die Ghettoverwaltung sieht sich genötigt, die Verpflegung zu verbessern und die Küchen besser zu überwachen. Für die Aktivisten unserer Organisation ist das Wichtigste, die Solidarität unter den Arbeitern zu stärken und gleichzeitig unseren Einfluß auszuweiten und die Produktion für die Deutschen zu behindern. Wir hoffen, daß der Einfluß und die Autorität unserer Aktivisten etwas bewirken, sofern wir bis zum Eintreffen der Roten Armee durchhalten. Nur dann werden wir uns bewaffnet gegen die Deutschen erheben können.

Jozek, das eindrucksvollste Mitglied unserer Jugendexekutive, hat Tuberkulose im Endstadium. Er spuckt Blut. Seine ganze Familie wurde deportiert, er ist allein, hungert. Niutek dagegen kommt aus einer bekannten, reichen, geradezu aristokratischen Familie. Sein Vater ist Direktor eines »Arbeitsressorts«, so daß bei ihnen zu Hause niemand Hunger leiden muß. Jeder von uns gibt Jozek einen Teil seiner winzigen Ration ab. Auch Niutek gibt seinen Anteil, aber nicht mehr. Ich wundere mich über diesen Geiz, versuche aber, meinen Genossen das Verhalten Niuteks begreiflich zu machen. Vielleicht, überlege ich, darf er von zu Hause keine Lebensmittel mitnehmen. Schließlich ist eine Kartoffel heutzutage ein wertvoller Schatz. Erst später fällt mir auf, daß Niutek gar keinen Anteil an Jozeks Schicksal nimmt. Wenig später stirbt Jozek. Ich bin sehr traurig. Ich enthalte mich zwar jeden Kommentars, frage mich aber, warum Niuteks revolutionärer Eifer keinen Platz läßt für Moral oder ganz einfach Anteilnahme.

Niutek organisiert Lernzirkel. Ich führe Bolek, Myszka, Karol und Jerzyk ein. Wir sind fasziniert von Niuteks kenntnisreichen Vorträgen und bewundern ihn dafür. Ich bin überzeugt, daß die revolutionären Führer noch mehr wissen. Dieser Glaube stärkt unser Vertrauen in den Sieg unserer Sache, der ein glückliches Zeitalter für die Hungernden, Armen und

Geschundenen einläuten wird. Diese schreckliche Welt ist das Produkt eines ausgedienten Systems, das hinweggefegt wird, und nicht eines sadistischen Hitler. Im Gegenteil, es ist dieses System, das Figuren wie Hitler hervorbringt. Wir werden eine neue, schöne, humane Welt errichten, und unsere Zahl wächst weltweit. Wir müssen also unbedingt überleben und den Sieg erkämpfen, nicht nur in unserem eigenen, sondern auch im Interesse der ganzen Menschheit.

Meine Freunde schließen sich voller Begeisterung meiner Vision von einer besseren Zukunft an. Hungernd, halbtot vor Erschöpfung, halten wir den Glauben an unseren Sieg hoch, tun alles, um uns gegenseitig zu helfen, lindern die Qualen derjenigen, die nicht leben und nicht sterben können, indem wir die letzten Kartoffelschalen, den letzten Rest Suppe für sie aufheben. Wir setzen alles daran, die Produktion für die deutsche Kriegsmaschine zu behindern. Je weniger wir ihnen liefern, desto schneller werden sie geschlagen.

Myszka Fajflowicz, den ich vom Technischen Gymnasium her kenne, ist krank geworden, in seiner Lunge ist Wasser. Wir wollen sein Leben retten, was es auch kosten mag. Wir verstecken ein Kochgeschirr in einem Werkzeugschrank. Jedesmal, wenn Suppe ausgeteilt wird, geht einer von uns an den Schrank und gibt ein, zwei Löffel Suppe in das Kochgeschirr. Ein paar Tage später berichtet mir Jerzyk, daß Bolek nicht nur nichts von seiner Suppe abgibt, sondern im Gegenteil, etwas Suppe für sich nimmt. Nach Feierabend treffe ich mich mit Jerzyk und Bolek, um die Sache zu besprechen. Bolek hört wie versteinert zu, bricht in Schluchzer aus und sagt: »Ich halte den Hunger einfach nicht aus. Die Organisation soll mir einen anderen Auftrag geben, selbst wenn es den Tod bedeutet, ich bin zu allem bereit, aber ich kann nicht hungern. Ich schaffe es nicht. Ich kann niemandem etwas abgeben. Ich weiß, daß das nicht euren Anforderungen entspricht, macht mit mir, was ihr wollt.«

Bolek ist bei allen beliebt. Er ist ein heller Kopf, ein engagiertes Zellenmitglied und außerdem ein hervorragender Schlosser. Nach längerer Beratung entscheiden wir, ihn nicht aus der Organisation auszuschließen, und befreien ihn sogar von weiteren Lebensmittelspenden. Doch seit diesem Zwischenfall ist Bolek wie verwandelt. Er ist in sich gekehrt, weicht Blicken und Gesprächen aus.

Adam, der einer »freien« Zelle angehört, ist ernst, ruhig, entschlossen und zielstrebig, wenn gehandelt werden muß. Seit der Deportation seiner Eltern lebt er mit dem zwei Jahre älteren Bruder zusammen. Eines Tages berichtet er sorgenvoll, daß sein Bruder so schwach sei, daß er nicht mehr aufstehen könne. Wir beschließen, für ihn zu sammeln. Der eine steuert ein Stück Rübe bei, ein zweiter ein Kartoffeleckchen, andere beteiligen sich mit Kartoffelschalen oder etwas Suppe. Adam freut sich über unsere Hilfsbereitschaft. Wenig später hören wir von Adams Nachbar, daß der Bruder im Sterben liegt und unbedingt mit einem Vertreter unserer Organisation sprechen will. Wir schicken Joskowicz los, der mit unglaublichen Neuigkeiten zurückkehrt. Offenbar hat Adam nicht bloß unsere kleine Lebensmittelspende für sich behalten, sondern auch von der Ration, die der Bruder auf seine Karte bezog, etwas für sich abgezweigt. Wir konfrontieren ihn mit der Aussage seines Bruders, doch er leugnet beharrlich. Mitglieder der Zelle überprüfen die Beschuldigungen des Bruders und stellen fest, daß er die Wahrheit gesagt hat. Wir beschließen, Adam aus der Zelle auszuschließen. Er protestiert nicht. Wenig später stirbt sein Bruder.

Wir bemühen uns, die Produktion für die Deutschen nach Kräften zu behindern. Jeder Streik beginnt damit, daß eine Arbeiterdelegation mit einem Forderungskatalog zur Betriebsleitung geschickt wird. In der Regel versuchen wir, Mitglieder unserer Organisation sicherheitshalber herauszuhalten. Überbringer unserer Forderungen sind meist hochqualifizierte, unentbehrliche Facharbeiter. Wir sehen zu, daß sich auch bekannte Aktivisten des »Bund« und zionistischer Organisationen unter den Delegierten befinden. Es dauert eine Weile, bis die Ghettoverwaltung und die Fabrikchefs erkennen, daß es eine linke Widerstandsbewegung gibt, die das ganze Ghetto erfaßt hat. Sobald ein Streik stattfindet, befürchten sie ein Eingreifen der Deutschen, was in einer Katastrophe für das gesamte Ghetto enden könnte.

Der Ghettoverwaltung bereiten die zahlreichen Streikaktionen Sorge. Rumkowski, Jakubowicz, Praszkier, die führenden Leute im Ghetto-Beirat, schalten sich persönlich ein. Sie appellieren, bitten, drohen, und am Ende schlagen sie die Streikorganisatoren zusammen. Unsere Fabrik (Metall II) erleidet dasselbe Schicksal wie alle anderen.

Da in den Metallfabriken Flugzeugteile produziert werden sollen, ist es unsere wichtigste Aufgabe, die Aufstellung der entsprechenden Maschinen zu verhindern. Im Frühjahr 1944 organisieren wir einen langen, gut organisierten Streik. Rumkowski erscheint wutschnaubend in der Fabrik. Abram, Lilka und ich werden von ihm verprügelt und in das Ghetto-Gefängnis eingeliefert. Wir rechnen mit Deportation, aber meine Befürchtungen sind unbegründet – Rumkowski hat keinen von uns auf die Deportationsliste gesetzt. Er hält sogar seine Hand über unsere Familien. Ein schmerzhaftes, eigentümliches Miteinander nimmt Gestalt an. Man will uns am Leben lassen, wir sollen als Alibi dienen, und wir nutzen diese Chance aus. Jahre später, als klar war, daß wir es nicht geschafft hatten, einen Aufstand im Ghetto zu organisieren, und wir, die wir überlebt hatten, für dieses barbarische und unmenschliche Utopieprojekt arbeiteten, quälte mich der Gedanke an unseren Part in diesem Miteinander. Schließlich haben viele von uns nur deswegen überlebt, weil andere an unserer Stelle deportiert wurden.

Karol und ich werden als Straßenpflasterer eingesetzt. Meine Beine sind geschwollen, das Gehen fällt mir sehr schwer. Lebensmut geben uns unsere Lieder und die Überzeugung, daß unsere Befreiung unmittelbar bevorsteht. Schon oft hat Fela bei unseren Zusammenkünften »revolutionäre Lieder« gesungen. Wenn sie mit ihrer kräftigen und wohlklingenden Stimme »*Schtejt ojf ir ale millionen*« singt, spüre ich einen Kloß im Hals. Ich träume von dem Tag, an dem ich anständig esse, frei bin, studiere, liebe und geliebt werde, mit einem Wort lebendig bin. Bei unseren Zusammenkünften sitzt Fela neben mir und hält beim Singen meine Hand. Ich messe dieser Geste keine große Bedeutung bei. Vor der nächsten Deportation singen wir Abschiedslieder und gehen anschließend auseinander, doch Fela bittet mich, sie nach Hause zu begleiten. Sie nimmt meinen mageren Arm und sagt: »Moniek, weißt du, daß ich dich liebe? Wenn wir überleben, werde ich zurückkommen und jedes Lied singen, das du dir wünschst. Gemeinsam werden wir für eine andere, bessere Welt kämpfen.« Ein Mädchen, das dich liebt? Das war das letzte, was mich in jener Zeit in Erregung versetzen konnte. Es war, als konnte ich mir diese für einen jungen Mann ganz normalen Gefühle nicht leisten. Aber natürlich wollte ich, daß Fela überlebte, sie würde es mit Edith Piaf aufnehmen können. Und natürlich wollte auch ich für diese neue, bessere Welt kämpfen. Doch Fela kam nicht zurück.

Die Auflösung des Ghettos wird angekündigt. Die Führung unserer Organisation weist uns an, in möglichst geschlossenen Gruppen aufzubrechen, ohne die Angehörigen. Ich gebe diese Information an die anderen weiter. Vielen erscheint das nicht durchführbar, ja grausam. Manche bereiten Verstecke vor. Die Straßen leeren sich. Wer zurückbleibt, kann sich nur von dem wenigen ernähren, das die Deportierten zurückgelassen haben. In einer Wohnung finde ich einen Kohlkopfrest, schlinge ihn sofort hinunter. Zwei Tage später habe ich schrecklichen Durchfall, fühle mich völlig kraftlos und liege wie gelähmt da. Vater ist zu nichts mehr imstande. Mutter schwankt zwischen Leben und Tod. Nur Salek und Lola zeigen noch Initiative, organisieren etwas zu essen. Ich brauche keinen Arzt. Nach ein paar Tagen bin ich wieder auf den Füßen. Als ich in der Lagiewnicka-Straße eine leere Mansarde finde, beschwöre ich die ganze Familie, sich dort zu verstecken. Vater hält das für sinnlos. »Sie werden uns finden und jeden erschießen. Wenn wir weggehen, wird vielleicht einer von euch überleben.« Immer mehr Häuser und Straßen liegen verwaist da. Nachts hören wir Schüsse und deutsche Kommandos. Schließlich nehmen wir ein paar Wasserflaschen, etwas Proviant, packen ein paar Kleidungsstücke ein und finden uns am Bahnhof ein. Es ist der 29. August 1944.

Auf dem Bahnhof wimmelt es von SS. Der Anblick von Suter und dessen Sohn erfüllt meinen Vater mit Angst. Ein Zug aus lauter Viehwaggons, die Türen sind geöffnet, schmale Bretter führen hinauf. Neben uns wartet eine Gruppe deutscher Juden, wahrscheinlich der Rest der Deportierten aus Theresienstadt, die ein Jahr zuvor gekommen waren. Einer von ihnen, ein älterer Mann, dünn, mit Brille, sauber gekleidet, geht zu Suter, zeigt ihm das Eiserne Kreuz, das ihm im

Ersten Weltkrieg verliehen worden war. Er stellt sich als Offizier vor und bittet Suter, ihm für die Reise mit unbekanntem Ziel einen Sitzplatz zu besorgen. Suter bietet ihm den Arm, sagt »Jawohl, Herr General«, geleitet ihn zu einer Planke und tritt ihm so kräftig in den Hintern, daß der Mann zu Boden stürzt und dabei seine Brille verliert. Suter brüllt: »Judenschwein, rein mit dir in den Waggon!« und bricht in schallendes Gelächter aus. Unter den anderen deutschen Juden, die den Vorfall beobachten, entsteht Nervosität. Der Mann steht auf, setzt sich die Brille wieder auf, klopft sich den Staub von den Sachen und betritt den Viehwaggon, ohne sich noch einmal umzusehen. Seine Familie oder Freunde folgen ihm. Wir erhalten den Befehl, in den nächsten Waggon zu steigen, Vater ist froh, daß Suter ihn nicht bemerkt hat. Wir betreten den Waggon, die Türen werden zugeworfen. Der zweite Teil des endlosen Tages beginnt.

Kommandos werden gebrüllt. »Raus, raus! Schnell, schnell!« Wir steigen aus dem Viehwaggon, in dem wir die letzten Stunden verbracht haben, werden in die Hölle getrieben. Ich verliere Mutter und Lola aus den Augen. Einer dieser bewaffneten Aufpasser verspricht uns eine bessere Behandlung, wenn wir ihm alle Sachen geben, die wir ohnehin nicht mehr brauchen. Er kennt das. Jemand gibt ihm ein Paar Socken. Er hängt das Gewehr über die Schulter und stopft sich die Socken in die Hosentasche. Später, sehr viel später, sollte ich bergeweise Socken in ihren Häusern finden. Jede Socke roch nach verbrannter menschlicher Hoffnung. Wie merkwürdig, Vater, daß dieser Mann immer wieder auftaucht, die Taschen voller Socken. Lächelnd zieht er sie an, er hat ganz saubere Füße. Er wirft mir einen seltsamen Blick zu, zieht eine Socke aus der Tasche, hält sie mir hin, sagt: »Schau, wie großzügig ich bin!« und erklärt mir mit erhobenem Zeigefinger, was gut und richtig ist.

Auf dem Weg in die Hölle gelangten Salek und ich zu dem Duschraum, der in Wahrheit eine Folterkammer war. Dort stießen wir auf Mosche Chassid, den Mann, der die Tollkühnheit besessen hatte, der deutschen Kripo die im Ghetto geplünderten Wertsachen wieder abzunehmen. Du erinnerst dich, Vater, daß viele jüdische Kriminelle der Ghettoverwaltung gute Dienste leisteten. Aber nicht alle haben direkt kollaboriert. So etwa Mosche Chassid, ein bulliger Schlägertyp. Er war Jeschiwa-Schüler gewesen, daher sein Spitzname »Chassid«. Er stieg dann zu einer der bekanntesten Unterweltfiguren in der Zawadzka-Straße auf. Alle wußten, daß ihm ein Edelbordell gehörte. Wie alle anderen Juden mußte natürlich auch er ins Ghetto umziehen. Seine Einstellung war allerdings typisch für Leute aus dem kriminellen Milieu. Für ihn und seinesgleichen waren die Deutschen nur eine besser organisierte Verbrecherbande, vor der zu kapitulieren er nicht bereit war.

Eines Tages, es war Anfang 1943, machten Beamte der Kriminalpolizei einen »Ausflug« durch das Ghetto. Sie beschlagnahmten alle möglichen Wertsachen, Gold, Silber, Diamanten, Geld usw. und verprügelten und töteten die bedauernswerten Leute, die diese Sachen gehamstert hatten. An diesem Tag füllten sie fast einen ganzen Koffer mit konfiszierten Sachen, schlossen ihn in ihrer Limousine ein, denn sie wollten noch einen weiteren Kandidaten »besuchen«. Bei ihrer Rückkehr war der Koffer verschwunden. Wutentbrannt beschwerten sich die Kripobeamten bei Rumkowski, der seinerseits den Chef der jüdischen Polizei, Rosenblatt, anrief und ihm befahl, den Koffer samt Dieb innerhalb von 24 Stunden aufzutreiben. Andernfalls würden jeden Tag hundert Juden öffentlich aufgehängt. Im ganzen Ghetto wurde auf besonderen Anschlägen an den Dieb appelliert, er möge sich melden und das Leben von zahllosen Juden retten. Erstaunlicherweise meldete sich der Gesuchte tatsächlich – es war Mosche Chassid.

Er wurde zu Rosenblatt gebracht und soll zu ihm gesagt haben: »Ich bin Jude, und ich habe ein jüdisches Herz. Ich habe gar keinen Diebstahl begangen, denn ich habe den Deutschen nur jüdisches Eigentum wieder weggenommen. Trotzdem, jüdisches Leben ist für mich wertvoller als Gold. Ihr schickt jeden Monat Tausende Juden in die Todeslager, und zwar nur, um eure Haut zu retten. Für mich wiegt das Leben eines einzigen Juden mehr als mein eigenes.« Natürlich wurde er sofort verhaftet und deportiert.

Und nun, im August 1944, standen Rosenblatt, Rumkowski und andere prominente Mitglieder des Judenrats mit ihren Angehörigen auf der Ladefläche eines großen Lastwagens oder Anhängers wie auf einer grotesken »Paradetribüne«. Wir Arbeitssklaven marschierten, gehetzt von deutschen Bewachern und ihren Hunden, an unseren einstigen Ghettoherrschern vorbei, die wirklich aussahen wie Staatspräsidenten bei der Abnahme einer Militärparade. Bis zum bitteren Ende trieben die Deutschen ihr zynisches Spiel mit dem Judenrat.

Nach dem Krieg berichtete mir ein Augenzeuge, daß Biebow (Chef der deutschen Ghettoverwaltung) Rumkowski die Chance bot, sich vor Auschwitz zu retten und mit etwa 800 Juden als »Aufräumkommando« im Ghetto zu bleiben. Rumkowski bat ihn, auch seinen Bruder und dessen Familie zu schonen, was Biebow ablehnte, woraufhin Rumkowski mit seinem Bruder die letzte Reise antrat. War dieses Birkenauer Podium, auf dem die Rumkowskis und andere Ghettoprominenz standen, während wir zur Desinfektionsbaracke marschierten, eine zynische Geste Biebows? Oder der SS? Das wird wohl für immer im dunkeln bleiben.

Wir marschierten nach »Kanada«. Kanada symbolisierte das Land, in dem Milch und Honig fließen. Tatsächlich mußten die Häftlinge, die in »Kanada« arbeiteten, nicht so großen Hunger leiden wie die anderen. Allerdings floß in diesem Land weder Milch noch Honig, sondern es war erfüllt von endlosem Schmerz, und auch sie wurden von den Nazis ermordet und durch andere ersetzt, die nicht allzu viele Auschwitz-Geheimnisse erfahren sollten. Sie arbeiteten in den Desinfektionskammern, wo sie die Kleidung der Häftlinge nach Wertsachen durchsuchten und die letzten jüdischen Hemden oder Hosen für potentielle Verwendung durch Deutsche aussonderten. Einigen gelang es, sich in »Kanada« starke Positionen zu sichern und den regelmäßigen Personalwechsel zu überleben.

Kaum waren wir in »Kanada« eingetroffen, erschien unser Held aus dem Lodzer Ghetto. Die Deutschen hatten ihn nach der Affäre mit dem Koffer also nicht getötet. Wir Häftlinge durften zwar nicht sprechen, aber ein Geflüster ging durch unsere Reihen, so daß schließlich auch jene, die ihn nicht kannten, im Bilde waren. Überaus selbstbewußt stand er vor uns und bellte auf Jiddisch: »Wo ist Rosenblatt?« Zu meiner Überraschung sah ich Rosenblatt links hinter mir stehen. *Sic transit gloria mundi.* Nachdem wir an ihm vorbeimarschiert waren, hatten ihn die Deutschen wahrscheinlich in unsere Gruppe gesteckt.

Der gedrungene Mosche Chassid nahm Rosenblatt sanft beim Handgelenk – wie eine Katze, die mit der gefangenen Maus noch eine Weile spielen will, bevor sie sie tötet – und trat mit ihm vor die versammelte Mannschaft. Mit gespielt höflicher Stimme flötete er auf Jiddisch, daß alle es hörten:

»Ach, Rosenblatt, bist du endlich da. So lange hab ich auf dich gewartet. Ich wußte, du tauchst irgendwann auf. Ich hatte mir fest vorgenommen, nicht früher zu sterben. Ich mache dir jetzt einen Vorschlag.« Er bückte sich und hob ein Rasiermesser auf, das einer der Neuankömmlinge weggeworfen hatte, und reichte es Rosenblatt. »Du bist ein wichtiger Jude. Ein richtiger Held. Du hast so viel Mut bewiesen, als es darum ging, Abertausende Juden in den Tod zu schicken. Jetzt sei so gut: Hab den Mut und töte dich selbst!«

Rosenblatt nahm das Rasiermesser und starrte es an, gelähmt vor Panik und Entsetzen. Mosche Chassid wiederholte mit freudig erregter Stimme: »Ich tue dir einen Riesengefallen, Rosenblatt. Diese Chance, die ich dir biete, ist eine große Ehre. Du kannst würdevoll sterben. Wenn du es nicht tust, werde ich es für dich tun. Aber ich warne dich, es wird ein furchtbarer Tod sein.« Rosenblatt stand mit dem Rasiermesser in der Hand wie versteinert da. Plötzlich fing Mosche Chassid an. Er befahl ihm, mit ausgestreckten Armen wie ein Frosch zu hüpfen, so lange, bis er nicht mehr konnte. Nach einer kleinen Pause waren andere Torturen an der Reihe, offensichtlich war es nur das Vorspiel.

In der Zwischenzeit wurden wir in eine große Desinfektionsbaracke geführt. Unsere Kleidung mußten wir draußen liegen lassen. Kopf, Achselhöhlen, Schamhaare, alles wurde rasiert und die gerötete Haut mit einer brennenden Flüssigkeit eingerieben. Wir standen nackt da, nur unsere Gürtel durften wir behalten. Auf einmal kam Mosche Chassid mit dem blutüberströmten Rosenblatt, den er hinter sich herzerrte, in die Baracke. Er sah aus wie ein erregtes Raubtier und schaute sich wild um. Seine Augen blieben an meinem Gürtel hängen. Er nahm ihn mir weg, legte ihn Rosenblatt um den Hals und begann, den Mann im Kreis herumzuwirbeln. Die

Augen traten aus den Höhlen, das Gesicht lief blau an, auf den Lippen stand Schaum. Chassid hielt inne, kippte einen Eimer kaltes Wasser über ihn und rief: »Nein, nein, du wirst mir noch nicht sterben«, und stieß sein halb bewußtloses Opfer unter eine Dusche, aus der kochend heißes Wasser kam. Rosenblatts Schreie waren grauenhaft. Als er aus der Dusche gezerrt wurde, sah er wie ein gesengtes Huhn aus. Die Haut war krebsrot und in Fetzen. Er hatte das Bewußtsein verloren, lebte aber noch. Mosche Chassid stieß ihn auf den Fußboden und begann, mit seinen schweren Holzpantinen auf ihm herumzutrampeln und ihm die Knochen zu brechen. Schließlich kam ein Deutscher in Zivil herein, tippte ihm freundlich auf die Schulter und sagte: »Genug, Mosche! Mach Schluß!«

In Auschwitz gab es zwei Orte, wo Leichen beseitigt wurden: das Krematorium und eine große Grube, in der ständig ein Feuer brannte. In diese Grube wurden die Leichen geworfen, wenn in den Gaskammern kein Platz mehr für die Neuankömmlinge war. Kinder, Alte, Gebrechliche, Kranke, bei denen man keinen Widerstand befürchten mußte, wurden lebendigen Leibes dort hineingeworfen – nicht nur Juden, auch polnische Kinder aus dem Lager Radogast bei Lodz. Diese Grube war etwa vierzig Meter von der Desinfektionsbaracke entfernt, und dort hinein warf Mosche Chassid den bewußtlosen Rosenblatt.

Zuvor, als Rosenblatt unter der Dusche war, verschwand Mosche Chassid durch eine Tür und kam bald darauf mit einem alten weißhaarigen, bewußtlosen Mann wieder, den er auf dem Rücken trug. Rumkowski?? Wir können unseren Augen nicht glauben. Mosche Chassid schaffte ihn zu der Tür hinaus, die zur Grube führte. Nach seiner Rückkehr rief er zufrieden »Jetzt habe ich die beiden erledigt« und beschrieb in einer Mischung aus Schadenfreude und Verachtung die letzten Minuten des einstigen »Königs«, der in seiner Todesangst die Hose vollgeschissen hatte.

Nach dem Krieg habe ich lange Zeit vergeblich versucht, herauszufinden, was aus Mosche Chassid wohl geworden war. Achtundzwanzig Jahre vergingen. Nur durch Zufall stellte ich fest, daß er überlebt, eine jüdische Frau in Deutschland geheiratet hatte und ein bescheidenes Leben führte. Niemandem erzählte er, wie er mit Rosenblatt und Rumkowski abgerechnet hat – als Jude, als Dieb oder als Mensch, der seine eigenen Moralvorstellungen hat.

Was mir in all den Jahren keine Ruhe ließ, war nicht nur Mosche Chassids Verhalten. In dieser Nacht wurden wir an den Gruben vorbeigeführt, weil uns der Anblick jener, die man lebendigen Leibes in das Feuer geworfen hatte, brechen sollte. Für mich war klar: Ich bin in der Hölle. Nicht im übertragenen Sinn, an einem Ort, der etwas Höllenartiges hatte, sondern in der realen Hölle. Vielleicht war es ja wirklich so, Vater. Zusammen mit diesen zahllosen kleinen und großen Leuten, die nicht von Teufeln oder Dämonen, sondern von Menschen in die Flammen geworfen wurden. Ob der Tod in den Flammen grausamer ist als deiner, Vater? Vielleicht ist es wichtiger, wie man stirbt, und nicht so sehr, wie man lebt?

Schließlich wurden wir in unsere Baracke getrieben. Im Innern nur ein Zementestrich. Wir stehen so dichtgedrängt nebeneinander, daß wir kaum atmen können. Wer ohnmächtig wird, kann nicht einmal zu Boden sinken. Vielleicht sind diejenigen, die wir noch stützen, schon tot. Wer weiß. Ich kann nicht sagen, ob ich träume oder ob ich gestorben und in der Hölle bin und Folterqualen erleide, weil ich die Gesetze unseres jüdischen Gottes nicht eingehalten habe. Doch nein, dies ist die gewöhnliche irdische Hölle. Salek reißt mich aus meinen Träumen. Jemand, in ein weißes Laken gehüllt, geht hin und her und ruft: »Haltet durch, haltet durch, der Krieg ist fast vorbei. Ihr müßt durchhalten.« Am nächsten Abend wissen wir, wer das ist: Kapo Erich, ein deutscher Häftling, Sozialdemokrat. Morgens werden wir auf den Appellplatz gescheucht. Derselbe Erich schlägt uns und flucht. Er muß es ihretwegen tun, nur zum Schein, denken wir. Doch nein, er tut es nicht ihnen zuliebe, es ist eine Gewohnheit.

Später begegne ich ihm im KZ Gleiwitz. Die Lagerküche hat verrotteten Kohl bekommen, also wird Chlor darüber geschüttet, und dann wird das Zeug neben der Latrine vergraben. Nachts gehen die Häftlinge, vor Hunger fast von Sinnen, nach draußen, graben die chlortriefenden Kohlblätter aus, wischen die Erde ab und essen sie. Marcel, ein siebzehnjähriger französischer Jude, der die Pritsche unter mir hat, stopft sich mit diesen Kohlblättern voll. Zwei Tage später haben viele Häftlinge furchtbaren Durchfall, auch Marcel. Bis zur Latrine ist es weit. Es ist Herbst, die Luft ist kühl. Bei Tagesanbruch renne auch ich zur Latrine, um rechtzeitig beim Appell zu sein. Der kranke Marcel ist dicht hinter mir. Ich sehe, daß er das Sitzbrett vollgeschissen hat, noch ehe er sich hingesetzt hat. Außer sich vor Angst, will er das Brett saubermachen, aber es gibt nirgends ein Fitzelchen Papier. In diesem Moment kommt Kapo Erich in die Latrine, stürzt sich wütend auf Marcel und beginnt, ihn zu würgen. Marcels Augen treten aus den Höhlen, Erich läßt nicht locker. Ich sehe die heruntergelassene Hose und Marcels mageren, dreckigen Hintern. In seinem Wutanfall hebt Erich den jungen Franzosen hoch und wirft ihn in die Grube. Marcel versinkt in den Exkrementen, nur seine Hand ist zu sehen. Und dann schwimmt nur noch seine gestreifte Jacke auf der Oberfläche. Inzwischen sind andere dran. Sie erleichtern sich direkt über Marcel. Erich spuckt aus, zieht eine Grimasse und verschwindet mit verzerrtem Gesicht. Wie verrückt renne ich zum Appell. Ich versuche, Erich zu verstehen. Vielleicht ist jeder so geworden wie er, vielleicht besteht die ganze Welt nur noch aus Leuten wie ihm.

Bevor wir in das KZ Gleiwitz verlegt werden, haben wir noch Zeit, uns an den Lageralltag in Auschwitz-Birkenau zu gewöhnen. Von dem Gebäude mit dem Schornstein trennt uns nur ein Stacheldrahtzaun. Tag und Nacht liegt ein süßlicher Geruch in der Luft. Daß es der Geruch von brennenden Leichen ist, wissen wir noch nicht. Es gelingt mir, etwas näher an den Zaun zu kommen, ich will herausfinden, was es mit diesem Schornstein und diesem Geruch auf sich hat. Auf der anderen Seite des Zauns fegt ein Häftling den Boden. Ich frage ihn nach dem Gebäude. Er blickt zu Boden und flüstert kaum hörbar: »Dort werden sie vergast und verbrannt, die ganze Zeit, pausenlos ...« Ich gebe diese Nachricht an Salek, Natek und die anderen Freunde weiter, die in meiner Baracke sind.

Am hinteren Ende unseres Sektors steht die Baracke, deren Häftlinge in einer nahegelegenen Fabrik arbeiten. Sie stellen so etwas wie die Elite von Birkenau dar. Wir wechseln ein paar Worte miteinander. Salek und ich stellen zu unserer großen Überraschung fest, daß unter diesen Häftlingen auch unser Bruder Levi ist. Nach dem Abendappell taucht er auf. Es ist das reinste Wunder. Er schiebt uns sogar einen großen Topf Suppe durch den Zaun. Wie ist er hierher gekommen, von woher? Wir teilen die Suppe unter ein paar Freunden auf, im Nu ist alles aufgegessen.

Die Unterhaltung mit Levi verläuft stockend. Kurze Sätze verbergen stumme Schluchzer, jede Handbewegung ist aufschlußreicher als ein nächtelanges Gespräch, jedes unvollendete Wort geht in erstickten Tränen unter. Levi bestätigt, was wir über das Gebäude mit dem Schornstein gehört haben, und schärft uns ein, aus diesem Sektor herauszukommen, dies sei das Vorzimmer zu den Gaskammern. Das enorme Ausmaß des Verbrechens, das ein paar hundert Meter entfernt stattfindet, wird uns allmählich klar.

Jeder Tag beginnt mit dem Appell. Wir müssen stundenlang stehen, selbst die kleinste Bewegung ist verboten. Hin und wieder prasseln schmerzhafte Peitschenhiebe der Kapos auf uns ein. Jeder Kapo, der seine Position behalten will, muß schinden, schlagen und brüllen oder zumindest so tun. Jede Häftlingsbaracke hat ihren Blockältesten, der uneingeschränkte Macht über »seine« Leute hat. Er kann uns verprügeln, töten, verhungern lassen oder uns etwas bessere Suppe, ein größeres Stück Brot geben, er kann einen Häftling zum Stubendienst abstellen, der ihm bei der Essenausgabe hilft und Häftlinge für den Nachtdienst bestimmt und sie kontrolliert. Jede Nacht bewachen abwechselnd drei, vier Häftlinge die Barackentür und notieren die Nummer eines jeden, der auf die Latrine will. Wer sich nicht beeilt, muß dem Stubendienst gemeldet werden, der daraufhin die Latrine kontrolliert. Auf diese Weise sollen Fluchtversuche aus Birkenau verhindert werden, was ja ohnehin unmöglich ist.

Bei den Kapos handelt es sich meistens um Häftlinge, die fließend Deutsch sprechen, zum überwiegenden Teil sind es deutsche politische Gefangene, doch es gibt auch ein paar Polen, Juden und andere Nationalitäten. Kapos werden von den SS-Blockführern ernannt, denen jeweils mehrere Kapo-Blockältestete unterstehen. Sobald irgendwo ein SS-Mann auftaucht, verbreitet er Todesangst unter den Häftlingen. Man muß sofort die Mütze abnehmen und strammstehen, die geringste Bewegung wird bestraft. Die SS-Männer tauchen zwei-, dreimal am Tag auf. Es sind nicht immer dieselben, aber sie sehen immer gleich aus. Ihr Gesichtsausdruck verrät abgrundtiefe Verachtung für uns, in ihren Augen steht Haß, auf den Lippen scheint immer ein sonderbares Lächeln zu liegen. Die Kapos haben ebenfalls Angst vor ihnen, aber anders als die gewöhnlichen Häftlinge. Manchmal hat ihr Verhältnis etwas Kameradschaftliches, zumal wenn der Kapo ein Deutscher ist.

Für die ausgemergelten Häftlinge ist das Stehen auf dem Appellplatz von morgens bis abends eine Tortur. Im Herbst und Winter dringt die Kälte durch die dünne Häftlingskleidung. Nach stundenlangem Stehen bekommen wir ein Stück Brot und etwas Kaffee. Anschließend laufen wir um den Platz, wieder wird abgezählt, jemand wird ausgepeitscht oder mit Fußtritten traktiert. Wir bekommen auch Suppe, die manchmal sogar besser ist als die Ghettosuppe. Das Abendessen besteht aus bitterem Ersatzkaffee. Wie soll man in dieser Hölle überleben?

Einmal taucht während der Suppenausgabe Jurek Flajszman auf. Er ist gerade mal fünfzehn, wohnt in der Kinderbaracke. Ich weiß schon, daß diese Baracke als Reservedepot für die Gaskammern dient. Jedesmal, wenn aus irgendeinem Grund nicht genug Häftlinge zum Vergasen selektiert wurden, wird der Rest aus Bewohnern der Kinderbaracke aufgestockt. Die Gaskammern sind rund um die Uhr in Betrieb, so daß eine bestimmte Personenzahl, gewöhnlich mehrere Tausend, getötet werden können. Ich lasse Jurek nicht in die Kinderbaracke zurück, nehme ihn mit, er soll in meiner Nähe auf dem Zementboden schlafen. Am nächsten Morgen kehrt Jurek in »seine« Baracke zurück – sie ist völlig leer. Die Entscheidung über Leben oder Tod ist hier weitgehend Glückssache, manchmal von absurden Zufällen abhängig.

Jurek hat diese Hölle ebenso überlebt wie ich. Wenn wir

uns Jahre später begegnen – was selten passiert –, können wir noch immer nicht glauben, daß wir überlebt haben.

Jeder bemüht sich, aus Birkenau verlegt zu werden, weil er sich anderswo eine etwas bessere Überlebenschance erhofft. Eines Tages tauchen, begleitet von SS-Leuten, »Käufer« im Lager auf, Beauftragte nahegelegener Fabriken. Sie inspizieren uns, begutachten uns kritisch wie Pferdehändler und suchen sich dann ihre Kandidaten aus. Jedem wird eine Nummer in den Arm eintätowiert. Von nun an sind wir etwas mehr als Unpersonen, existieren zumindest als Nummern, sind registriert. Dort drüben, jenseits des Stacheldrahtzauns, gehen Leute ohne Nummer in die Gaskammern, anonym, sie existieren nicht einmal, bevor sie sterben. Im KZ Gleiwitz, einer Außenstelle von Birkenau, befindet sich jedenfalls eine größere Gruppe aus dem Lodzer Ghetto.

Ein paar Tage nach der Ankunft dort werde ich in die Baracke von Kapo Hans verlegt, einem deutschen Kriminellen, einem furchtbaren Säufer, der seine Mutter und seine Frau umgebracht haben soll. Sonntags gibt Hans die Suppe aus. Er schöpft die Flüssigkeit nur von oben, ohne umzurühren, so daß die Kartoffel- und Rübenstückchen auf dem Grund des hohen Kübels bleiben. Nachdem er die dünne Suppe an die halb verhungerten Häftlinge verteilt hat, stellt er den Kübel in die Mitte des Platzes und ruft grinsend: »Nehmt euch!« Fast jeder rennt los, um unter viel Gedrängel und Geschiebe wenigstens eine Handvoll des »Bodensatzes« zu ergattern. Hans wartet in aller Ruhe, bis er schließlich seine Peitsche nimmt und auf die kahlen Schädel der Männer eindrischt. »Judenhunde, Schweine, Dreckskerle!« schreit er, kippt den restlichen Inhalt des Kübels aus und trampelt mit den Stiefeln darauf herum, daß man das Zeug nicht einmal mehr auflecken könnte.

Ich beschwöre alle, beim nächsten Mal nicht loszurennen, sondern abwechselnd durch das Los einen oder zwei Häftlinge zu bestimmen. Die könnten dann ihre Portion bekommen. Hans begreift unser Verhalten nicht. Außer sich vor Wut schwingt er seine Peitsche, schlägt auf die stehenden Häftlinge ein, schreit: »Nehmt euch, nehmt, ihr Judenschweine! Alle, alle!« Und diesmal reißt er dem einen Häftling den Kübel aus der Hand und schüttet den Inhalt auf die Erde. Erich und Hans tragen die gleichen gestreiften Sachen wie wir.

Wir tragen große, schwere Waggontüren, die zum Bau von Luftschutzbunkern gedacht sind. Die Männer, die sich, nur mehr Schatten ihrer selbst, mit letzter Kraft voranschleppen, brechen unter der Last zusammen. Wer zu Boden sinkt, bekommt von Hans einen Schlag mit dem Knüppel über den Kopf. Doch ein Deutscher schützt uns, ein älterer, dicker Mann mit einem langen Gewehr. Er ruft Hans zu sich. Der reißt die Mütze vom Kopf, nimmt Haltung an und sagt irgend etwas. Der andere nimmt Hans' Knüppel, bricht ihn entzwei und sagt zu Hans, laut und vernehmlich, daß er ihn erschießt, wenn er uns weiterhin schlägt. Ab sofort piesackt Hans uns nur auf dem Weg von und zur Baracke.

Schon seit mehreren Tagen versammeln wir uns nach der Arbeit in der Fabrik auf dem Appellplatz. Es stellt sich heraus, daß fünf Häftlinge durch den Tunnel entkommen sind, den russische Kriegsgefangene gegraben haben. Zwei Galgen sind bereits errichtet. Ein SS-Mann verliest den beiden Entflohenen, die man wieder gefaßt hat, das »Urteil«. Einer spuckt ihm ins Gesicht, sprintet zum Galgen, legt den Kopf in die Schlinge und stößt den Schemel weg. Der Deutsche hat nicht einmal Zeit, die Pistole zu ziehen und zu schießen. Kein Geräusch ist zu hören. Der Mann holt ein weißes Taschentuch aus der Hosentasche und wischt sich sorgfältig das Gesicht ab. Hat er begriffen, daß es darauf ankommt, wie man stirbt?

Dawidek ist für den Stubendienst eingeteilt. Er und mein Bruder Salek kennen sich seit ihrer gemeinsamen Arbeit bei der Ghettofeuerwehr. Die Frau, der die Feuerwehrküche unterstand, nahm den sehr viel jüngeren Dawidek bei sich auf und sorgte dafür, daß er bei Kräften blieb, indem sie seine »Dienste« mit Extrazuwendungen dicker Suppe bezahlte. Er ist noch immer gut beieinander.

Kapo Hans fiel Dawideks gute körperliche Verfassung auf. Seine neue Aufgabe bedeutet bessere Ernährung und weniger anstrengende Arbeit. Morgens, bevor wir zur Arbeit aufbrechen, schneidet er das Brot in gleiche Portionen, die er neben den Kessel mit Kaffee legt. Wir treten einer nach dem anderen vor, und Dawidek gibt jedem von uns 200 Gramm Brot, das für den ganzen Tag reichen soll. Dann setzen wir uns an den langen Tisch und nehmen unsere Mahlzeit ein. Ich sitze immer zwischen Danek und Salek. Danek kenne ich seit dem Technischen Gymnasium, und im Ghetto haben wir in der Metallfabrik II gearbeitet. Hier, im KZ Gleiwitz, arbeiten wir ebenfalls am selben Ort. Danek galt nie als besonders mutig, weshalb wir ihn auch nicht in unsere Untergrundorganisation aufnahmen. Doch das Schicksal wollte es, daß wir im Lager viel Zeit miteinander verbringen.

Einmal beschloß Salek, zweimal nach Brot anzustehen, wahrscheinlich rechnete er damit, daß Dawidek bei ihm aus Freundschaft ein Auge zudrücken würde. Das erste Stück Brot stellte er auf den Tisch, neben mich und Danek, dann reihte er sich noch einmal in die Schlange ein und lief mit der zweiten Zuteilung auf die Latrine, um das Stück Brot dort unbeobachtet zu essen. Wir wußten, daß auf Diebstahl oder versuchten Diebstahl die Todesstrafe stand. Bevor Salek von der

Latrine zurückkam, wußte Dawidek schon, daß ein Stück Brot fehlte, er würde also einen Teil seiner eigenen Ration opfern müssen. Obwohl er mehr Brot erhielt als wir anderen, hatte auch er nicht genug, und außerdem wollte er das wenige nicht mit anderen teilen. Mit einem Blick stellte er fest, wer an den Tischen saß, und sah das Stück Brot neben uns. Er fragte uns, wem es gehörte, lief sofort zur Latrine und fand dort Salek, der gerade den letzten Bissen hinunterwürgte. Da er seinen Mithäftling nicht verpfeifen wollte, meldete er Kapo Hans, ohne Salek zu erwähnen, daß er neben Danek ein gestohlenes Brot gefunden habe. Der Kapo verlangte eine Erklärung, doch wir blieben bei unserer Story und behaupteten unbeirrbar, das Brot nicht gestohlen zu haben. Selbst Danek war klar, daß es nichts bringen würde, Salek zu beschuldigen. Wir bekamen schon mal die ersten Schläge ins Gesicht und Fußtritte. Dann befahl uns Hans, mit den anderen zur Arbeit zu gehen, aber der Galgen würde abends auf uns warten.

Danek, mit dem ich Bremsklötze von Eisenbahnwaggons reparierte, weinte den ganzen Tag. Auch ich war ziemlich fertig, versuchte es aber nicht zu zeigen. Salek, der nicht mit uns arbeitete, sprach während der Mittagspause mit uns und bedauerte, uns diesen ganzen Ärger eingebrockt zu haben. Wir wußten, wenn wir nicht zu den Baracken zurückkehrten, sondern zum Appellplatz, stand etwas bevor: Ein Häftling würde gehängt oder geprügelt, oder jemand würde eine Ansprache halten, solche Sachen. Und wir wurden tatsächlich zum Appellplatz geführt. Danek und ich zählten die letzten Minuten unseres Lebens. Unbekannte Gefühle stiegen in mir hoch, meine Beine waren wie taub. Furchtbar, daß ich nichts tun konnte, um dieses sinnlose Finale meines Lebens zu verhindern.

Die Formation der angetretenen Häftlinge scheint wie versteinert. Der Befehl »Mützen ab, Mützen auf!« peitscht durch die Luft. Schließlich erscheint der Lagerkommandant: hochgewachsen, kräftig, mittleren Alters, verächtlicher Gesichtsausdruck. Nein, er ruft nicht Danek und mich auf. Es besteht also noch Hoffnung. Der Kommandant hält eine kurze Ansprache über Ordnung und Disziplin und erinnert uns daran, daß wir keine Metallgegenstände besitzen dürfen, auch nicht Gabel und Löffel. Auf den Besitz solcher Dinge steht die Todesstrafe. Dann heißt es, zu unserer großen Überraschung, ab in die Baracken, wo wir eine kleine Portion lauwarmen, bitteren Ersatzkaffee bekommen. Kapo Hans steht vor der Barackentür. Er winkt uns heran: »Der Galgen ist bestellt; bis dahin werdet ihr warten, und zwar kniend. Wer sich bewegt, den töte ich mit meiner Peitsche.« Salek und ein paar andere Freunde beobachten uns von weitem. Danek verflucht ihn. Ich entscheide mich für Galgenhumor: »Weine nicht, Danek«, sage ich, »immerhin wirst du in guter Gesellschaft sterben.« Aber ehrlich gesagt, ich habe einen Kloß im Hals. Ich habe meinen Kampf also doch verloren, denke ich. Sehr schade, dabei hätte ich so gern meine Rechnung mit ihnen beglichen. Wir versuchen, die eingeschlafenen Beine ein wenig zu dehnen, aber Hans taucht unvermittelt auf und traktiert uns mit seiner Peitsche. Er läßt uns hüpfen und schwingt wieder die Peitsche. Schließlich sagt er. »Ihr habt Schwein, daß der Galgen nicht gekommen ist. Ich lasse euch jetzt in Ruhe. Aber ich warne euch, noch ein Verstoß gegen die Vorschriften, und ich bringe euch eigenhändig um!«

Hunger und Kälte, Kälte und Hunger, endlose Selektionen von Muselmännern, ausgemergelten und entkräfteten Häftlingen. Von Zeit zu Zeit kommen die Uniformierten, lassen uns nackt antreten, machen spöttische Bemerkungen, lachen höhnisch und selektieren. Manchmal greifen sie sich nach beendeter Selektion noch ein paar Häftlinge, die die restlichen Plätze auf dem Lastwagen einnehmen sollen. Der Transport zu den Gaskammern von Birkenau geht erst dann ab, wenn der Lastwagen ganz voll ist. So enden auch die Brüder Kaminer, die besten Fräser in der Metallfabrik II, in der Gaskammer. Sie waren es, die die Gußform für die im Ghetto verwendeten Blechmünzen (Rumkis) hergestellt hatten. Obwohl sie in körperlich guter Verfassung waren, mußten sie auf den Lastwagen klettern, weil sie zufällig in der Nähe eines der Uniformierten standen. Auch solche Zufälle entscheiden über unser Leben.

Kälte und Hunger, Kälte und Hunger, Selektionen, Kälte und Hunger ... und immer wieder Schläge. Wir sind schutzlos. Ich bin so müde, daß ich Beine oder Arme kaum mehr bewegen kann, aber es will sich kein Schlaf einstellen. Ein eisiger Wind weht durch das Loch im Fußboden. Eine Maus kommt herausgekrochen. »Hier wirst du nichts finden, kleine Maus, gar nichts. Was suchst du hier? Du bist frei, warum läufst du nicht über die Felder und Wiesen, du kleine glückliche Maus? Gott, warum hast du mich nicht als Maus erschaffen? Vater, ist es eine Sünde, eine Maus zu sein?«

Herr Berger, ein deutscher Jude, ist ein bekannter Komponist. Selbst die Uniformierten wissen, wer er ist, haben von seinem außergewöhnlichen Talent gehört. Sie geben ihm eine Chance und beauftragen ihn, einen Lagermarsch, ihren Lagermarsch zu komponieren. Schließlich sind sie Angehörige einer Kulturnation, die berühmte Komponisten hervorgebracht hat, und der Führer ist ein großer Musikfreund. Die Uniformierten sind natürlich auch Freunde der Musik. Zur Aufführung muß ein Orchester her. Berger fällt es nicht schwer, unter den Häftlingen bekannte Pianisten, Geiger und andere Musiker zu finden. Für seine Mühe bekommt er Sonderrationen. Ein besseres Honorar kann man sich überhaupt nicht vorstellen.

Berger geht daran, sein Orchester zusammenzustellen. Es melden sich sehr viel mehr Interessenten, als es Stellen gibt. Eines Abends kommt ein Geiger in unsere Baracke, mager, groß, etwa vierzig Jahre alt, ein ungarischer Jude, kürzlich aus Birkenau eingetroffen. Berger stellt ihm eine Frage und gibt ihm eine Geige zum Vorspielen. Der Mann nimmt das Instrument in die Hände, drückt es sich wie ein Kleinkind an die Brust und erklärt mit tränenerstickter Stimme in seinem ungarisch gefärbten Deutsch, daß er seit Monaten keine Geige mehr in der Hand gehalten habe und daß seine Finger von der Fabrikarbeit ganz rauh seien. Schließlich klemmt er sich die Geige unter das Kinn, streicht mit dem Bogen ganz leicht über die Saiten, hält kurz inne und spielt dann. Eine wunderschöne, traurige Melodie erfüllt die Baracke. Die Häftlinge verstummen, setzen sich leise auf eine Pritsche oder bleiben reglos stehen. Manche senken den Kopf, manche halten beide Hände vors Gesicht, hier und da sehe ich Tränen über eingefallene Wangen laufen. Es ist ein Klagelied, ein stummer Schrei, der ganz sicher den Himmel erreicht. Kapo Hans und Dawidek kommen in die Baracke und bleiben wie gebannt stehen. Vater, mein lieber Vater! Versteht unser Gott die Sprache der Musik, dieses Gebet der Geige, die Stimme dieser magischen Saiten, diese Melodie, die zu den Sternen dringt, hier, in diesem Winkel der Erde, wo grenzenlose Verbrechen stattfinden? Warum läßt ER über uns, über dieser ganzen unmenschlichen Welt nicht Höllenfeuer herabregnen? Warum?

Zwei Wochen später empfängt uns am Haupttor das Orchester mit dem »Lagermarsch«. Ich kann mich bis heute an die Melodie erinnern. Unglaublich, aber die Musik hat uns geholfen, den Mut nicht ganz zu verlieren.

Es wird Winter, und Herr Berger friert beim Dirigieren an den Händen. Er braucht dringend Handschuhe, von denen wir schon nicht mehr träumen können. Herr Berger schläft auf der Nachbarpritsche, wir können uns auf Deutsch ganz gut verständigen. Seiner Ansicht nach ist jeder polnische Jude entweder Schneider oder Flickschuster. Er fragt mich, ob ich nähen kann, er brauche jemanden, der ihm ein Paar Handschuhe näht, er werde mit einem großen Stück Brot und mehreren Tellern Suppe bezahlen. Sofort male ich mir diese verheißene Suppe aus, vom Brot ganz zu schweigen. Gar kein Problem, sage ich, ich bin Schneider, sogar ein erfahrener Schneider, ein Paar Handschuhe sind ein Kinderspiel für mich. Herr Berger freut sich. Er gibt mir ein Stück Filz, Nadel und Faden und sogar eine kleine Schere. Der Besitz solcher Dinge wird mit dem Tod bestraft. Ich markiere Herrn Bergers Hand mit einem schmutzigen Holzstückchen auf den Stoff. Tags darauf suche ich einen Schneider unter meinen Mithäftlingen, mache einige ausfindig. Handschuhe? Das haben sie früher gemacht, mit Spezialmaschinen. Es gibt Spezialisten, sagen sie, die Lederhandschuhe mit der Hand machen, aber wo finde ich jemanden, bei dem ich mir Rat holen kann?

Herr Berger erkundigt sich täglich nach seinen Handschuhen. Aus schierer Verzweiflung nehme ich an meinen eigenen Händen Maß. Dann schneide ich den Stoff zurecht, nähe die Teile zusammen und liefere abends meine Arbeit ab. Herr Berger probiert die Handschuhe an, aber der Daumen paßt nicht, weil ich ihn auf gleicher Höhe angesetzt habe wie die anderen Finger. Ärgerlich fragt Herr Berger, ob alle polnischen Schneider so arbeiten. Ich habe also ein Stück Filz vergeudet, das er teuer erworben hat. »Wo soll ich ein zweites Stück Stoff herbekommen?« fragt er. Er sieht aus, als wolle er mich in Stücke reißen. »Ich mache es wieder gut, ich verspreche es Ihnen, haben Sie noch ein, zwei Tage Geduld«, sage ich. Herr Berger will nichts mehr davon hören. Der Traum von der Suppe und dem Brot verschwindet im Abgrund meiner Unkenntnis der Handschuhmacherkunst.

Unter den Häftlingen gibt es auch bekannte Schauspieler. Der Kommandant des KZ Gleiwitz, ein »Freund der Kultur«, stellt eine Kabarettgruppe zusammen und verlangt eine Darbietung. Eines Sonntagabends versammeln sich fast alle Häftlinge in einer Baracke, in der eine Bühne errichtet ist. Festlich gestimmt, nehmen die Uniformierten die vordersten Sitze ein, die Kapos gleich dahinter, wir Häftlinge ganz hinten. Die Schauspieler führen einen Sketch auf. Einige sind als Frauen mit riesigen Brüsten verkleidet, jemand tritt einem anderen ständig in den Hintern, eine »Dame« droht einem Mann, daß sie ihn ins Gas schickt, wenn er nicht sofort mit ihr ins Bett geht … Die Uniformierten brüllen vor Lachen, während wir müde dasitzen und nur davon träumen, in unsere Baracke zurückzukehren, um die müden, geschundenen Knochen ausstrecken zu können …

Es ist Winter geworden, die Nächte sind lang. Wenn wir morgens um fünf geweckt werden, ist es stockdunkel. Wir treten an, um zur Arbeit zu marschieren. Ich stehe ganz außen, am Rand der Kanone, neben mir Danek. Kapo Hermann, der in der Fabrik Suppe austeilt, steht neben uns. Er zieht ein Taschentuch heraus, mit dem er sich die Stirn abwischt, und da sehe ich ein Stück Papier, das aus seiner Hose auf die Erde fällt. In diesem Moment setzt sich die Kolonne in Bewegung, doch es gelingt mir, den Zettel rasch aufzuheben und ihn in meine Tasche zu stecken. In der Fabrik studieren Danek und ich das Papier: Es ist grün, »Two Dollars« steht darauf. Amerikanisches Geld, wir besitzen amerikanisches Geld! Ich habe noch nie einen Dollarschein in der Hand gehabt und weiß auch nicht, wieviel er wert ist. Doch egal, wir müssen ihn so schnell wie möglich wieder loswerden. Würde ihn ein Blockführer bei uns finden, wäre uns die Todesstrafe sicher.

Wir beschließen, Kapo Hermann das Geld wieder zurückzugeben und ihn freundlich darauf hinzuweisen, daß wir ehrlichen Finder gern mit einer Extraration Suppe belohnt werden wollen. Wir erwähnen natürlich nicht, daß wir gesehen haben, wie das Geld aus seiner Tasche gefallen ist – das könnte man als Erpressungsversuch interpretieren, sehr riskant. Kapo Hermann lobt uns und verspricht eine Belohnung. Während der Mittagspause ruft er mich und Danek und begleitet uns in die SS-Küche, um uns, wie wir glauben, zu einer Extramahlzeit zu verhelfen. Wir sind frohgemut, schreiten rasch aus. Der Kapo bringt uns zu einem Zimmer, in dem zwei SS-Männer, uns bekannte Blockführer, schon warten. Der Größere und Ältere tritt näher und fordert uns auf, zu verraten, wo wir das restliche Geld versteckt haben, andernfalls würde er uns sofort erledigen. Wir schwören, daß wir noch nie Dollars besessen und Kapo Hermann alles zurückgegeben haben. Die beiden SS-Männer schlagen uns ins Gesicht, auf den Kopf, treten uns in den Bauch und in den Unterleib. Danek und ich stöhnen. Wir müssen uns ausziehen, unsere Sachen werden gründlich durchsucht. Die SS-Männer »trösten« uns mit dem Hinweis, daß dies das letzte Mal sei, im Lager warte bereits der Galgen auf uns. Und dann werfen sie uns mit einem kräftigen Fußtritt hinaus. Kapo Hermann begleitet uns wortlos an die Arbeit zurück. Wir bekommen nicht einmal die übliche Suppe.

Zum zweiten Mal zählen Danek und ich die letzten Stunden unseres Lebens. Ich ärgere mich darüber, es auf so dumme Weise zu verlieren – wo der Krieg doch schon fast vorüber ist. Wenn ich nur Salek Lebewohl sagen könnte, aber ausgerechnet heute hat er Spätschicht. Mit knurrendem Magen und schmerzenden Knochen kehren wir nach der Arbeit in das Lager zurück, in der festen Annahme, daß es das letzte Mal ist. Am Tor spielt das Orchester den Lagermarsch. Alle Mann werden zum Appellplatz dirigiert. Es ist dunkel, kalt, wir sind hungrig und hoffnungslos, spüren eine grenzenlose Ohnmacht. Auf dem Rückweg ins Lager hatten Danek und ich überlegt, den SS-Leuten zu sagen, daß der Geldschein aus der Tasche des Kapos gefallen sei, doch unser Wort würde gegen das seine stehen. Woher wollen wir wissen, daß man uns glauben wird und ihm nicht? Vielleicht wird man uns vor der Hinrichtung noch foltern. Wir beschließen, nichts zu unternehmen.

Wir stehen schon eine ganze Weile auf dem Appellplatz, doch nirgends ist ein Galgen zu sehen. Immerhin ein gutes Zeichen. Statt dessen wird die sogenannte *koza* (Ziege) herbeigebracht, eine Art Stuhl, auf dem Häftlinge ausgepeitscht werden. Schließlich taucht der Lagerkommandant auf, groß, wohlgenährt, arrogant. Unsere Häftlingsnummern werden aufgerufen, wir treten vor. Der Kommandant fordert uns nochmal auf, alle versteckten Dollars und Wertsachen herauszurücken. Mit schwacher Stimme schwören wir abermals, daß wir schon seit Jahren nichts mehr besitzen. Wir kommen aus dem Lodzer Ghetto, sind in Auschwitz durch die Selektion gegangen, wie können wir da noch irgendwelche Wertsachen besitzen, den Dollarschein haben wir auf dem Weg zur Arbeit gefunden. Der Kommandant erklärt, daß jeder Häftling, der ausländisches Geld findet, es in Zukunft ihm persönlich aushändigen soll, ihm ganz allein. Für den Betreffenden werde es auch Finderlohn geben. Und uns beiden will er eine Lektion erteilen, wir sollen jeweils dreißig Peitschenhiebe bekommen. Ich soll Danek schlagen und dann Danek mich. Nicht kraftvoll ausgeführte Schläge werden nicht gezählt. Verstanden? Verstanden.

Ich bin zuerst dran. Ich ziehe die Hose herunter, lege mich über den Stuhl, jemand schiebt meine Jacke und das Hemd hoch, so daß mein Rücken frei liegt. Ich spüre nicht einmal die Kälte, so sehr freue ich mich, daß ich dem Galgen entgangen bin. Plötzlich höre ich das Klatschen der Peitsche. Immer wieder trifft sie meinen Rücken ... Der Kapo neben mir brüllt: »Über den Rücken schlagen, fester, fester!« Danek gibt sich Mühe. Die Schmerzen reichen von den Fußsohlen bis ins Gehirn, trotzdem freue ich mich, denn ich werde überleben. Wieder einmal habe ich es geschafft. Dann ist Stille. Der Kapo brüllt: »Aufstehen, anziehen! Jetzt bist du dran!« Er drückt mir die Peitsche in die Hand, der Griff ist noch warm. Ich fange an, zuzuschlagen, aber vor Schmerzen kann ich nicht weit ausholen. Nach ein paar Versuchen nimmt mir der Kapo die Peitsche weg und fängt selbst an, wie besessen auf Danek einzuschlagen. Danek stöhnt, zieht sich wieder an, dann humpeln wir beide an unsere Plätze, jemand hilft uns, in die Baracke zurückzuschlurfen. Ich lege mich in meinen Sachen auf die Pritsche und schlafe sofort ein, wütend, aber auch voller Hoffnung, weil das Schicksal mir abermals geholfen hat, eine gefährliche Klippe zu umschiffen. Aber wie lange noch? ... Gib uns Geld für Zigaretten, Jude, sonst kriegst du eins in die Fresse! ... Wie viele sind es? Fünf, nein, sieben ... Ich gebe euch nichts, von mir bekommt ihr nichts! ... Ich drücke mich in den Eingang, damit sie mich nicht von hinten erwischen... Alter läuft los, um Hilfe zu holen, ich bin allein, haue um mich, trete und beiße, aber sie sind stärker, sie sind in der Überzahl ... Sie packen mich am Kopf und schlagen zu, immer wieder, es tut furchtbar weh ... Von weitem sehe ich Salek, der mir zu Hilfe kommt, dicht dahinter Alter ...

Ich blute, sie haben mich übel zugerichtet … Du Schwächling, sagt Salek, hast dich von diesen Rotznasen verdreschen lassen … Bist mir ein toller Held …

»Moniek, steh auf, du mußt aufstehen.« Mit größter Anstrengung mache ich die Augen auf. Du bist es, Salek. »Warte, ich wasche dir den Rücken mit warmem Kaffee, das wird dir guttun. Danek geht es auch nicht besser als dir. Reiß dich zusammen und geh zur Arbeit, sonst bringen sie dich in die Krankenstube, das könnte sehr gefährlich werden.« Ich nehme all meine Kraft zusammen, Salek gibt mir von seinem Brot ab. »Iß und trink Kaffee, das tut dir gut.« Wir marschieren zur Fabrik, ein neuer Tag …

Die Evakuierung des Lagers wird bekanntgegeben. Die Front rückt immer näher. Wieder treten wir auf dem Appellplatz an, Schneeregen fällt, ein junger, gutaussehender Offizier ruft: »Glaubt ja nicht, daß ihr überleben werdet. Ihr werdet alle sterben, denn ihr seid schuld am Krieg. Die Juden sind Bolschewiken und Plutokraten, sie ganz allein sind verantwortlich für Elend und Krieg. Sobald wir euch vernichtet haben, wird es wieder Frieden und Ordnung geben.« Niemand sagt ein Wort. Doch, einer. In der zweiten Reihe sagt jemand: »Ich habe immer als Schneider gearbeitet. Ich wollte keinen Krieg. Ich habe immer nur gearbeitet. Mein Lebtag habe ich Hosen genäht.« Wir sind überrascht, daß der Uniformierte ihn nicht auspeitscht. Er ruft ihn höflich zu sich und sagt: »Was macht man, wenn man im Schlaf von einer Wanze gebissen wird? Man macht das Licht an, um sie zu suchen. Und wenn man sie gefunden hat, fragt man nicht lange, ob sie einen gebissen hat, man zerquetscht sie einfach. Und es steht doch fest, daß ihr alle Ungeziefer seid. Wir werden euch allesamt zerquetschen. Kapiert? Und zum Zeichen dafür, daß ihr mich auch wirklich verstanden habt, werdet ihr euch jetzt so lange auf dem Boden hin- und herrollen, bis der ganze Platz trocken ist. Wer sich nicht bewegt, wird auf der Stelle erschossen.«

Wir werfen uns auf die nasse Erde und rollen uns mit letzter Kraft hin und her. Mir ist, als würde es nie aufhören. Der Schneeregen läßt nicht nach. Mit ihren schweren Stiefeln gehen sie zwischen uns hin und her. Jemand neben mir hört auf, sich zu bewegen. Ich sehe eine Stiefelspitze, die ihn zwischen die Augen tritt, einmal, zweimal. Die Augen fliegen buchstäblich aus den Höhlen. Kurz darauf zerschmettern die Stiefel einen anderen Schädel. Wir bewegen uns mit allerletzter Kraft, wie besessen. Wie lange wird das noch dauern, wie lange? Vielleicht ist diese Tortur ganz sinnlos, soll er mir doch den Schädel eintreten, je früher, desto besser, dann sterbe ich eben, dann hat diese endlose Quälerei ein Ende ... Nein, du darfst nicht, du mußt überleben, du mußt. Ich muß unbedingt mit Suter abrechnen, mit allen ... Einer von uns muß Zeugnis ablegen, muß berichten, erklären, warnen ... Vater, lieber Vater, wer wird das alles glauben? WER WILL DAS ÜBERHAUPT HÖREN, WER?

Eines Abends erfuhren wir, daß wir um drei Uhr früh das Lager verlassen und in Richtung Westen marschieren werden, mit unbekanntem Ziel, um nicht von der vorrückenden Front eingeholt zu werden. Jeder bekam einen halben Laib Brot und etwas Margarine, genug für einen Tag, vielleicht. Damit sollten wir täglich fünfzehn, zwanzig Kilometer marschieren, mitten im Winter, bei minus zehn, zwanzig Grad, bekleidet nur mit unserer dünnen, gestreiften Häftlingskluft, einer leichten Jacke und Schuhen aus Baumrinde. Kein Wunder, daß diese Trecks unter dem Namen »Todesmärsche« bekannt wurden. Selbst mit etwas Fett auf den Knochen und angemessener Kleidung wäre es bei diesen Temperaturen eine grauenhafte Strapaze gewesen.

Schließlich setzten wir uns in Bewegung. Unterwegs schliefen wir in Baracken, in Scheunen, in aufgegebenen Lagern. Am Ende des zweiten Tages hatten wir nichts mehr zu essen. Immer wieder stießen Häftlinge aus anderen Lagern zu uns, so daß wir schließlich einen kilometerlangen Zug bildeten.

Am dritten Tag wurde es furchtbar kalt, es schneite, und ein eisiger Wind wehte. Mittags konnte ich keinen Schritt mehr gehen, hatte keine Kraft mehr. Soldaten mit Hunden bewachten uns, und wer am Straßenrand zu Boden sank oder sich nicht aufrechthalten konnte, wurde an Ort und Stelle erschossen. Alle paar Meter hörten wir Schüsse und sahen, wie die Erschöpften zusammengekrümmt dalagen. Es war eine Straße des Todes. Ich sagte zu Salek: »Ich kann nicht mehr. Ich bin am Ende, laß mich, ich will nicht mehr.« Aber mein Bruder und ein Freund aus den Ghettotagen hakten sich bei mir ein, zogen meinen steifen Körper weiter, ich weiß nicht, wie lange. Schließlich ging meine Krise vorüber, ich kam wieder zu Bewußtsein, und irgendwie gelang es mir, meine Kräfte zu mobilisieren.

Salek schaffte das übrigens trotz einer tiefen Wunde im Fuß, die er sich in Auschwitz zugezogen hatte, als er versehentlich auf ein offenes Rasiermesser getreten war. Aus Angst, in die Gaskammer geschickt zu werden, war er nicht zum Lagerarzt gegangen, sondern hatte die Wunde notdürftig selbst versorgt.

Vor dem Abend verlor Salek seinerseits das Bewußtsein. Diesmal legte ich ihm den Arm unter die Schulter. Da er größer war als ich, schleiften seine Füße durch den Schnee. In der Nacht beschlossen wir, zu fliehen. Halt gemacht wurde bei einer Ziegelei. Das Gebäude war bitterkalt, der Boden wie Eis. Wir wußten, daß diese Nacht eine Katastrophe sein würde und viele Häftlinge am anderen Morgen nicht mehr aufwachen würden. Unsere Lodzer Gruppe beschloß, dicht aneinandergedrängt zu schlafen, und wenn jemand zu sehr fror, würden wir ihn in die Mitte nehmen. So wechselten wir uns während der Nacht ab. Und natürlich waren am anderen Morgen Hunderte erfroren. Nie werde ich diese erstarrten Gestalten vergessen, die wie versteinert dalagen. Da die Deutschen nicht mehr über genügend gestreifte Häftlingskleidung verfügten, trugen manche Häftlinge normale Sachen, allerdings mit einem roten Kreuz auf dem Rücken. Und wir, die wir die Nacht überstanden hatten und unter allen Umständen fliehen wollten, nahmen einigen Toten die Zivilkleidung ab und zogen uns um. Es war grauenhaft, die Erfrorenen zu entkleiden, doch es war unsere einzige Chance.

Das war die dritte Nacht. Die vierte Nacht verbrachten wir auf einem großen deutschen Bauernhof im Heuschober. Eine enorme Verbesserung gegenüber dem Zementboden in der Nacht zuvor. Unsere etwa zwölfköpfige Lodzer Gruppe beschloß, am nächsten Morgen nicht weiterzumarschieren, sondern zu bleiben. Wir wollten tiefe Löcher ins Heu buddeln und uns dort verstecken, bis alle verschwunden waren. Noch eine andere Gruppe von jungen Männern, wahrscheinlich aus einem anderen Ghetto, hatte dieselbe Idee, so daß insgesamt etwa zwanzig Leute bei dieser Fluchtaktion mitmachen wollten.

Es ergab sich, daß mein Platz im Heu direkt an der Außenwand war. Ich konnte durch die Ritzen nach draußen spähen, auf den Hof, nicht zur Straße hin, auf der wir gekommen waren. Am fünften Tag, als alle Gefangenen frühmorgens die Scheune verlassen hatten und losmarschiert waren, meldeten sich die Jungen aus ihren Verstecken. »Jitzhak!«, »Moische!«, »Joine!« riefen sie, »bist du da?«, »Wo bist du?«, »Wie geht's, alles in Ordnung?«

Ich guckte durch die Ritzen nach draußen und sah einen Polizisten in Begleitung von zwei Hitlerjungen näherkommen. Die beiden hatten wohl die Stimmen in der Scheune gehört und den Polizisten gerufen. Er hatte eine Mistgabel dabei, und zusammen mit einem anderen Mann in Zivil fingen sie an, das Heu nach uns zu durchsuchen. Ich glaube, die Hälfte von uns haben sie gefunden, bin mir aber nicht sicher. Mich haben sie nicht gefunden. Salek auch nicht.

Nach einer Weile rief Salek meinen Namen: »Moniek?« Mein Herz zog sich zusammmen, denn ich wußte, daß noch ein Deutscher in der Scheune war und auf verräterische Geräusche hörte. Ich wußte es, weil er praktisch auf meinem Kopf saß. Ich spürte die Schwere seines Körpers, vielleicht einen Meter über mir. Das war mein Glück. Ich hatte keine Möglichkeit, die anderen zu warnen. Weil der Mann quasi auf mir saß, konnte er mich nicht hören. Wenn ich raschelte, glaubte er wohl, daß es seine Stiefel waren. Aber meinen Bruder hatte er gehört. Und die anderen. Nach einer Weile hatte er sie alle mit seiner Mistgabel entdeckt. Salek wurde nach draußen gebracht, und dann hörte ich, wie er den Deutschen bat, ihn sofort zu töten. Doch ihm war ein anderes Schicksal bestimmt. Durch die Ritze konnte ich sehen, daß die Hitlerjungen Gewehre bekamen, und dann hörte ich, wie sie den Juden befahlen, loszulaufen, und die lachenden Halbwüchsigen schossen auf sie wie auf Figuren in einer Schießbude.

Ich blieb einen ganzen Tag und eine ganze Nacht in der Scheune, hatte viel zu große Angst und war viel zu müde und viel zu hungrig, als daß ich mich gerührt hätte. Mitten in der

Nacht kroch ich aus dem Heuschober in den Teil der Scheune, wo die Pferde standen, hoffte dort etwas Eßbares zu finden, doch es gab nur Heu. Hungrig und frierend kroch ich wieder in mein Versteck. Meine Beine spürte ich überhaupt nicht. Ich kniff sie, empfand aber nichts. Sie waren wie aus Holz. Noch heute verstehe ich nicht, wie ich gehen konnte. Aber mir war klar, daß ich verhungern würde, wenn ich mich nicht bewegte. Den ganzen nächsten Tag schlief ich. Kurz nach Mitternacht schlich ich aus der Scheune, der Landstraße entgegen. Dummerweise mußte ich an einem deutschen Posten vorbei. Das Feld bis zur Straße war übersät mit Leichen, die in grotesk verzerrter Haltung dalagen. Vorsichtig bahnte ich mir einen Weg an den Toten vorbei, jedes Gesicht sah aus wie Saleks. In diesem Moment war es mir egal, wenn mich der Posten abgeknallt hätte. Ich bewegte mich fast automatisch, bedachte nicht mehr meine Überlebenschancen. Der Posten mußte mich sehen, er würde ganz bestimmt schießen. Doch aus irgendeinem Grund schoß er nicht. Vielleicht schlief er, oder er hielt mich für eine Geistererscheinung, oder vielleicht interessierte ich ihn einfach nicht.

Ich überquerte die Landstraße und erreichte ein tiefverschneites Feld. Weit und breit nichts, absolut nichts. Ich war so schwach, stolperte vorwärts, fiel alle paar Meter hin. Dann aß ich etwas Schnee, wartete, bis ich mich etwas kräftiger fühlte, rappelte mich auf, und immer so weiter. In meiner Verwirrung erschien es mir sinnvoll, den Strom- oder Telefonmasten zu folgen. Ich hatte keinen Plan, konnte nur bis zum nächsten Schritt denken, und der nächste Schritt hieß: ein Dorf finden und etwas Eßbares auftreiben. Meine ganze Energie und all meine Gedanken konzentrierten sich einzig darauf. Ich mußte überleben, mußte den letzten Kampf gewinnen.

Schließlich kam ich zu einem Dorf. Später erfuhr ich, daß es Schnellewalde hieß. Bald setzte überall lautes Gebell ein. Ich traf drei Entscheidungen: erstens, mich am Rand des Dorfes aufzuhalten, zweitens, das Haus einer armen Familie zu suchen (bei den reicheren stand eher zu vermuten, daß es Nazis waren), und drittens ein Haus ohne Hund. Ich klopfte an das Fenster eines solchen Hauses. Nach einer Weile ging die Tür auf, ein großer alter Mann mit einem mächtigen Schnauzbart kam heraus und erstarrte, als er mich sah.

»Was willst du?« fragte er mißtrauisch.

»Wasser, bitte!« sagte ich auf Deutsch.

Er bat mich, noch immer argwöhnisch, mit einer Kopfbewegung herein und ließ mich auf einer Bank in der Diele Platz nehmen. Eine Frau mit einem Säugling, offensichtlich die Hausherrin, und ein zweiter alter Mann kamen hinzu. Ich hatte die ganze Familie geweckt. Der erste Alte bat die Frau, Kaffee zu bringen. Wortlos brachte sie mir einen großen Becher mit kaltem Milchkaffee, den ich in einem Zug leerte. Dies war, seit Kriegsbeginn, mein erstes Zusammentreffen mit normalen Menschen. Mein Gefühl, in Sicherheit zu sein, war ungewiß und kurzlebig.

Aus dem Kuhstall, der rechter Hand an die Diele anschloß, kamen zwei junge Leute – Bruno, ein junger Ukrainer, und Jadwiga, ein polnisches Bauernmädchen.

»Bruno«, sagte die Hausherrin, »geh zum Bauernführer und sag ihm, wen wir hier haben.«

Sofort brach es aus mir heraus: »Glauben Sie nicht, daß man Sie für meinen Tod nicht zur Verantwortung ziehen wird. Die russische Front ist ganz nah. Es wird Zeugen geben. Ich hatte gehofft, Sie gehören zu den anderen Deutschen, zu den Deutschen Goethes, Heines, Schillers ...« Dann kamen mir die Tränen. Die Frau und die beiden Alten starrten mich ungläubig an, machten auf dem Fuß kehrt und gingen wortlos hinaus.

»Hab keine Angst, sie mußte das sagen, um sich zu schützen«, sagte Bruno freundlich in einer Mischung aus Polnisch, Ukrainisch und Deutsch. »Wenn die Deutschen dich finden, hat sie Zeugen, daß sie mir befohlen hat, dich zu melden. Sonst würde man sie und die ganze Familie verhaften. Du hast Glück, daß du nicht beim Bauernführer geklopft hast. Sein Haus ist nur wenige Minuten von hier. Komm mit uns. Alles wird gut.«

Und sie nahmen mich mit in den Kuhstall. Bruno gab mir Sachen von sich und warf meine, denen man die Häftlingsmontur noch ansehen konnte, auf den Misthaufen. Jadwiga brachte frische, warme Milch, die erste seit fünf Jahren, so viel ich trinken konnte. Bruno nahm ein paar Röstkartoffeln, die für die Schweine in der Glut lagen, und gab mir davon zu essen, ganz kleine Mengen auf einmal und ganz vorsichtig, damit mein Magen, der nichts mehr gewöhnt war, nicht sofort revoltierte. Jadwiga füllte einen großen Holzzuber mit warmem Wasser und zog mich wie ein kleines Kind aus, um mich zu baden. In dem Moment sahen wir, daß meine Beine ganz schwarz waren. Daraufhin wusch sie die Beine erst mit kaltem Wasser und rieb sie dann ausgiebig mit Schnee ein, bevor ich in den Zuber steigen durfte. Ganz sanft und leise weinend wusch sie mich von Kopf bis Fuß. »Jesusmaria, Jesusmaria«, murmelte sie unablässig, und ihre Tränen fielen auf meinen kahlen Schädel. Ich fühlte mich wie in den Händen eines gottgesandten Engels.

Bruno bereitete im Heu eine Schlafstelle und deckte mich mit einer Decke zu. Die beiden hatten mich kaum etwas gefragt, aber ich erzählte alles, was sie wissen wollten: über den Todesmarsch, über meinen Bruder, wie ich entkommen war.

Erschüttert und entsetzt hörten sie zu. Jadwiga weinte stille Tränen. Der Kontrast zwischen dem Grauen, das ich durchgemacht hatte, und der menschlichen Wärme, die ich in diesem Kuhstall fand, hatte etwas Surreales. Auch die beiden waren, aus anderen Gründen, in einer Art Schockzustand. Ich fiel in einen tiefen, traumlosen Schlaf, wußte nicht, was der nächste Tag bringen würde, aber zum ersten Mal wagte ich es, an ein Überleben zu glauben, weil es noch Menschen auf der Welt gab.

Als ich am nächsten Tag aufwachte, sah ich die Hausherrin in Begleitung einer anderen Frau, die ein Kalb kaufen wollte, in den Kuhstall kommen. Beide sahen mich natürlich, reagierten aber nicht weiter. Kaum waren sie gegangen, erzählten Bruno und Jadwiga, daß dies die Frau des Bauernführers gewesen sei, die Bäuerin habe nun große Angst, mich länger auf dem Hof zu behalten. Es wäre besser, wenn ich weiterzöge. Bruno füllte einen großen Sack mit Röstkartoffeln, Äpfeln und Brot, gab ihn mir und sagte: »Ich wünsche dir alles Gute! Du mußt jetzt gehen und deinen eigenen Weg finden. Gott sei mit dir!« Jadwiga stand stumm und mit feuchten Augen daneben.

»Mein Gott«, dachte ich, »mein jüdischer Gott, lebst du noch, oder haben die Nazis dich auch ermordet?« Laut bedankte ich mich bei Bruno und Jadwiga für alles, was sie für mich getan hatten. Ich spürte, daß es ihnen unangenehm war, mich fortzuschicken. Ich fragte Bruno, wie ich zur Front käme. Mein einziger Gedanke war, mich zur Roten Armee durchzuschlagen. Er sagte, daß die Front etwa fünfzehn Kilometer entfernt sei, daß ein solches Vorhaben in meinem Zustand aber töricht sei. Er beschrieb die Lage des Dorfes und riet mir, mich woanders zu verstecken, alle meine Vorräte aufzuessen und erst einmal zu versuchen, wieder zu Kräften zu kommen. Wenn ich dann noch immer an meinem Plan festhalten wolle, sollte ich nachts in Richtung Front gehen und mich dabei an den Sternen orientieren. Zum Schluß schenkte er mir einen Tirolerhut, mit dem ich meinen kahlgeschorenen Schädel bedecken sollte. Es war Sonntag, und solange ich mich normal verhielt, würde ich bei den Kirchgängern, die mir entgegenkamen, keinen Verdacht erregen.

Bemüht selbstsicher und möglichst unauffällig ging ich also die Dorfstraße entlang. Es war schauderhaftes Wetter, die Leute eilten mit hochgezogenen Schultern und gesenktem Gesicht nach Hause, und trotzdem hatte ich Angst. Ich war völlig allein in einem fremden Land, ohne Ziel, ohne Freunde, und hatte nicht die leiseste Vorstellung, was ich als nächstes tun sollte.

Bald wurde ich müde. Als ich eine offene Scheune sah, beschloß ich, dort im Heu auszuruhen. Ich hatte ja Erfahrung im Sichverstecken. In meinem Bauch grummelte es, ich begann also, von meinem Proviant zu essen, und schließlich fiel ich in einen langen, entspannten Schlaf, so warm war es im Heu. Als ich aufwachte, hörte ich Kinderstimmen. Seit dem Erlebnis mit den Hitlerjungen ein paar Tage zuvor hatte ich höllische Angst vor deutschen Kindern, eine Angst, die mir lange Zeit bleiben sollte, länger als die vor Erwachsenen. Es erschien mir sinnvoll, mich möglichst weiträumig von diesen Kindern zu entfernen. Doch zuvor ließ ich noch ein kleines Souvenir im Heu zurück, denn zum ersten Mal seit dem Abmarsch aus Gleiwitz rührte sich mein Darm. Ich weiß noch, wie ich darüber lachte, aus Freude, daß mein Körper wieder zu funktionieren begann.

Wieder schlenderte ich die Dorfstraße entlang, doch inzwischen war Montag, und es gab keine Kirchgänger, unter denen ich nicht weiter auffiel. Nach einer halben Stunde sah ich einen jungen Landarbeiter an einem Hoftor stehen und eine

Zigarette rauchen. Eindeutig kein Deutscher. Er musterte mich so scharf, daß ich es nicht wagte, den Blick abzuwenden. Kühn ging ich auf ihn zu. Er lächelte mich freundlich und mit einem so wissenden Blick an, daß ich das unheimliche Gefühl hatte, als erwartete er mich.

»Was suchst du?« fragte er auf Polnisch. Seine Miene verriet mir, daß er wußte oder zumindest stark vermutete, daß ich nicht aus der Gegend kam.

»Einen guten Freund«, sagte ich in meinem breitesten Bauerndialekt, »aber ich weiß nicht, wo er ist. Ich muß ihn unbedingt finden.« Meine Antwort hätte nicht näher an der Wahrheit sein können. Der Mann lächelte noch immer. »Ich glaube, du wirst deinen Freund finden. Wenn du noch ein paar Häuser weitergehst, kommst du zu einem großen Bauernhof. Sei unbesorgt, du findest dort gute Freunde.«

Ich bedankte mich und sagte: »Gut, ich werd's versuchen. Vielleicht ist dort der Freund, den ich suche.« Mir schien, als wäre ich doch nicht ganz allein. Vielleicht gab es unter den polnischen, russischen und ukrainischen Arbeitern in diesem Dorf eine Art Widerstandsbewegung, die mir helfen würde. Diese Hoffnung gab mir den Mut, weiterzugehen.

Und tatsächlich kam ich bald zu einem großen Bauernhof und sah dort zwei junge, muskulöse Burschen – der eine blond, gutaussehend, der andere dunkel -, die Getreidesäcke auf einen Pferdewagen hievten. Als der Blonde mich sah, rief er: »Wen suchst du?« Ich merkte sofort, daß er nicht vom Land kam, sondern aus einer kultivierten Umgebung.

»Freunde von mir.«

»Komm rein. Warte hier, bis wir fertig sind«, sagte er und nickte in Richtung Kuhstall. Mir blieb nichts anderes, als der Aufforderung zu folgen. Ich mußte hier einen Freund finden, wenn ich überleben wollte.

In der Mittagspause kamen alle Arbeiter des Hofs in den Kuhstall – zwei junge Ukrainerinnen, der Blonde, Anatol, und der dunkelhaarige, Iwan. Die erste Frage, die an mich gerichtet wurde, war einfach und direkt: »Wer bist du?«

»Fragt mich nicht«, antwortete ich. »Ich erkläre es euch später.«

Doch sie ließen nicht locker, so daß ich schließlich sagte: »Ich bin geflohen. Habe mich von einem Häftlingsmarsch entfernt. Bitte stellt mir keine weiteren Fragen.« Aber er fragte: »Bist du Jude?«

Was sollte ich sagen? Im Bruchteil einer Sekunde beschloß ich, Anatol zu trauen, diesem Burschen, der wie ein junger griechischer Gott aussah. »Ja«, sagte ich.

In diesem Moment begann Iwan, ein Ukrainer, erschrokken zu stammeln. Anatol griff zu einer Mistgabel, zielte auf Iwans Bauch und rief: »Iwan, ein Wort oder eine falsche Bewegung, und du landest dort drüben auf dem Misthaufen. Ich mach dich kalt, hast du mich verstanden? Das ist meine Sache – ganz allein meine Sache.« Iwan beruhigte sich wieder, aber es war klar, daß er furchtbare Angst hatte. Und ich schwor mir in diesem Moment, daß ich, falls ich diesen schrecklichen Tag überleben und jemals heiraten und Kinder haben sollte, meinem ersten Sohn den Namen Anatol geben würde. Natürlich hätte ich mich daran gehalten, wenn ich nicht Vater von lauter Töchtern geworden wäre.

Anatol, der Russe, bedeutete mir, mich zu setzen, und klopfte an die Küchentür, bat die Bäuerin um einen zweiten Teller Suppe und etwas Fleisch. »Ein Freund von uns aus einem anderen Dorf ist auf Besuch gekommen«, erklärte er.

»Ein Freund aus einem anderen Dorf? Daß ich nicht lache! Noch dazu an einem Montag, wenn gearbeitet wird!« sagte die Deutsche. Aber sie gab Anatol die Extraportion und sogar ein großes Stück Fleisch, das erste, das ich seit Ausbruch des Krieges zu essen bekam. Nach dem Essen bat mich Anatol, bis zum Abend im Stall zu warten und mit anzupacken, so als wäre ich tatsächlich ein Freund, der gekommen war, mitzuhelfen. Also arbeitete ich ein wenig im Stall mit, half den jungen Ukrainerinnen, bis schließlich der Abend hereinbrach. Anatol kam zurück und sagte: »Im Dorf ist ein Pole, er kann dir bestimmt helfen. Iwan wird ihn holen.«

Nach einer Weile trat mein Lebensretter auf den Plan, Bronislaw Slaby (Bronek), der in den zwei Monaten, die ich anschließend in Schnellewalde verbrachte, seine schützende Hand über mich hielt. Bronek nahm die Sache sofort an sich. Er war Ende zwanzig, von kräftiger Statur und strahlte Selbstvertrauen und Erfahrung aus. Wie ich später erfuhr, war er unumschränkter König auf seinem Hof, er hatte alles im Griff und vertrat den abwesenden Bauern in jeder Hinsicht. Jetzt übernahm er wie selbstverständlich die Führung in unserer kleinen Gruppe, die über mein weiteres Schicksal beriet. Ich erklärte ihm, daß ich zur Front wolle, um mich der Roten Armee anzuschließen.

»Das ist viel zu gefährlich«, sagte er. »Es ist Winter, du bist noch sehr schwach und kennst dich hier in der Gegend nicht aus. Und selbst wenn du es bis dorthin schaffst, die Russen sind auf der einen Seite der Oder und die Deutschen auf der anderen. Wenn dich nicht die einen beim Überqueren des zugefrorenen Flusses erschießen, dann bestimmt die anderen.«

Ich fand seine Einwände bedenkenswert.

Bronek hatte eine bessere Idee. Zu Hause habe er einen alten Ausweis, der einem Nikolai Sadowskij gehörte, geboren 1905 in Odessa. Ohne Foto. »Er ist nicht perfekt«, räumte Bronek ein, »aber ich kann von der Null ein Stück wegkratzen, so daß es wie eine Zwei aussieht.« Ich war 1924 geboren, ein Jahr jünger würde man mir schon abnehmen. »Außerdem«, sagte Bronek, »werden hier im Dorf dringend Arbeitskräfte benötigt. Seit die Front so nahe ist, haben die Deutschen alle sowjetischen Kriegsgefangenen, die hier im Dorf gearbeitet haben, weiter nach Westen geschafft. Die Leute sind nicht mehr wählerisch. Du wirst sofort Arbeit finden. Geh einfach zum Bauernführer und sag, du suchst Arbeit. Er wird dir eine Arbeitserlaubnis ausstellen, ganz bestimmt.«

»Und wenn er andere Papiere sehen will?«

»Sag ihm, daß du für einen Deutschen auf der anderen Seite der Oder gearbeitet hast, und als die Russen kamen, sind alle in Panik geflohen. In dem Durcheinander hast du deinen Herrn verloren, er hatte die Ausweise von seinen Arbeitern. Zeig ihm den gefälschten Ausweis nur, wenn er unbedingt etwas sehen will.«

»Und wenn er fragt, warum ich keine Haare habe?«

»Du kannst sagen, daß du im Krankenhaus warst. Aus hygienischen Gründen wird einem dort immer der Kopf kahlgeschoren.«

Bewaffnet mit meinen Geschichten, ging ich am nächsten Morgen in aller Frühe zum Bauernführer. Broneks letzte Worte fielen mir ein: »Wenn es hilft, kannst du sagen, daß du mein Cousin bist.« In diesem Moment hätte ich mir kein schöneres Geschenk vorstellen können als einen polnischen Cousin.

Ich fand den Bauernführer in der Küche, wo er gerade in seine Reitstiefel stieg. Er sah mich kaum an, als ich respektvoll meinen Tirolerhut abnahm, so daß mein kahlgeschorener Schädel zum Vorschein kam. Seine Frau stand am Herd und kochte. Seine Tochter, etwa sechzehn Jahre alt, fegte den Fußboden.

»Guten Morgen«, sagte ich in meinem schlechtesten Deutsch, denn er sollte mich ja für einen polnischen Bauern halten. Ich erklärte, weshalb ich gekommen sei. »Helga«, sagte er mit einer Handbewegung zu seiner Tochter. »Ich habe keine Zeit. Schreib ihm eine Bewilligung für Maschotko. Seit die Russen weg sind, hat sie schon zweimal um einen neuen Arbeiter gebeten.« Dann fragte er mich: »Wie heißt du?«

»Sadowskij, Nikolai.«

»Woher?«

Ich nannte Kochanowek, den Namen eines Dorfes in der Nähe von Lodz.

»Geboren?«

»1925.«

Die Frau des Bauernführers hatte sich umgedreht und musterte mich nun mit unfreundlichen, zusammengekniffenen Augen, als versuche sie, sich daran zu erinnern, wo sie mich schon einmal gesehen hatte. Doch sie wandte sich schon wieder dem Herd zu. Die große Prüfung, auf die ich mich eingestellt hatte, war vorbei. Bald hielt ich die Arbeitserlaubnis in der Hand, und damit lief ich zu Bronek, um ihm alles zu erzählen.

»Ausgezeichnet!« rief er. »Maschotko ist Polin. Sie hat im Ersten Weltkrieg einen Deutschen geheiratet, sie sind dann hierher gezogen. Du wirst dich mit ihr auf Polnisch unterhalten können. Was für ein Glück!«

Mein Gott, dachte ich, kann man wirklich in so kurzer Zeit so viel Glück haben? Vielleicht, lieber Vater, steht Gott mir bei in diesen letzten Momenten meines Überlebenskampfs.

Bronek nahm den Sack mit den Kartoffeln und Äpfeln und schickte mich mit ein paar aufmunternden Worten zum Hof von Frau Maschotko. Er versprach, mich am Sonntag zu besuchen. Ich könne Maschotko sagen, daß mein Cousin im Dorf arbeite und mich bald besuchen komme.

Das Haus befand sich am anderen Ende des Dorfes. Die

Bäuerin saß gerade beim Mittagessen. Es gibt eine alte polnische Tradition, wonach ein Besucher, der unerwartet während des Essens kommt, ein Freund sein wird.

»Komm rein!« rief sie. »Wie merkwürdig. Gestern nacht hatte ich einen Traum, ein Fremder würde mich während des Essens besuchen und mir einen Brief von meinem Mann von der Front mitbringen. Komm rein! Setz dich! Greif zu!«

Ich hatte zwar keinen Brief von ihrem Mann, aber eine Arbeitserlaubnis, und darüber war Frau Maschotko fast genauso froh.

»Es gibt allerdings ein kleines Problem«, sagte sie. »Ich habe keine Schlafkammer für dich. Die russischen Gefangenen, die hier gearbeitet haben, haben in den Baracken geschlafen. Meine einzige Kammer ist voller Kartoffeln. Würdest du eventuell im Kuhstall schlafen? Ich kann dir in der Ecke ein sauberes Plätzchen einrichten. Andernfalls wirst du wohl zum Bauernführer zurückgehen und dir etwas anderes suchen müssen.«

»Nun ja«, sagte ich und versuchte, möglichst nonchalant zu klingen. »Es ist natürlich ein bißchen unbequem, aber ich bin hundemüde. Ich bin weit gelaufen. Außerdem sind Sie Polin, und das ist gut für mich, denn ich spreche kein Deutsch. Ich bleibe. Vielleicht können Sie mir die Kammer ja später geben.« Daß ich nicht nur bei den Kühen, sondern selbst bei den Schweinen geschlafen hätte, konnte sie nicht ahnen.

»Und nun«, fuhr sie fort, »wieviel Geld kriegst du?«

Ich hatte nicht die leiseste Vorstellung, was ein Landarbeiter in Deutschland bekam. Bronek hatte vergessen, mich entsprechend zu instruieren. Ich tat verlegen, durchsuchte mein Gehirn nach einer Antwort – vergeblich. Maschotko hielt mich wohl für schüchtern und rettete mich mit dem folgenden Vorschlag:

»Hier in der Gegend bekommen die Leute zwischen vierzehn und zweiundzwanzig Mark pro Monat. Du kannst bei achtzehn anfangen, und wenn du gut arbeitest, können wir später zwanzig sagen. Wärst du damit einverstanden?«

Mit wiedergefundener Selbstsicherheit antwortete ich: »Achtzehn Mark ist nicht viel. Mein ehemaliger Herr hat mir zwanzig bezahlt. Aber im Moment brauche ich nicht so viel. Solange ich mit einer Erhöhung rechnen kann, bin ich mit achtzehn einverstanden.« Und eingedenk bäuerlicher Denkweise fügte ich listig hinzu: »Mir wär's recht, wenn Sie mir nur einen Teil des Lohn ausbezahlen und den Rest verwahren, bis ich wieder gehe. Sonst gebe ich nur alles aus.«

Damit war Maschotko sehr zufrieden. Sie würde mich also im Sommer bezahlen können, wenn die Ernte eingebracht war und sie mehr Geld hatte.

Und so kam es, daß ich, Nikolai Sadowskij, am 22. Januar 1945 bei der Bäuerin Maschotko in Schnellewalde zu arbeiten begann.

Von Anfang an gab es drei Probleme für mich. Erstens war ich nach fünf Jahren Ghetto und Konzentrationslager ziemlich geschwächt, mußte aber schwere landwirtschaftliche Tätigkeiten verrichten. Maschotko, die selbst von früh bis spät schuftete, würde Bummelei nicht dulden. Wann immer es nichts Besonderes zu tun gab, mußte ich Holz hacken.

Zweitens war mir die Arbeit auf einem Bauernhof fremd, auch wenn wir vor dem Krieg die Sommmerferien auf dem Land verbracht hatten. Da ich Angst hatte, mich mit Fragen zu blamieren, wurstelte ich mich einfach durch, lernte Melken, Heumachen, Holzhacken und ähnliche Dinge in der Praxis. Fast wäre es dabei zu einer Katastrophe gekommen. Maschotko hatte mich schon gewarnt, daß die Geburt eines

Kalbs bevorstand, und mich gebeten, sie sofort zu rufen, sobald die Wehen einsetzten. Leider wurde mir erst klar, was passierte, als das Kalb quasi schon auf der Welt war. Maschotko sah es mir nach, hielt mich wohl für etwas beschränkt.

Drittens dauerte es eine ganze Weile, bis ich mich an meinen neuen Namen gewöhnt hatte. Wenn Maschotko »Mikolai! Mikolai!« (polnisch für den russischen Namen Nikolai) in den Hof rief, wo ich beispielsweise gerade Holz hackte, reagierte ich nicht, fühlte mich nicht angesprochen. Schließlich rief Maschotko: »Mikolai, hörst du schlecht?«

»Ich war krank«, entschuldigte ich mich. »Vielleicht hat mein Gehör darunter gelitten.« Aber insgeheim schärfte ich mir ein, daß das nie wieder passieren dürfe. Immer wieder sagte ich Mikolai, Mikolai, Mikolai zu mir, bis ich sicher war, auf den Klang dieses Namens zu reagieren wie ein treuer Hund auf die Stimme seines Herrn.

Nachdem ich mir in der ersten Woche diverse Schnitzer geleistet hatte, spürte ich, daß Maschotko mich ein wenig irritiert beobachtete. Sie konnte es nicht genau benennen, aber irgendwie ahnte sie, daß mit mir etwas nicht stimmte. Den schlimmsten Fehler leistete ich mir eines Sonntags beim Mittagessen. Maschotko hatte Wiener Knödel zubereitet, wie üblich mit einer großen Schüssel Sahne dazu. Natürlich hatte ich in meiner Kindheit Knödel gegessen, doch das war lange her, in einer anderen, längst vergessenen Welt. Nach fünf barbarischen Jahren, in denen ich nur Brot und Suppe gegessen hatte, waren mir normale Eßgewohnheiten völlig abhanden gekommen. Als der einzige Mann am Tisch hatte ich anzufangen. Die beiden Frauen guckten mich erwartungsvoll an, wollten ebenfalls essen. Ich mußte irgendetwas tun. Hilflos nahm ich einen großen Löffel und begann, von der Sahne zu essen.

»Meine Güte, was machst du da?« rief Maschotko. »Weißt du nicht, daß man die Sahne über die Knödel gibt?«

Ich war ertappt, mußte bluffen. »In Lodz, wo ich herkomme, machen wir es so. Erst die Sahne, dann die Knödel.«

»Unmöglich«, sagte Maschotko, »nirgendwo auf der Welt ißt man so.« Meine Glaubwürdigkeit war stark angekratzt. Das konnte ich deutlich sehen. Bronek, der mich am darauffolgenden Sonntag besuchen kam, hätte also zu keinem besseren Zeitpunkt erscheinen können. Mein »polnischer Cousin« zerstreute Maschotkos Mißtrauen fürs erste, oder zumindest war sie soweit verunsichert, daß ich noch eine Galgenfrist bekam.

Bronek war in Begleitung eben jenes Burschen gekommen, dem ich an der Dorfstraße begegnet war und der mir geraten hatte, weiterzugehen, ich würde dort Freunde finden. Ich traute mich nicht, ihn darauf anzusprechen. Ich ahnte, daß es im Dorf eine kleine Gruppe von Leuten gab, die wußten, daß ein Überlebender unter ihnen war. Zumindest Bruno, Jadwiga, Anatol, Iwan, Bronek und dieser freundlich lächelnde Bursche. Warum sie mich beschützt haben, werde ich nie erfahren, denn nach dem Krieg konnte ich niemanden aus Schnellewalde ausfindig machen, aber daß ich ihre Hilfe benötigte, war klar.

Neben den genannten drei Schwierigkeiten gab es noch ein anderes kleines Problem. Es hieß Zosia. Zosia war eine junge Polin, etwa in meinem Alter, die mir schon am ersten Tag schmachtende Blicke zuwarf und sich sehr aufreizend verhielt. Vermutlich hätte jeder männliche Neuankömmling diese Wirkung auf sie gehabt (auch wenn ich gar nicht so übel aussah, trotz dieser grauenhaften Zeit, die hinter mir lag). Rasch merkte ich, daß es unter den polnischen Arbeitern relativ freizügig zuging. Deutscherseits gab es keine Verbote oder Einschränkungen für dieses einzige Vergnügen, das den jungen Leuten geblieben war. Trotzdem erfüllten mich Zosias Avancen eher mit Panik, als daß sie mir schmeichelten. Niemand durfte die beiden körperlichen Beweise meines Jüdischseins sehen: mein beschnittenes Glied und die KZ-Tätowierung.

Es fiel mir nicht schwer, Zosia zu widerstehen. Nach Jahren der Entbehrung, des Hungers und des Leidens waren meine Triebe vermutlich gedämpft, und anders als ein normaler Zwanzigjähriger dachte ich nicht unablässig daran, mich auszutoben. Den Ausschlag gab jedoch die Erkenntnis, daß Zosia außerordentlich antisemitisch eingestellt war. Es schien ihr fast im Blut zu liegen.

Eines Tages sagte sie zu mir: »Weißt du, was ich mache, wenn ich einen Juden finde?«

»Nein, erzähl's mir«, sagte ich, betont locker.

»Ich nehme ihn und werfe ihn in den Ententeich und halte seinen Kopf so lange unter das Wasser, bis er tot ist.«

»Und das würdest du mit jedem Juden machen?«

»Mit jedem«, wiederholte sie mit Nachdruck.

Ich konnte nicht erkennen, ob sie mir imponieren wollte oder ob sie in aller Unbefangenheit auf meine wahre Identität anspielte. Nach den vielen, glimpflich abgelaufenen Begegnungen mit Christen seit meiner Flucht war ich entsetzt und beschloß, in Zosias Gegenwart äußerste Vorsicht walten zu lassen.

Die zweite Woche auf Maschotkos Hof war noch schlimmer. Eines Tages mußte ich Getreidesäcke vom Scheunenboden heruntertragen, die zur Mühle geschafft werden sollten. Ich selbst wog damals wohl nicht mehr als 45 Kilo, so daß Maschotko mir den ersten Zentnersack auf die Schulter heben mußte. Die Stufen waren ausgetreten und glatt, und in meinen Holzschuhen hatte ich keinen Halt. Kurzum, auf der zweiten Stufe rutschte ich aus und purzelte die Treppe hinunter, wobei ich auch noch den Holzrechen zerbrach, der dort stand. Ich weiß nicht, worüber Maschotko wütender war, über den zerbrochenen Rechen oder die Tatsache, daß sie die restlichen Säcke selber herunterschleppen mußte.

Ihre Verärgerung war jedoch nichts im Vergleich zu ihrer Wut, als ich ihrem Pferd das falsche Futter gab. Mir war nicht klar, daß es zwei verschiedene Strohsorten gab – Weizen und Roggen. Kühe fraßen beides, aber bei Pferden konnte Roggen tödlich sein. Natürlich griff ich zum Roggenstroh. Als Maschotko das sah, kam sie mit der Mistgabel angelaufen und schrie:

»Du Idiot! Ich bring dich um! Willst du, daß mein Pferd verreckt?«

Ich erschrak, versuchte, sie zu beruhigen: »Entschuldigen Sie vielmals, Frau Maschotko, aber es war so dunkel in der Scheune, da habe ich nicht bemerkt, daß es zwei verschiedene Strohhaufen gibt.«

»Das hast du nicht bemerkt? Jeder Bauer kann das mit der Hand unterscheiden. Mikolai, du bist kein Bauer. Ich glaube nicht, daß du in deinem Leben jemals auf einem Bauernhof gearbeitet hast.«

Ich hatte große Sorge, daß alles herauskommen und ich mich in enorme Schwierigkeiten bringen würde. Maschotko verpflegte mich, ich war ständig hungrig, und natürlich war aufgefallen, daß ich alles ganz schnell verschlang und einen Nachschlag nie zurückwies. Eines Tages machte ich noch einen, diesmal allerdings harmlosen Fehler: Ich benutzte den Abort des Nachbarn. Als Maschotko das sah, schimpfte sie:

»Mikolai, ich gebe dir zu essen, ich erwarte, daß du hier auf den Abort gehst und nicht beim Nachbarn. Ich brauche die Scheiße zum Düngen. Deine Scheiße gehört mir!«

Ich hoffte, die Situation dadurch entschärfen zu können, indem ich mich dumm stellte. Nicht unzurechnungsfähig, sondern nur etwas schwer von Begriff. Zosia hatte Maschotko schon von meinem Desinteresse erzählt, und ihren Gesprächen war zu entnehmen, daß sie mich für nicht ganz normal hielten. Diese Strategie konnte aber nur kurzfristig helfen. Auf lange Sicht brauchte es ein Wunder.

Das Wunder war, daß sich die Lage an der Front beruhigte und die Deutschen beschlossen, die russischen Kriegsgefangenen wieder an ihre Arbeit auf den Bauernhöfen zu schicken. Auf Maschotkos Hof fand sich Stepan wieder ein, ein warmherziger, etwa fünfunddreißig Jahre alter Mann aus Sibirien. Er mochte mich auf Anhieb, und wir schlossen trotz Verständigungsschwierigkeiten rasch Freundschaft. Als Stepan sah, wie schwach ich war, übernahm er alle meine schweren Arbeiten. Er pumpte Wasser für mich und zeigte mir, wie man Kühe melkt, wie man Pferde striegelt.

Für seine Hilfe und für seinen landwirtschaftlichen »Intensivkurs« konnte ich mich zum Glück revanchieren. Maschotko hörte heimlich BBC. Sie stellte dann ein zweites Radio sehr laut, damit die Nachbarn nichts merkten. Natürlich wußte sie nicht, daß ich Deutsch verstand und daher die aktuellen Nachrichten mithörte. In den deutschen Zeitungen und im Radio wurden nur siegreiche Aktionen gemeldet, aber von der BBC erfuhr ich, wie es wirklich stand, und eines Tages wurde gemeldet, daß die Deutschen in unserer Gegend von russischen Verbänden eingekesselt worden waren. Nicht ohne Gefahr für mich (es gab Gestapospitzel in den Gefangenenunterkünften) überbrachte ich Stepan diese Meldung, der sie seinerseits an seine Mithäftlinge weitergab. Durch meine Mithilfe wurde die Moral der russischen Kriegsgefangenen in einem kritischen Moment gestärkt.

Stepan sorgte wohl auch dafür, daß Maschotko mich in einem anderen Licht sah. Bald erschienen zwei SA-Männer auf dem Hof und erkundigten sich, ob Leute ohne Papiere bei ihr arbeiteten. Es seien Gefangene entflohen, die sich vielleicht auf den Höfen versteckt hätten. Ich hackte gerade in der Nähe Holz und hielt nervös den Atem an.

Maschotko hörte ruhig zu und sagte dann langsam: »Nein, auf meinem Hof arbeitet niemand ohne Papiere. Alle meine Arbeiter haben Papiere vom Bauernführer.«

»Na schön, falls jemand ohne Papiere vorbeikommt, sagen Sie uns sofort Bescheid. Wir werden den Betreffenden nichts tun, wir haben ein gutes, ordentliches Lager, in das wir sie zur Arbeit schicken werden.«

Abends nach dem Essen, als es Zeit war, Stepan zum Hoftor zu bringen, wo er immer von einem deutschen Soldaten abgeholt wurde, bat Maschotko Zosia, ihn zu begleiten, und nicht, wie üblich, mich. Sobald wir allein waren, erzählte sie mir vom Besuch der beiden SA-Männer. »Sie sagen, sie haben ein schönes Lager, vielleicht möchtest du dort arbeiten? Wenn ja, kann ich es arrangieren.«

Was wollte sie mir damit sagen? Wollte sie andeuten, daß sie ahnte, wer ich wirklich war? Zweifellos wollte sie mir zu verstehen geben, daß sie meine Lebensretterin sei, daß ich mir keine Sorgen machen müsse, solange sie meinetwegen keine Schwierigkeiten bekomme. Am besten antwortete ich ihr in diesem Sinne, daß ich weiß, daß sie Bescheid weiß. »Nein, lieber nicht«, sagte ich. »Ich habe es satt, immer herumzuziehen. Ich möchte hier auf Ihrem Hof bleiben. Ich hoffe, ich bin Ihnen von Nutzen, auch in der Zukunft.«

Warum hatte sie beschlossen, mir das Leben zu retten? Ihre Situation war psychologisch einigermaßen kompliziert. Ihr Mann und die drei Söhne waren in der Wehrmacht. Andererseits ist sie Polin, und daß sie vom Leid ihrer Landsleute nichts wußte, erschien mir kaum vorstellbar. Vielleicht hält sie mich für einen Polen, der aus einem Konzentrationslager entflohen ist, vielleicht für einen Juden. Aber sie hat alle Papiere und gefährdet sich nicht, wenn sie mich beschäftigt. Vielleicht denkt sie, daß ich sie schützen werde, wenn die Russen kommen. Obgleich ihr Schicksal auf das engste mit dem der Deutschen verknüpft ist, muß sie in ihrem polnischen Herzen Mitleid für mich haben. Liebe Mutter, hast du für mich gebetet, daß ich solches Glück habe? Für mich war klar, daß jeder andere Bauer im Dorf mich sofort den SA-Leuten ausgeliefert hätte.

Ende Februar begann ich, sorgenvoll an den Frühling zu denken. Im Winter konnte ich langärmlig herumlaufen, doch bald würde ich die Jacke ausziehen und die Ärmel aufkrempeln müssen, so daß alle meine Tätowierung sehen würden. »B-8259«. In meiner Verzweiflung beschloß ich, die Nummer mit einer Rasierklinge zu entfernen. Dafür brauchte ich jedoch einen Helfer, denn die Zahl war direkt über der Vene eintätowiert, und die wollte ich nicht treffen. Ich wollte die Haut vorsichtig anheben, und der andere sollte sie vorsichtig bearbeiten. Stepan war einverstanden. Dummerweise ließ Stepan, der tapfere Soldat, die Klinge fallen, als er den ersten Blutstropfen sah, und lief weg. »Ich kann nicht, Nikolai, tut mir leid, es geht einfach nicht.«

Daraufhin beschloß ich, eine Infektion der Wunde herbeizuführen, in der Hoffnung, daß sich auf diese Weise die Tätowierung verbergen ließe. Ich rieb Dreck hinein, aber umsonst – das gewünschte Ergebnis stellte sich nicht ein. Die Nummer war noch immer da. Ich brauchte noch ein zweites Wunder, und zwar schnell.

Und tatsächlich, in den entscheidenden Momenten hatte

ich immer wieder Glück. Ende Februar kündigte sich eine starke russische Offensive an. Im Dorf wimmelte es plötzlich von deutschen Soldaten, die sich bei den Bauern einquartierten, und von Angehörigen der Wlassow-Armee. Das war eine sehr erfreuliche Entwicklung für Zosia. Sie ließ mich endlich in Ruhe, denn nun gab es genug Männer. Schon lange hatte sie jede Hoffnung aufgegeben, daß ich mit ihr anbandeln würde, und für sie stand eindeutig fest, daß ich nicht normal war.

Eines Abends lud Maschotko auf Empfehlung von Stepan ein paar Wlassowiten zum Essen ein. Stepan fragte die Männer, freundlich, wie immer, ob sie als Russen gegen Russen kämpfen.

Sie antworteten: »Wir kämpfen nicht gegen Russen, sondern gegen die Bolschewiken und gegen Juden.«

Für mich, abgeschnitten von der Welt und in einer kommunistischen Organisation politisiert, war das die erste Begegnung mit Sowjetbürgern. Nach meiner Überzeugung mußten sie leidenschaftliche Anhänger einer Welt sein, in der es weder Ausbeutung noch Diskriminierung gab. Ich glaubte, daß der Antisemitismus in der Sowjetunion ein für allemal beseitigt sei und daß nur ein Sieg der Roten Armee die Hoffnung auf wahren Frieden unter den Völkern bot. Ich war schockiert. Antisemitismus hatte ich natürlich schon vorher erlebt, unter Polen, Deutschen, Ukrainern. Doch nun sah ich diesen Haß auch unter Russen. Tief verletzt, versuchte ich, mir eine Erklärung zurechtzulegen. »Das sind Verräter, keine wahren Sowjetbürger.«

Auch für Maschotko verlief dieser Abend nicht sonderlich angenehm. Theoretisch hätte sie sich freuen sollen, daß die Wlassowiten an der Seite ihres Mannes und ihrer Söhne kämpften, doch sie sagte: »Ich weiß nicht – wer gegen seine

Landsleute kämpft, ist mir nicht ganz geheuer.« Vielleicht wollte sie mir nur insgeheim andeuten, daß sie im Grunde ihres Herzens noch immer Polin war und daß ich daran denken solle, wenn die Rote Armee auftaucht.

Anfang März lag unser Dorf unmittelbar an der Front. Überall der Lärm der Flugabwehrkanonen, und wir Landarbeiter mußten Panzergräben schaufeln. Alle paar Tage wurde ich mit etwa dreißig, vierzig polnischen, russischen und ukrainischen Arbeitern und Arbeiterinnen zu einer Straßenkreuzung transportiert, wo wir von früh bis spät graben mußten. Eines Tages entdeckte jemand an der Straße, die ich mehrere Wochen zuvor entlanggekommen war, ein Massengrab, Leichen in KZ-Kleidung. Er rief:

»Schaut mal her, Juden! Hier liegen lauter Juden!«

Ich wußte, daß diese Häftlinge während des Todesmarschs erschossen worden waren. Die Leichen waren gefroren. Ich erstarrte. Das Bild meines Bruders und vieler Freunde schoß mir durch den Kopf. Ich stellte mir vor, daß sie dort lagen, genau dort. Noch schlimmer waren die Bemerkungen der jungen Leute.

»Seht nur! Schaut, wie sie sich lieben, wie sie sich umarmen! Seht mal dort, ein Jidd zieht dem anderen das Geld aus der Tasche! Sehr komisch!« Und sie lachten schallend. Einige schwiegen jedoch. Zwei junge Burschen, der eine trug eine Brille, waren entsetzt. Nach einer Weile kamen sie zu mir und stellten provozierende Fragen. Wer ich sei, wo ich herkäme, was mit meinen Eltern passiert sei. Bis zu diesem Tag hatte ich mich vor den Deutschen gefürchtet, aber jetzt, nach den Reaktionen der Arbeiter angesichts des Massengrabs, hatte ich vor allen Angst. Abends verzog ich mich in meine Kammer, wollte mit niemandem reden. Nach zwei, drei Tagen bemerkte Maschotko mein ungewöhnliches Schweigen.

»Mikolai«, sagte sie, »warum gehst du nicht in die Wirtschaft? Dort kannst du ein Bier trinken und mit Freunden plaudern.«

Ist das ein neuer Test? Ich antwortete: »Frau Maschotko, ich bin sehr müde vom Graben. Außerdem mache ich mir Sorgen, weil ich von meinen Eltern so lange nichts gehört habe.«

Am Sonntag besuchten mich die beiden jungen Männer, die mich am Massengrab angesprochen hatten. Einerseits war ich froh, weil Maschotko den Eindruck gewinnen konnte, daß ich »normal« war. Andererseits war ich mir über die Gründe ihres Besuchs im unklaren. Wollten sie meine wahre Identität herausfinden, um mich dann bei der Polizei melden zu können? Ihre Fragen deuteten zweifellos darauf hin, daß sie herausfinden wollten, wer ich wirklich war. Irgendwie bestand ich ihre Prüfung. In meiner Kammer dachte ich über mich, über meine Zukunft nach. Und wenn Frau Maschotko in der Küche BBC hörte, fragte ich mich, wo die Russen wohl waren, wann sie endlich kämen, warum es so lange dauerte.

Mitte März 1945, kurz vor Frühlingsbeginn, griff die Rote Armee im Raum Schnellewalde an. Mein Traum hatte sich erfüllt, wieder war ein Wunder geschehen. Daß der endlose Tag nicht so rasch zu Ende sein würde, ahnte ich nicht.

Tags darauf erzählte ich Stepan, was die BBC gemeldet hatte. Bald wußten alle russischen Kriegsgefangenen Bescheid. Am nächsten Tag sollten alle Dorfbewohner ihre Habseligkeiten zusammenpacken und sich auf die Evakuierung vorbereiten. Das Vieh mußte zurückbleiben, es hätte nur die Straßen verstopft und ein rasches Fortkommen verhindert.

Ich war außer mir vor Erregung, doch der kluge Stepan riet mir, meine Freude zu verbergen und abzuwarten. »Schau,

Kola (so nannte er mich), wenn Maschotko den Eindruck hat, daß du sie im letzten Moment im Stich läßt, wird sie dich sofort anzeigen. Sie braucht dich jetzt. Biete ihr keinen Anlaß, deine Loyalität in Frage zu stellen.«

»Aber was soll ich tun? Du weißt, daß ich zur Roten Armee will.«

»Du mußt bis zuletzt so tun, als wolltest du bei ihr bleiben und mit ihr weggehen. Sobald der Evakuierungsbefehl kommt, werden wir sie plötzlich daran erinnern, daß sie etwas Fleisch als Proviant mitnehmen sollte. Wir erklären uns bereit, ein Schwein zu schlachten und es an den Wagen zu binden. Damit wird sie einverstanden sein, ganz sicher. Und wir beide werden so lange brauchen, daß alle Leute, auch die Polizisten und Beamten, in der Zwischenzeit das Dorf verlassen haben. Maschotko wird die letzte sein. Erst dann wirst du ihr sagen, daß du nicht mitgehst.«

Tatsächlich deutete alles darauf hin, daß Maschotko mich brauchen würde. Nicht nur als Helfer in den kommenden schweren Zeiten, sondern vielleicht auch als Fürsprecher, wenn sie in russische Hände fallen sollte. Sie begann, mich besser zu verpflegen, und ich war nicht länger der »dumme Mikolai«, sondern ein kluger Berater. Ich half ihr bei den Vorbereitungen. Sie verließ sich mehr auf mich als auf Zosia, rechnete damit, daß ich sie unterwegs auf dem Kutschbock ablösen würde. Wenn ich irgendwelche Schuldgefühle hatte, weil ich ihr etwas vormachte, so wurde ich leicht damit fertig. Das Ende des Tages stand bevor, alles andere war nebensächlich. Außerdem tröstete ich mich damit, daß sie ja Zosia hatte, die ihr unterwegs helfen und sie ablösen konnte.

Was mir sehr viel mehr Sorgen bereitete, war das Schlachten des Schweins. Ich hatte noch nie in meinem Leben ein Tier getötet, abgesehen von dem Kaninchen, das ich erst ein paar Wochen zuvor auf Maschotkos Anweisung hatte töten müssen. Weil sie mich beobachtete, mußte ich es nach Bauernart erlegen, das heißt, ich packte das Tier an den Läufen und donnerte es mit dem Kopf an die Wand. Mir war den ganzen Tag übel, und immer wieder mußte ich an Levi und sein Kind denken, das die Hitlerjungen in Ostrowiec mit dem Kopf an die Wand geschmettert hatten.

Alles kam so, wie Stepan es vorhergesagt hatte. Die Evakuierung wurde angeordnet, Maschotko saß auf dem Kutschbock, Zosia thronte auf dem Berg von Mobiliar und Haushaltsgegenständen. Mit Maschotkos gnädiger Erlaubnis gingen Stepan und ich daran, ein großes Schwein zu schlachten. Stepan gab mir eine Axt und sagte: »Kola, du haust ihm die Axt in den Schädel, und ich bringe es mit dem Messer zu Ende.«

Ich holte weit aus, aber weil ich Angst hatte und unerfahren war, erwischte ich nur ein Ohr. »Bist ein feiner Helfer!« rief Stepan. Das wütende Tier ging zur Attacke über, trieb mich in die Flucht.

In diesem kritischen Moment mußte Stepan gehen, da die Kriegsgefangenen evakuiert wurden. Ich bedankte mich bei ihm für seine Freundschaft, die ich nie vergessen werde, und verabschiedete mich von ihm wie von einem Bruder. Nun war ich ganz auf mich allein gestellt. Ich stand da, eine Axt in der Rechten, ein Messer in der Linken, im Stall das verwundete und angriffslustige Tier, und sah mich außerstande, die Sache zum Abschluß zu bringen. Ungeduldig rief Maschotko: »Mikolai, was ist mit dem Schwein? Wir haben keine Zeit mehr!«

Ich stand wie gelähmt da, setzte mich auf die Erde und wartete. Wieder rief Maschotko, fast schon hysterisch:

»Mikolai, wo bleibst du? Ich bin die letzte im Dorf. Die Russen kommen! Die Russen kommen!«

Das waren die magischen Worte, von denen ich so viele Jahre geträumt hatte. Ich lief mit leeren Händen zu Maschotko und gab ihr meinen Entschluß bekannt:

»Liebe Frau Maschotko, es tut mir furchtbar leid, aber ich komme nicht mit. Ich habe beschlossen, hierzubleiben und bis zum Ende dieses Krieges keinen Schritt mehr zu machen.«

»Was?« schrie sie. »Du kommst nicht mit? Verräter! Ich werde der Polizei Bescheid sagen, die werden dich erschießen!«

Es war eine leere Drohung, aber trotzdem wollte ich meine Bäuerin beruhigen; weiß der Teufel, was in den nächsten Stunden, den nächsten Tagen passieren mochte. Wenn sie wütend ist, kann sie mir Schwierigkeiten bereiten, mich eventuell sogar denunzieren. Plötzlich hatte ich einen verrückten Einfall: »Frau Maschotko, wer weiß, ob die Russen durchkommen. Und wenn, wie lange? Was, wenn die Deutschen Schnellewalde zurückerobern? In ein paar Wochen, in ein paar Monaten sind Sie vielleicht schon wieder auf Ihrem Hof. Und wer kümmert sich in der Zwischenzeit um die Tiere? Wer füttert die Hühner und Kühe? Bedenken Sie, welche Qualen die Kühe leiden, wenn sie nicht gemolken werden. Es ist besser, ich bleibe und sehe nach dem Rechten. Dann ist alles in Ordnung, wenn Sie wieder zurückkehren.«

Mein Vorschlag stützte sich auf die bäuerliche Denkweise: Menschen können leiden, ganz klar, aber Hühner läßt man nicht im Stich und schon gar nicht das Vieh. Und Maschotko konnte, wie so viele Deutsche, nicht verstehen, daß die Wehrmacht geschlagen war und die glorreichen Zeiten ein für allemal vorbei waren.

Sie hatte sofort verstanden, griff in die Rocktasche und holte das große Schlüsselbund heraus, an dem sämtliche Schlüssel des Hofs hingen. »Ausgezeichnet! Jetzt bist du der Herr hier«, sagte sie und händigte mir die Schlüssel aus. »Bis zu meiner Rückkehr, natürlich.« Rasch gab sie mir Anweisungen, welcher Schlüssel wofür sei, bat mich, dies nicht zu vergessen, das nicht zu vergessen, und dann war sie auch schon verschwunden. Ich war nun ganz allein, wahrscheinlich der einzige Mensch im Dorf.

Zuerst schloß ich mich als Herr des Hauses und quasi freier Mann im Hof ein, verriegelte sorgfältig alle Fensterläden und Türen – jede Öffnung, durch die ein Feind hätte eindringen können – und machte mich dann über die Vorräte her. Honig und Mohn hatten es mir besonders angetan. Dann zog ich mir den Anzug eines Sohnes von Maschotko an, setzte mich in einen Sessel und war überzeugt, innerhalb der nächsten Stunden meine Befreier begrüßen zu können.

Nach einiger Zeit wurde ich unsanft aus meiner erwartungsvollen Stimmung gerissen. Wer näherte sich dem Haus? Die beiden unangenehmen Burschen, die mir nach dem Ausheben der Panzergräben provozierende Fragen gestellt hatten. Ich beschloß, die beiden nicht ins Haus zu lassen.

»Wer seid ihr? Was wollt ihr? Verschwindet!« rief ich ihnen zu, doch sie lachten nur. »Wir sind Juden«, sagten sie. »Genau wie du. Wir wissen, daß du ein Jude bist.« »Ich glaube euch nicht«, entgegnete ich. Das Bild, das ich mir von ihnen gemacht hatte, wurde ich nicht so schnell los. »Du glaubst uns nicht? Schau her!« Sie knöpften sich die Hose auf und zeigten mir den einzigen Beweis ihres Jüdischseins, den ich brauchte. Sie erzählten auch, daß noch eine Jüdin im Dorf sei, ein junges Mädchen, das ich immer für aggressiv und vulgär gehalten hatte. In meinem Kopf geriet alles durcheinander. Ich war also nicht der einzige Überlebende. Sehr gut.

Karp (so hieß der eine, er kam aus Sosnowiec) und der andere (er war aus Krakau) drängten mich, mit ihnen zu fliehen, allerdings nicht nach Polen, sondern nach Frankreich oder in ein anderes westliches Land. Welch anderen Verlauf mein Leben doch genommen hätte, wenn ich mich den beiden angeschlossen hätte. Doch ich hatte andere Pläne. Fünf lange Jahre hatte ich darauf gewartet, gegen die Deutschen zu kämpfen, Suter und diesen anderen Uniformierten zu finden, der Vater und Mutter in das Gebäude mit dem Schornstein geschickt hatte. Und ich wollte eine neue, gerechte Welt aufbauen, eine kommunistische Gesellschaft, in der alle gleichberechtigt leben konnten. Nun, da sich ein anderer Weg anbot, wollte ich mich nicht für die einfache Lösung entscheiden.

»Geht ohne mich«, sagte ich. »Ich werde mit der Roten Armee kämpfen, das ist meine Pflicht.«

»Spinnst du?« rief Karp. »Glaubst du, du hast neun Leben wie eine Katze? Hast du nicht schon genug durchgemacht?«

»Vielleicht gerade deswegen ...« sagte ich. »Lebt wohl, meine Freunde, viel Glück!« Sie nickten mir traurig zu und gingen.

Am späten Nachmittag schwärmten die ersten Rotarmisten durch das Dorf. Meine Erregung war grenzenlos. Mir erschien alles wie im Traum. Ich konnte nicht glauben, daß ich sie berühren, ihre Stimmen hören, mit ihnen reden konnte. Endlich sind sie da, meine Helden, meine Retter! Ein blutjunger, pausbackiger Soldat fragte, wer ich sei. Er schien nicht erstaunt, als ich erklärte, daß ich Jude sei, ein Überlebender. Er wollte nur wissen, wo es Wodka gibt. Leider konnte ich ihm nicht weiterhelfen. Da ich kein Russisch sprach, konnte ich ihnen nicht sagen, daß sie meine Befreier seien und daß ich mit ihnen kämpfen wolle. Sie schienen nur einen Gedanken zu haben – Wodka. Schließlich kam jemand auf die kluge Idee, mich als Späher ins Nachbardorf zu schicken, wo deutsche Kräfte vermutet wurden. Ich sollte die Lage auskundschaften, Waffen, Stellungen usw. Ich war völlig ungeeignet für diese Aufgabe, wollte aber unbedingt helfen. Ich strich stundenlang herum, sah nichts, verstand nichts und schämte mich, ohne die erwarteten Informationen zurückzukehren.

Meine Sorgen waren unnötig. Bei meiner Rückkehr waren die russischen Soldaten schon alle betrunken. Die Deutschen hatten raffinierterweise große Mengen Wodka zurückgelassen. Ich wollte ins Dorf gehen, einen Offizier ausfindig machen, um mich bei ihm als Freiwilliger zu melden. Doch die Soldaten, die Maschotkos Hof besetzt hatten, ließen mich, betrunken wie sie waren, nicht gehen. Es war schon fast dunkel und viel zu gefährlich. Von überall hätte man sofort auf mich geschossen. Ich mußte bis zum nächsten Morgen warten. Also verbrachte ich meine erste Nacht als freier Mann in Maschotkos Haus, umringt von meinen schnarchenden, stocktrunkenen Befreiern.

Als der Tag herandämmerte, wurde ich durch gewaltigen Lärm geweckt. Ich brauchte eine Weile, bis mir klar wurde, daß es Geschützlärm war. Die Deutschen hatten ihren Gegenangriff begonnen. Ich spähte aus dem Fenster und sah, wie mühelos die Deutschen vorankamen. Die russischen Soldaten, verkatert wie sie waren, wurden wie die Spatzen abgeschossen. Die Deutschen stießen immer weiter vor, ohne auf nennenswerten Widerstand zu treffen. Bald hörte ich deutsche Stimmen rings um das Haus. Aus meiner Freude wurde Verzweiflung. Mein Gott, dachte ich, die Deutschen haben mich wieder.

Eine unerträgliche Vorstellung. Ich begann, im Haus nach einem Strick zu suchen. Lieber wollte ich mir das Leben nehmen als den Deutschen wieder in die Hände zu fallen. Warum war ich bloß nicht mit Karp und seinem Freund geflohen! Schließlich versteckte ich mich im hintersten Winkel des Kellers, unter den Kartoffeln, während die Deutschen schon versuchten, in das Haus einzudringen, und wenig später die Tür aufbrachen. Ich hörte Befehle, daß an den Fenstern Maschinengewehre in Stellung gebracht werden sollten. Russischerseits begann heftiger Artilleriebeschuß, eine Granate traf das Haus und setzte es in Brand. In den Flammen zu sterben erschien mir nicht besonders erstrebenswert, und so trieb mich der Rauch aus meinem Versteck. Als ich aus dem brennenden Gebäude trat, riefen zwei deutsche Soldaten: »Hände hoch! Was machst du hier?«

Ich sagte, daß ich ein polnischer Landarbeiter und auf diesem Hof beschäftigt sei. Sie glaubten mir nicht. Sie waren äußerst nervös, wie alle Soldaten im Gefecht, und auf einen Toten mehr oder weniger kam es ihnen nicht an.

»Erschieß den Dreckskerl«, sagte der eine und schob mich schon zur nächsten Mauer. Ich war überzeugt, daß mein letztes Stündlein geschlagen hatte.

In diesem Moment rief eine Stimme: »Was macht ihr mit dem Jungen da?« Ein Adjutant des Stabes tauchte auf, selbst noch blutjung.

»Wir erschießen diesen Dreckskerl!«

»Was? Wer ist das?«

»Niemand. Er arbeitet hier auf dem Hof.«

»Du hast hier gearbeitet?« fragte der Adjutant. »Hast du die Russen gesehen?«

»Ja, natürlich«, antwortete ich.

»Idioten«, fuhr er die beiden Soldaten an. »Er hat die Russen gesehen. Leute wie ihn brauchen wir. Er kann uns wertvolle Informationen geben.«

Er nahm mich bei der Hand, und dann liefen wir geduckt los, um nicht von einer Kugel erwischt zu werden, bis in das nächste Dorf, wo sich der Stab im Hof eines wohlhabenden Bauern einquartiert hatte. Ich wurde direkt zu einem Oberstleutnant geführt, der mich freundlich begrüßte. Später erfuhr ich, daß es der Regimentskommandeur war. Er griff nach einer Flasche Cognac.

»Trinkst du?«

»Natürlich«, schwindelte ich. Ich war vierzehn, als in Lodz das Ghetto errichtet wurde, und hatte noch nie etwas von Cognac gehört. Ich erinnerte mich, daß mein Vater nach dem Schabbatmahl ein Gläschen trank, hatte selbst aber noch nie davon gekostet. Betont lässig hielt ich das kleine Glas mit der übelriechenden Flüssigkeit, nippte aber nur davon. Trotzdem erinnere ich mich genau an den Tag, an dem ích zum ersten Mal etwas Hochprozentiges trank. Es war der 21. März 1945, Frühlingsanfang.

Der Regimentskommandeur begann, mich über die Russen auszufragen. Meine Antworten waren so vage, so töricht und in einem so ungelenken Deutsch formuliert, daß er rasch das Interesse verlor. Ich hätte ihm zweifellos wertvolle Informationen geben können, wenn ich gewollt hätte, schilderte ihm die Stärke der russischen Verbände aber in einer Weise, daß er mich für einen dummen Polenjungen halten mußte. Beispielsweise erklärte ich, daß jeder Soldat zwei, drei Gewehre hatte.

»Drei Gewehre? Unmöglich.«

»Doch. Drei Gewehre. Selbst gesehen.«

Schließlich machte er eine ungeduldige Handbewegung. »Na gut, trink deinen Cognac aus. Sag mir nur noch eines, kannst du Kühe melken?«

»Ja, natürlich.«

»Dann habe ich Arbeit für dich. Es gibt hier ein Dutzend Kühe, die zweimal täglich gemolken werden müssen. Die Milch lieferst du hier in der Küche ab. Dort bekommst du auch zu essen, schlafen kannst du bei den Soldaten.«

Ich, ein jüdischer Junge, arbeitete also für einen deutschen Regimentsstab und schlief im Truppenquartier auf dem Fußboden. Die Absurdität der Situation entging mir keineswegs. Manchmal kam mir alles ganz unwirklich vor, vielleicht war es ja ein Traum. Noch absurder war, daß sich die deutschen Soldaten mit mir anfreundeten. Mit mir, dem Milchjungen, wollte sich jeder gut stellen. Besonders zugetan war mir der Adjutant, der mir das Leben gerettet hatte. Er lud mich ein, nach dem Krieg mit ins Rheinland zu gehen und auf seinem Hof zu arbeiten.

Eines Nachts, inmitten der schlafenden deutschen Soldaten, kam mir die verrückte Idee, abzuhauen. Ich würde mir eine Maschinenpistole schnappen, alle über den Haufen schießen und dann fliehen. Mein naives Vorhaben hatte nur einen Haken: Ich hatte noch nie geschossen, geschweige denn eine Waffe überhaupt in der Hand gehalten. Ich wußte nicht, wie ich es hätte anstellen sollen. Die Sache zu vermasseln, wäre fatal gewesen. Also ließ ich es sein.

Etwa drei Tage später erhielt das Regiment den Befehl, sich sofort zurückzuziehen. Weil der Kuhstall direkt neben dem Zimmer lag, in dem der Stab untergebracht war, bekam ich alles mit. Ich wußte also, daß mit einem russischen Angriff zu rechnen war. Neue Hoffnung erfüllte mein Herz. Während der Abmarschvorbereitungen vertraute ich meinem Adjutanten törichterweise an, daß ich nicht vorhatte, mitzukommen. Ich wollte mich statt dessen nach Osten durchschlagen, wollte meine Mutter suchen, nach der ich große Sehnsucht hatte. Der Adjutant meldete das, woraufhin ich sofort zum Kommandeur zitiert wurde.

»Ich höre, du willst uns im Stich lassen? Unmöglich. Glaubst du, wir lassen dich gehen, damit du den Russen alles über uns erzählen kannst?« Plötzlich schlug er einen anderen

Ton an. »Schau« – es klang fast väterlich – »du bist ein braver Junge. Ich werde dir eine Wehrmachtsuniform besorgen. Du kommst mit uns, du brauchst nicht zu kämpfen. Du kannst in der Küche arbeiten. Und du kannst Mädels haben, soviel du willst!« sagte er und klopfte mir dabei auf den Rücken. Er glaubte bestimmt, daß ich dieses Angebot nicht ausschlagen könne. Ich tat begeistert, strahlte ihn an.

»Deutsche Uniform! Und Mädchen! Phantastisch! Vielen Dank, Herr Oberstleutnant!« Und dann, nach einer Pause: »Aber Kühe! Sterben, wann sind in Scheune gefangen. Bitte erlauben, ich lassen armen Tiere frei. Dann Chance haben.«

Alle wußten, daß ich als Milchjunge ein Herz für die Kühe hatte. Der Kommandeur war einverstanden. »Na schön, aber fix!« sagte er. »Wir brechen sofort auf!«

Ich rannte zur Scheune, band die Kühe los und lief mit ihnen auf das Feld, ich lief und lief, entfernte mich immer weiter von meiner deutschen Uniform und den versprochenen Mädchen. Mein Ziel war ein Bauernhof, wo ich mich in diesen surrealistischen Tagen mit einem ukrainischen Landarbeiter angefreundet hatte, der ebenfalls Kola hieß. Er war geblieben, um die Tiere seines Herrn zu versorgen, so wie ich es Maschotko versprochen hatte. Wir hatten uns eines Abends kennengelernt und gemeinsam Fluchtpläne geschmiedet. Kola hatte vorgeschlagen, sich zu verstecken, sobald die Deutschen abzögen. Und jetzt versteckten wir uns also im Keller des Gebäudes. Wir spähten aus den Fenstern, verfolgten das Kampfgeschehen, das um uns herum tobte. Aus dem einen Fenster sahen wir die deutschen Stellungen, aus dem anderen die russischen. Unser Haus, eine kleine Insel der Hoffnung, lag buchstäblich im Niemandsland. Die Kugeln pfiffen an uns vorbei, einige Geschosse der Deutschen waren direkt auf uns gerichtet, als wüßten sie, wo wir uns versteckt hatten.

Schließlich konnten Kola und ich die Spannung nicht mehr ertragen. Wir beschlossen, zu den russischen Linien zu laufen. Mit erhobenen Händen stürmten wir los, einem Rotarmisten direkt in die Arme:

»*Ty Nemjez* (du bist Deutscher)«, rief er.

Soviel Russisch verstand ich. »*Njet, njet.* Ich bin Pole.«

Der russische Soldat drehte mich herum, legte die Maschinenpistole auf meine Schulter und bewegte sich, mich als Schild benutzend, vorwärts. Kola schaltete sich mit irgendwelchen russischen Worten ein, woraufhin mich der Soldat losließ. Nach meinem jüngsten Erlebnis in Schnellewalde blieb von meinem Wunsch, an der Front mitzukämpfen, vorerst nicht mehr viel übrig. Kola und ich entfernten uns von der Front, liefen an den vorrückenden Soldaten vorbei, bis wir das Ende des Dorfes erreichten.

Dort war ein freies Feld. In diesem Moment wußte ich, daß ich frei war. Bin ich wirklich frei? Ich wußte nicht, was ich mit mir anfangen sollte. Ich sprang herum, hüpfte lachend und singend über das Feld. Dann fielen Schüsse, die auf mich gezielt waren. Mein Gott, was war jetzt wieder los? Ich drehte mich und sah einen russischen Soldaten, der mich zu sich winkte. Ich lief zu ihm.

»Wer bist du?« fragte er.

»Ich bin Jude, ein befreiter Jude. Verstehst du? Ein Jude.«

»Ja, ich verstehe. Du bist jetzt frei. Hab keine Angst. Aber du darfst nicht so herumlaufen. Jemand könnte auf dich schießen. Du mußt auf der Straße gehen, dort drüben.«

Er zeigte mir die Richtung. Ich ging die Straße entlang, glücklich, nicht ahnend, daß ich das kleinere von zwei Übeln gewählt hatte, vielmehr in der Gewißheit, daß ich der Roten Armee entgegenging, dem Inbegriff des Guten.

IV

Abenddämmerung

Ist es wirklich wahr, Vater, daß dieser furchtbare, lange Tag zu Ende ist? Mama, Lola, Salek, Lejbele, meine Freunde aus dem Ghetto-Widerstand – wo seid ihr, wo finde ich euch? Ich habe überlebt, könnt ihr mich hören? Sprecht mit mir, bitte, sprecht mit mir! Wir werden jetzt unsere Träume verwirklichen, gemeinsam werden wir die neue Gesellschaft aufbauen, eine Welt des Glücks für alle Menschen auf diesem Planeten. Ich möchte jetzt so gern bei euch sein, mit euch tanzen und singen, diese unbändige Freude spüren, durch weite grüne Felder laufen, mich ohne Angst unter einen schattigen Baum legen, den Frühling riechen. Aber vielleicht bin ich ganz allein, von uns allen kann vielleicht nur ich das Recht zu leben festhalten, es mit meinen dünnen Armen umklammern. Niemand soll es mir je wieder entreißen, niemals. Ich halte es mit aller Kraft fest, als wäre es ein Ding, etwas Konkretes …

Ich stolpere, mir ist, als wäre ich in einem Strick hängengeblieben, falle beinahe zu Boden. Mein Gott, es sind die Gedärme einer Leiche. Ich stehe auf der Straße, den Blick auf diese verstreuten Überreste geheftet, sehe die Spur eines Panzers, der eine uniformierte Gestalt in den Boden gewalzt hat. Bilder vom langen Tag, dazu der Geruch von Verbranntem und Blut. Ringsum schwelende Panzerwracks, zerstörte Häuser, tote Pferde und Kühe, überall Leichen, auf den Feldern, am Straßenrand, hingestreckt, verstümmelt, entstellt … das also ist der Preis meiner Freiheit, meines Lebens.

Soldaten umringen mich, auf die wir so lange gewartet haben. Auch wenn ich nur wenig verstehe – ihre Worte sind Musik in meinen Ohren, wärmen mich ... Ich möchte jeden von ihnen umarmen, ihm danken. Nicht nur, weil sie mir das Leben gerettet haben, das ist nicht so wichtig, sondern weil sie IHNEN den Tod bringen, den bitteren Geschmack der Angst. Weil sie mir die Möglichkeit geben, im Namen von Millionen Schutzloser die Anklageschrift zu verlesen, damit das Urteil gesprochen werden kann. Vielleicht, Vater, finde ich ja Suter und auch den anderen, der euch mit seinem Stock in das Gebäude mit dem Schornstein schickte.

Ich finde Nikolai, der mich am Morgen aus den Händen desjenigen gerettet hat, der mich als lebendigen Schutzschild benutzen wollte. Gemeinsam erreichen wir ein zerstörtes Dorf, in dem es von Soldaten, Panzern, Artillerie wimmelt. Essensgeruch liegt in der Luft, ich registriere, daß ich seit dem Morgen nichts gegessen habe. Ein freundlicher Koch, dem Nikolai unsere Geschichte erzählt hat, schöpft uns einen Teller dicke Suppe aus einem großen Kessel. Dazu gibt es ein Stück Brot. Ich habe meine Zuteilung im Nu aufgegessen. Unsere Näpfe werden ein zweites Mal gefüllt, diesmal mit dampfendem Buchweizen und Fleisch. Auch diese Portion ist sofort in meinem Bauch verschwunden. Der Koch ruft: »Wer noch etwas will, es gibt reichlich.« Er füllt meinen Napf mit Buchweizen. Tränen laufen mir über das Gesicht, aber ich schäme mich nicht. Nikolai ist irritiert. Ich sage zu ihm: »Weißt du, Nikolai, zum ersten Mal seit fünf Jahren bin ich wieder Mensch, einfach ein Mensch, wie ihr alle hier, es ist so unwirklich.« »Ja«, sagt Nikolai und erklärt dem rundlichen Koch: »Er ist Jude, war Häftling in einem deutschen Lager, in Auschwitz.« »Kein Grund, deswegen zu weinen«, sagt der Koch. »Er soll sich ein Gewehr schnappen und die Schweine umbringen.«

Mehr und mehr Leute tauchen auf. Es ist dunkel geworden. In den unzerstörten Häusern dürfen wir nicht schlafen, da die Deutschen nachts kommen und uns töten könnten. Wir übernachten statt dessen in einer großen, bewachten Halle. Jemand bietet mir einen Militärmantel an. Es ist besser, als auf der nackten Erde zu schlafen. Die Soldaten liegen in Reihen da, schnarchen. Ich höre dumpfe Explosionsgeräusche, jemand spielt auf einem Akkordeon eine traurige Melodie, ein anderer singt. Ich hebe den Kopf, um die Gesichter der Schlafenden zu sehen. Vielleicht träumen einige von ihnen ihren letzten Traum? Vielleicht werden sie morgen schon tot sein und mit ausgestreckten Armen auf der Erde liegen.

Seit meiner Flucht aus der Hölle sind nicht einmal vierundzwanzig Stunden vergangen – Lola und ich spielen Himmel und Hölle auf dem Trottoir vor unserem Haus. Lola gewinnt, sie lacht, Salek steht neben uns, die Hände in den Hosentaschen, schelmisch lächelnd. »Himmel und Hölle ist was für Schwächlinge«, flüstert er, »komm, wir spielen richtig mit den Jungs.« Aber es sind keine Jungs, sondern Soldaten mit Flammenschwertern, wie kann man mit ihnen spielen? Mutter schöpft Suppe in mein Kochgeschirr, schneidet ein großes Stück Challah ab und sagt mit strahlendem Gesicht: »Iß, Kind, du hast einen weiten Weg vor dir ...«

Ich kann die Augen nur mit größter Anstrengung öffnen. Jemand sagt: »Laßt ihn schlafen, er ist ein Jude aus dem Lager, laßt ihn schlafen.« Ringsum Soldaten. Ich bemerke nicht nur fröhliche Gesichter. In manchen steht Zorn, Nachdenklichkeit, Besorgnis ... Es gibt ein üppiges Frühstück, jeder bekommt einen halben Laib Brot und ein Stück Speck für unterwegs. Ein Offizier läßt zum Abmarsch antreten, Ziel ist das Hauptquartier in Glogau. Wir kommen durch verlassene Dörfer. Die Häuser sind sauber, ordentlich, gut eingerichtet.

Wir suchen nach den Bewohnern. In fast jedem Keller stoßen wir auf Kisten mit Kleidung, Unterwäsche, Schuhen, Wein, Konserven. Französische, tschechische, polnische, russische Etiketten. Ich finde ein paar Socken. Mein Gott, sind die womöglich von ihm, dem ich auf dem Weg zur Hölle begegnet bin? Fast alle meine neuen Kameraden plündern die Schränke, packen sich Koffer voll, bedauern, daß sie nicht alles mitnehmen können. Ich selbst habe nur einen Schultornister, ein Zufallsfund, in dem ich meinen Proviant aufbewahre. Ich stecke nichts ein. Jemand aus meiner Gruppe fragt mich, wo mein Koffer ist. »Wozu brauche ich einen Koffer?« erwidere ich. Später fragen mich zwei, ob ich in meinem Tornister Gold versteckt habe, vielleicht sogar Diamanten, »ein Jude kehrt doch nicht mit leeren Händen heim, er braucht etwas, womit er zu Hause handeln kann«. Irgendwie kommt mir das vertraut vor. Da ist es schon wieder. Hat sich nichts geändert? Irgendwann machen wir Mittagsrast. Die Kameraden werfen neugierige Blicke auf meinen geöffneten Tornister und fragen, wo das ganze Gold und die Diamanten eingenäht sind. Mir ist, als wäre ich in die Vergangenheit zurückgeworfen. Nikolai erklärt ihnen etwas. Ich beobachte sie mißtrauisch und denke, daß sie sogar imstande wären, mich zu ermorden. In meinem polnisch-russischen Mischmasch sage ich: »Ich brauche kein Gold mit mir herumzutragen. Zu Hause habe ich einen ganzen Sack Gold, gut versteckt. Sobald ich zurück bin, werde ich ihn ausgraben, und dann bin ich reicher als ihr alle zusammmen.« Sie grinsen, aber es sieht so aus, als glaubten sie mir.

Wir kommen zu einem kleinen Bahnhof. Ein Kesselwagen steht dort, der so aussieht, als hätten sich große Ameisen über ihn hergemacht. Aus der Nähe wird deutlich, daß es Soldaten sind, die am Tankverschluß und an der oberen Tanköffnung hängen. Aufgeregt schaffen sie Töpfe, Flaschen, Eimer, ja sogar Mützen voller Flüssigkeit davon. In dem Tankwagen ist Alkohol, den die Soldaten nach Herzenslust konsumieren. Nikolai spricht einen jungen, betrunkenen Soldaten an, der mit einem Eimer voll Alkohol dasteht und lachend erwidert: »War ein schöner Tod für Sascha. Wirklich, ein schöner Tod.« Nikolai greift sich an den Kopf, während die Umstehenden vor Lachen brüllen. Später höre ich die Geschichte. Ein Soldat, der auf den Tankwagen geklettert war, um einen Eimer in die Öffnung hinunterzulassen, hat sich zu weit über den Rand gebeugt, und vielleicht war er durch die aufsteigenden Dämpfe auch schon etwas berauscht, jedenfalls ist er in den Tank gefallen. Die anderen lassen sich dadurch nicht aus der Ruhe bringen. Sie füllen sämtliche vorhandenen Gefäße, bis der Tank leer ist, erklären sie mir. Ich stehe fassungslos da und brülle, sie sollen den Tank leeren und den Soldaten retten. »Er ist doch schon tot«, sagen sie. »Außerdem wär es schade um das schöne Zeug.«

Schweigend gehe ich weiter. Quälende Gedanken gehen mir durch den Kopf, die Welt scheint wieder zusammenzubrechen. Ich höre dich flüstern, Vater: »Ich hab's dir ja gesagt, Moischele, es sind Barbaren. Vielleicht verstehst du es jetzt.« »Nein, Vater, die wahren Barbaren habe ich hinter mir gelassen. Die hier sind vielleicht nur anders als wir. Ich werde nachdenken, werde versuchen, sie zu verstehen.«

Wir sind in Glogau. In einem Saal sind viele Soldaten versammelt, ein Offizier hält eine Rede, von der ich nur einzelne Wörter verstehe – Rote Armee, Genosse Stalin, Freiheit. Wir applaudieren. Jemand stellt eine Frage, der Offizier antwortet. Spontan melde auch ich mich zu Wort. Ich spreche Polnisch, merke, daß mich niemand versteht. Ich berichte vom Leben in der Hölle, spreche von unseren Hoffnungen, von der großen Mission der Roten Armee, unserer Befreierin, von unserer ewigen Dankbarkeit gegenüber all jenen, die für uns gefallen sind. Es ist totenstill. Ich sehe die Gesichter der befreiten Zwangsarbeiter, die wissen wollten, wieviel Gold ich in meine Sachen eingenäht habe. Schließlich hebe ich die Faust und rufe etwas. Nach einem Moment klatschen alle, vielleicht haben sie doch das eine oder andere verstanden. Der Offizier mustert mich aufmerksam und sagt etwas. Ich verstehe nur »*ty molodjez*« (Du bist ein braver Bursche). Die Anwesenden sehen mich sonderbar, aber doch mit einer gewissen Sympathie an.

Wir werden registriert und nach Kosel geschickt, dort soll unsere Aufnahme in die Armee erfolgen. Es ist ein sonniger Tag, wir sind bald am Ziel. Zu Hunderten stehen wir auf dem Platz. Ein dunkelhaariger, freundlicher Offizier spricht kurz mit uns, stellt Fragen, gibt Antworten. Bald bin ich an der Reihe. Ich verstehe ihn nicht. Schließlich frage ich, ob es in der Nähe eine polnische Einheit gibt, da es einfacher wäre, mit Soldaten zu kämpfen, deren Sprache ich verstehe. »Ich bin ein Jude aus Polen«, füge ich zur Erklärung hinzu. Ein Schrank von Mann, der neben uns steht, sagt verächtlich: »Du bist ein Feigling, alle Juden sind Feiglinge. Du willst bloß nicht kämpfen, das ist alles!« Ich packe ihn am Kragen und brülle: »Nimm das zurück! Nimm das sofort zurück!« Der Kerl schließt die Pranken um meine kleinen, mageren Hände, schiebt mich sanft von sich und sagt: »Reg dich nicht auf, ich hab's nicht so gemeint.« Ich antworte, ohne auf die Umstehenden zu achten: »Also gut, ich melde mich, aber nur mit dir. Dann werden wir ja sehen, wer ein Feigling ist.« Und dann stürze ich zur Latrine, kauere mich in der Ecke zusammen, breche in Schluchzer aus. Zum ersten Mal seit sechs Jahren weine ich vor Schmerz. In der Hölle habe ich nie geweint, kein einziges Mal. Der Hüne kommt mir nach, sagt etwas, will mich beruhigen, aber meine Tränen hören nicht auf.

Dann erscheint unser Offizier, er legt mir die Hände auf die Schulter und erklärt etwas. Ich antworte in meinem gebrochenen Russisch: »Es ist sehr schwer für mich, Kameraden zu haben, deren Sprache ich nicht verstehe. Seit Jahren träume ich davon, gegen die Deutschen zu kämpfen, das Leben hat sonst keinen Sinn für mich. Und jetzt kommt ausgerechnet ein Russe und beleidigt mich, einen jüdischen Kommunisten, dessen Familie von den Deutschen komplett ausgelöscht wurde, verstehen Sie?«

Ich gehe hinaus zu dem kleinen Tisch, wo die Neuen registriert werden, bitte darum, als Freiwilliger in die Rote Armee aufgenommen zu werden. Anschließend, auf dem Weg in die Kantine, treten die Leute beiseite, machen mir Platz, zeigen auf mich, flüstern. Als ich am nächsten Morgen meine Uniform anziehe, will mir jeder etwas sagen, mich etwas fragen, mir helfen. Ich für mein Teil versuche ein weiteres Mal, meinen Traum von dem Land, dessen Menschen anders sind, in dem man sein Judentum nicht als Last zu tragen hat, mit der Realität zu konfrontieren.

Der Hüne hört auf den Namen Iwan. Er ist freundlich und hilfsbereit und allseits beliebt und wird, obgleich einem anderen Bataillon zugeteilt, noch lange Zeit mein Freund und eine Art Beschützer sein. Wenn er unser Bataillon besucht, sagt er: »Mischa ist nicht bloß ein Jude, sondern ein polnischer Jude. Scheint, daß sie bessere Soldaten sind als unsere Juden.« Iwan begreift nicht, daß seine Worte mir wehtun, aber wie soll ich ihm und den anderen das erklären?

Unsere Grundausbildung dauert eine Woche. Wir lernen, wie man im Gleichschritt marschiert, wie man schießt, wie man mit Granate und Panzerfaust umgeht und daß beim Angriff auf feindliche Stellungen »Hurrah!« gebrüllt wird. Einsatzbereit werden wir zur 314. Wyborg-Division überstellt.

Auch ich bekomme einen mit Stroh oder Laub gefüllten Sack und einen Platz in der Scheune. Wir liegen unmittelbar hinter der Front, der Geschützdonner ist deutlich zu hören.

Die Ausbildung geht weiter. Wir lernen das Degtarew-Maschinengewehr kennen. Dank meiner technischen Vorkenntnisse bin ich der einzige in unserem Zug, der die Waffe schon nach zwei Demonstrationen auseinandernehmen und wieder zusammensetzen kann. Leutnant Grischa, unser Zugführer, ein liebenswürdiger Mensch, befiehlt mir, das Maschinengewehr mitsamt Ersatzmagazinen hochzuheben. »Mischa«, sagt er, »das schaffst du nicht, du kannst ja kaum gehen.« Ich bin noch immer klapperdürr, habe keine Kraft, breche unter dem Gewicht fast zusammen. Leutnant Grischa schaut mich an und ruft dann den Ukrainer Petja herbei: »Petja, du trägst das Ding und bedienst, aber Mischa ist der verantwortliche Schütze. Du gehorchst ihm. Wenn es Ladehemmungen gibt, laß ihn machen. Ihr müßt immer zusammenbleiben. Außerdem versteht Mischa besser Ukrainisch als Russisch. Alles klar?« »Alles klar!«

Bykow, der aus dem Bezirk Iwanow-Wosnesensk kommt und in meinem Alter ist, und der viel ältere Usbeke Achmedow werden meine besten Freunde. Achmedow war mir sofort sympathisch, als er mir erklärte, wie man Tee trinkt. »Gott hat den Tee und den Zucker als zwei unterschiedliche Dinge gemacht, man soll sie also nicht vermischen. Man trinkt zuerst starken Tee, und den Zucker ißt man anschließend, Mischa!« Er vergewissert sich jedesmal, daß ich seinen Rat auch beherzige. Sein Russisch ist nicht besonders gut. Bevor wir die deutschen Stellungen angreifen, wird uns die Situation des Minenfelds erklärt und wie wir um den vergrabenen Tod herum vorgehen sollen. Achmedow versteht die Hinweise nicht und läuft mitten hinein in das Minenfeld, beide Beine werden ihm abgerissen. Er stöhnt grauenhaft, aber niemand kann ihm helfen, bis Soldaten einer Pioniereinheit zu ihm vordringen. Kurz darauf stirbt er an Blutverlust. Seitdem muß ich beim Teetrinken immer an Achmedow denken.

Eines Tages, Ende April, findet auf einer Waldlichtung eine große Versammlung statt, Sänger und Tänzer treten auf, die russische Lieder singen und wilde Tänze aufführen. Plötzlich stößt mich jemand in die Seite. Ich denke erst, es ist Bykow, drehe mich um, doch es ist eine blonde, schlanke junge Soldatin. Sie fragt auf Russisch: »Warum starrst du so, als hättest du sowas noch nie gesehen?« Ich antworte: »Es ist tatsächlich so. Ich sehe sowas zum ersten Mal in meinem Leben. Es ist so schön.« Die Frau, sie stellt sich als unsere Krankenschwester Olga vor, ist sehr verwundert, also erkläre ich ihr mit Bykows Hilfe, wer ich bin und wo ich herkomme. Sie sagt: »Nach dieser Hölle, die du durchgemacht hast, solltest du lieber zurück in deine Heimat. Wir werden die Deutschen auch ohne deine Hilfe schlagen, ich meine, vielleicht stirbst du oder wirst verwundet, bevor du überhaupt eine Chance hattest, das Leben ein bißchen zu genießen.« »Genau das ist der Grund, weshalb ich bleibe«, antworte ich. »Ich will noch so viele von ihnen töten, wie es irgend geht.« »Dummkopf«, sagt Olga, »du hast wirklich keine Ahnung, was Krieg heißt.«

In den nächsten Monaten kümmert sich Olga um mich, mehr als um die anderen. Die Kameraden behaupten, daß Olga mir schenken wird, was sie ihnen vorenthält, und daß nur ein Idiot wie ich keine Augen dafür hat. Nun ja, meine Schüchternheit gegenüber Olga kostet mich fast das Leben. Aber der Reihe nach.

Noch während der Darbietung brechen einzelne Gruppen von Soldaten auf. Bykow erklärt, wir sollen sofort zum Appell antreten. Leutnant Grischa sagt, daß wir in Kürze an die

Front verlegt werden. Wir marschieren lange, es regnet, und allmählich bricht Dunkelheit ein. Als Zapyga, unser Kompaniechef, ein älterer Ukrainer mit einem bemerkenswertem Schnauzbart, mich beim Marschieren sieht, ruft er: »Mischa, dein Mantel ist viel zu lang. Heb den Saum hoch und steck ihn unter den Gürtel. Und steck die Granaten nicht in die Taschen, sondern in deinen Beutel, sonst hast du nach tausend Schritten blaue Schenkel. Und die Fußlappen schauen aus den Stiefeln heraus. Setz dich hin, ich zeig dir, wie man sie richtig wickelt. Wenn du es falsch machst, stirbst noch vor deinem ersten Einsatz.« Zapyga weiß, wer ich bin. Später wird er nicht nur mein Schutzengel, sondern auch ein außergewöhnlicher Lehrer sein.

Todmüde erreichen wir spätabends die Front. Wir erhalten den Befehl, jeden Lärm zu vermeiden, und begeben uns auf unsere Positionen. Petja stiefelt mit dem Maschinengewehr hinter mir her. Ich träume davon, meinen klatschnassen Mantel ausziehen zu können, krieche im nassen Graben voran, das Wasser steht mir bis zu den Knien. Leutnant Grischa weist uns ein. Ich frage ihn flüsternd, ob es eine andere Stelle gibt, ohne Wasser.

»Wasser ist besser als Feuer«, entgegnet er. »Du wirst schon fertig damit.« Ich drücke mich in eine Ecke des Grabens …

Moischele, wie willst du über diesen breiten Fluß kommen, du kannst doch gar nicht schwimmen… Papa, schau, dort steht Suter. Alle stehen dort, ich erkenne sie, sie stehen mit dem Rücken zu uns, aber ich erkenne sie, ja, ich erkenne sie …

Mischa, gib mir dein Kochgeschirr! Ja, Petja, hier. Wo sind wir eigentlich? Es gibt zu essen. Gib mir dein Kochgeschirr! Nach einer Weile bekomme ich den Napf zurück, randvoll mit Buchweizengrütze, Bohnen und Fleisch. Ich habe einen

Bärenhunger, schlinge alles hinunter. Außerdem gibt es starken Tee, ein paar harte Kekse und eine Ration Machorka. Wir erfahren, daß es erst nach der Schlacht wieder etwas zu essen gibt. Die Stunde der Abrechnung ist also gekommen. Das Schlimmste ist, daß meine Stiefel voll Wasser sind, damit kann ich doch gar nicht laufen. Bykow grinst: »Keine Sorge! Wenn eine Mine dir die Beine wegreißt, fliegen die Stiefel mit, und dann bist du das Problem los. Kapiert?« Natürlich kapiere ich. Bilder der toten Soldaten an meinem ersten Tag in Freiheit gehen mir durch den Sinn. Ich bin traurig. Vielleicht bin ich morgen früh ebenfalls tot, vielleicht liege ich auf der Erde, blutend, die Arme ausgestreckt oder zusammengekrümmt. Und keine Menschenseele wird an meinem Grab in diesem fremden, verhaßten Land stehen … Aber zum Glück bin ich nicht schon DORT gestorben, wenigstens nicht dort. Alles andere ist unwichtig.

Der Morgen dämmert heran. Wir warten auf das rote Signalgeschoß. Dann stürmen wir, »Hurra!« schreiend, wie ein Mann vorwärts durch das Minenfeld, ich laufe hinter Petja her, überhole ihn, alle brüllen, Kugeln pfeifen uns um die Ohren. Petja wirft sich an einem dicken Baum auf die Erde, ich ebenso, das Maschinengewehr knattert. Ich schieße aus meinem Gewehr, ohne etwas sehen zu können. Ich schaue mich um, sehe, daß jeder flach auf dem Boden liegt. Die Sonne, die liebe Sonne, ist hervorgetreten, um die nasse Erde zu trocknen. Jetzt sehe ich Schützengräben der Deutschen, sie schießen auf uns. Irgendwo schlagen Granaten ein. Sascha, der Zigeuner, erhebt sich, andere wollen es ihm gleichtun, aber der Kugelhagel wird immer dichter. Die ersten unserer Männer werden getroffen, sie fallen zu Boden, ihr Stöhnen dringt an unsere Ohren. Petja legt ein neues Magazin ein und gibt ein paar Probeschüsse ab. Leutnant Grischa schreit: »Los,

Jungs!« Ich springe hoch, Petja bleibt hinter seinem Baum liegen, rührt sich nicht. Die Luft ist erfüllt vom Pfeifen der Kugeln. Nicht mehr als dreißig Meter trennen mich von den deutschen Gräben, doch Petja liegt noch immer auf dem Boden, will nicht mit mir vorwärtsstürmen. Irgendwo hinter mir sehe ich Bykow und Mordjaschow. Ich werfe mich hin, schaue zurück und brülle: »Verdammte Scheiße, Petja, ich bring dich um« und richte das Gewehr auf ihn. Petja kommt auf mich zugelaufen und wirft sich sofort wieder zu Boden, duckt sich hinter einem Felsblock. Wie besessen springe ich auf, versetze Petja noch einen Tritt und laufe los, »Hurra!« brüllend und schießend. Auch Petja und die anderen brüllen, wir schießen und werfen die ersten Granaten. Fünfzehn, zehn Meter noch, dann sehe ich einen von ihnen, er hebt die Hände hoch und wirft sein Gewehr weg. Ein älterer, dicker Mann neben ihm legt an. Ich schieße direkt auf ihn, er sinkt um, fällt mit blutüberströmtem Gesicht über den Graben. Sein Gesicht erinnert mich an ein anderes Gesicht, an diesen Dicken in Gleiwitz, der den Prügel von Kapo Hans zerbrach. Vielleicht sollte ich hingehen und mir den Mann genau ansehen, ihn fragen, ob er es war, ihn vielleicht retten? Aber nein, hier hält niemand inne. »Vorwärts, vorwärts!« Alles stürmt weiter, vorbei an herrenlosen Geschützen, Maschinengewehren, an verlassenen Panzern und Panzerwagen.

Wieder werfen wir uns auf den sonnengewärmten Boden, auf das grüne Gras, die wilden Blumen. Eine wundersame Ruhe legt sich über uns. Auf Befehl von Leutnant Grischa graben wir uns hier ein. Die Erde riecht nach Frühling. Petja liegt neben mir, sein massiger Körper ist wie ein wärmender Ofen, sein schweißgebadetes Gesicht strahlt. Rechts sehe ich Bykow. »Weißt du«, sagt er zu mir, »Saschas Beine sind Hackfleisch, und Wolodja ist wahrscheinlich tot, er ist blutüberströmt hingefallen und hat sich dann nicht mehr bewegt. Und dieser Litauer hat Glück gehabt, ein Streifschuß am Ohr, zwei Zentimeter weiter, wäre es ein sauberer Kopfschuß gewesen.« Bykow hat die Belagerung von Leningrad überlebt und wurde zweimal verwundet. Ich sehe ihn genauer an, und plötzlich wird mir klar, daß ich von Menschen umgeben bin, die Hunderte, ja Tausende von Kilometern gekommen sind und mich an ihrem Leid und ihrer Freude teilhaben lassen. Petja nimmt ein Stück Machorka, reißt ein Stück Zeitungspapier ab, rollt eine Zigarette und zündet sie an. Bykow raucht ebenfalls. Ich möchte jetzt auch rauchen, zum ersten Mal in meinem Leben – das Kraut, das wir auf der Schultoilette geraucht haben, zählt nicht mit. Petja zeigt mir, wie man sich eine Zigarette rollt. Ich stelle mich nicht sehr geschickt an, aber schließlich habe ich es geschafft und rauche oder tue zumindest so. Sonderbar, daß mich diese Zigarette so sehr mit diesen Soldaten verbindet, deren Sprache ich nicht spreche.

Wir rücken weiter vor, kommen zu einem kleinen Fluß, an dessen Ufer wir Stellung beziehen. Die Panzer rollen weiter, aber der Fluß ist zu tief. Ein Befehl macht die Runde, bei dem Gerassel der Panzer nur undeutlich zu verstehen. Jemand brüllt mir zu: »*Kama ... skatj*.« Ich gebe den Befehl an Bykow weiter. »*Schto iskatj* [Was sollen wir suchen]?« fragt er. Darauf ich: »*Kamnaty iskatj*«. Bykow: »*Komnaty iskatj* [Wohnungen suchen]? Prima, also los, du sprichst doch Deutsch.«

Wir betreten ein Haus, auf dem Küchentisch steht noch eine warme Schüssel mit Kartoffeln und Fleisch. Plötzlich haben wir beide einen Bärenhunger. Bykow warnt mich, daß das Essen vergiftet sein könnte. Vorsichtig durchsuchen wir das Haus, doch alle Zimmer sind leer. Niemand da. Der Hunger ist stärker als alle Bedenken, wir beschließen, es zu riskieren und ein wenig zu essen. Das »ein wenig« endet, als der ganze

Tisch leergeputzt ist. Plötzlich bemerke ich Stiefel unter dem Vorhang zur Speisekammer, die sich ganz langsam bewegen. Ich lenke Bykows Blick dorthin, wir nehmen unsere Gewehre, suchen hinter einem Möbelstück Deckung, und ich rufe: »Raus! Wir schießen!« Keine Antwort. Ich wiederhole meine Warnung, doch die Stiefel scheinen wie versteinert. Plötzlich schiebt sich etwas durch den Vorhang, was wie ein Gewehrlauf aussieht. Bykow und ich drücken fast gleichzeitig ab. Jemand stürzt zu Boden, stöhnt, es fließt Blut. Wir eilen hinzu, sehen einen älteren Mann in Uniform, der in den Händen kein Gewehr, sondern einen Regenschirm hält. Draußen ertönt das Kommando »In Stellung gehen«. Wie sich herausstellte, lautete der Befehl »*Kamienie taskatj*« (Steine zusammentragen). Wir sollten Steine in das Flußbett werfen, um den Panzern das Durchqueren zu ermöglichen. Weil Bykow und ich den Befehl falsch verstanden hatten, konnten wir uns sattessen, aber die Erinnerung an den verwundeten Deutschen in seiner Stube läßt mich nicht los. Bykow rät mir, über unser Erlebnis Stillschweigen zu bewahren, da wir sonst wegen Befehlsverweigerung Ärger bekämen.

Rasch überqueren die Panzer den Fluß. Wir waten hinterher, wieder bis zur Hüfte im eiskalten Wasser. In aufgelöster Ordnung schwärmen wir über das hügelige Gelände, das übersät ist mit Gasmasken, leeren Patronenhülsen, Tornistern und allen möglichen Gegenständen. Auf der nächsten Anhöhe beziehen wir Stellung. Im Tal geht jemand mit einem Pferdefuhrwerk, irgendwo muhen Kühe. Wir lagern im Schutz von Gebüschen. Endlich bekommen wir etwas zu essen, ein großes Stück Brot und »Tuschonka«, amerikanisches Büchsenfleisch. Jeder macht sich über diesen Schatz her, während Bykow und ich überaus manierlich essen. Wir bewahren unser kleines Geheimnis. Dann zieht jeder die Stiefel aus und trocknet die durchnäßten Fußlappen. Bald heißt es wieder aufbrechen. Bykow zeigt mir, wie man die trockenen Stellen der Fußlappen verwendet. Erst jetzt wird mir klar, was für eine wunderbare Erfindung das ist.

Es ist Nacht geworden, aber wir marschieren immer weiter. Mir ist, als glühten meine Füße. Sterne funkeln, der Himmel wölbt sich über mir wie ein Zeltdach. Inzwischen verwende ich das Gewehr schon als Krückstock, und beim Gehen schlafe ich fast. Schließlich sinken wir alle zu Boden. Empfindungslos falle ich in einen tiefen Abgrund. Plötzlich schüttelt jemand meinen Arm. Die Sonne blendet mich. »Los, los, bewegt euch!« Ich kriege die Augenlider kaum auseinander. Frühstück mit starkem Tee. Was für ein Genuß! Ich ziehe die Stiefel aus und sehe die Blasen an meinen Füßen. Neben mir taucht Zapyga auf und Olga, die Krankenschwester. Wo kommt sie auf einmal her? Egal, sie sticht die Blasen auf, reibt sie mit einer Salbe ein, und dann marschieren wir weiter. Bald befinden wir uns in den waldigen Höhenzügen des Sudetenlands. Unser Auftrag lautet: der Division Hermann Göring den Weg nach Westen abzuschneiden. Nachts ist es am schlimmsten. Es gibt keine Schützengräben, keine Front, wir bewegen uns blindlings vorwärts, immer wieder fallen Schüsse, von woher und von wem, ist unklar, Soldaten sterben.

Es ist ein schöner Tag im Mai. Plötzlich ist überall große Aufregung: Das Bataillon soll antreten. Wir versammeln uns auf einer Waldlichtung. Jeder hat inzwischen die Nachricht gehört: Die Deutschen haben kapituliert. Zapyga zwirbelt seinen Schnurrbart, Leutnant Grischa kann seine Uniformmütze nicht finden. Dann erscheint Major Nikitin, der Bataillonschef. »Stillgestanden!« Der Major verliest die offizielle Erklärung über die deutsche Kapitulation. Ich spüre einen Kloß im Hals. Ich tauche ein in Meer von Gedanken und Gefühlen. Die anderen jubeln, umarmen sich, weinen, tanzen, lachen. Eine gewaltige Woge von tragischen Erinnerungen, von Hoffnungen und bislang nur gedämpfter Freude. Jeder gibt auf seine Weise zu erkennen, wie er sich diesen Tag erträumt hat.

Manche holen eine Flasche hervor oder ein Kochgeschirr mit Wodka. Plötzlich taucht Iwan mit einer Flasche in der Hand und einer Tasse vor mir auf. »Mischa, laß uns als Soldaten und Freunde trinken! Verzeih mir, daß ich so grob zu dir war. Ich hab dich wirklich sehr gern.« Wie kann ich ihm diesen Wunsch in einem solchen Moment abschlagen? Zum ersten Mal trinke ich Wodka, an diesem verrückten Ort, mit einem Mann, der auf merkwürdige Weise in mein Leben trat und unwissentlich mein weiteres Schicksal entschied. Eine angenehme Wärme strömt durch meinen Körper. Iwan, dieser Schrank von einem Mann, gibt mir etwas zu essen, beugt sich vor, umarmt und küßt mich und wirbelt mit mir herum. »Wir haben gesiegt, wir haben gesiegt!« brüllt er. Einer spielt Akkordeon. Viele Soldaten tanzen. Diese überwältigende Freude will sich nicht auf mich übertragen, doch schließlich wirkt der Zauber auch bei mir, meine Beine bewegen sich im Rhythmus der lebhaften Melodien. Ich sage mir, daß ich irgendwann diese Lieder und Tänze werde lernen müssen.

Der Major taucht wieder auf und gibt den Befehl zum Weitermarsch. »Die Deutschen haben kapituliert, aber der Krieg ist noch nicht vorbei. Die SS-Männer weigern sich, die Waffen niederzulegen, und versuchen, sich nach Westen durchzuschlagen. Wir müssen das verhindern.« Weiter geht es durch das Bergland. In den waldigen Tälern ist es schwer, Kontakt untereinander zu halten. Auf uns wird geschossen, unsichtbare Scharfschützen. Die Nacht bricht herein, der Beschuß wird heftiger, wir hören Gemurmel, Rufe, Stöhnen. Ich bin froh,

Petja an meiner Seite zu wissen, gemeinsam geht es besser. Wir marschieren bergauf, bergab, und bei Tagesanbruch scheint es, als wären wir wieder an unserem Ausgangspunkt. Tagsüber fühlen wir uns sehr viel sicherer. Wir rasten vor einem steilen Abgrund, gefangengenommene SS-Männer werden herbeigeführt. Der Major befiehlt, sie in Dreier- oder Vierergruppen irgendwohin zu bringen. Immer wieder fallen Schüsse, und ab und zu wird einer von uns getroffen.

Der Major findet, daß wir nicht genug Leute zur Bewachung der Gefangenen haben. Jemand taucht mit weiteren zwei Gefangenen auf – großgewachsenen Burschen. Was für ein erregendes Gefühl, die Angst in ihren Augen zu sehen! Der Major befiehlt, ihre Achselhöhlen auf Tätowierungen zu überprüfen, und sagt: »Popow, bring sie dort drüben hin und erledige das.« Popow führt sie zum Abgrund und schießt. Die nächste Gruppe soll ich übernehmen. Ich sehe die mächtigen gebeugten Rücken, die erhobenen Hände, die fleischigen Nacken. Jemand drückt mir ein Gewehr in die Hand, aber ich spüre den Unwillen, der in mir hochsteigt. »Genosse Major«, sage ich, »ich kann nicht auf Leute schießen, die mit erhobenen Händen dastehen und mir den Rücken zukehren. Ich kann es einfach nicht.« Der Major erwidert: »Das sind SS-Männer, das sind doch keine Menschen, du weißt, was sie deinem Volk angetan haben. Wenn ich nicht wüßte, wer du bist, Mischa, würde ich dich genauso erschießen lassen. Du bist ein Dummkopf, basta!« Popow ist überglücklich, die Aufgabe übernehmen zu können. Er ist siebzehn, der Jüngste von uns. Er kommt aus der Region Smolensk, hat gesehen, wie die Deutschen seine Mutter und Schwester vergewaltigt und anschließend erschossen haben. Er ergreift jede Gelegenheit, zu töten, Häuser anzuzünden, zu vergewaltigen, selbst alte Frauen. Zu mir sagt er: »Wir nehmen sie einfach, damit sie nie mehr kommen und sich an unseren Frauen vergehen.« Popow gehörte zu den ersten, die nach Rußland zurückgeschickt wurden.

Am Abend des 11. Mai erreicht uns die Nachricht, daß auch für uns der Krieg zu Ende ist. Wieder erfüllen Hurra-Schreie die Luft. Wir bekommen eine üppige Mahlzeit und jeder einen Zehntelliter Wodka. Endlich können wir richtig schlafen. Am nächsten Morgen geht es weiter in Richtung Königgrätz. Unterwegs begrüßen uns die Menschen. Eine alte Frau mit einem Krug in der Hand weint und lacht zugleich. Sie gießt Milch in einen Becher, den ihr ein junges Mädchen entgegenhält und dann den vorbeimarschierenden Soldaten anbietet. Auch ich bekomme einen Becher, die kalte Milch schmeckt himmlisch. Wir nähern uns der Stadt, eine Blaskapelle spielt, die Menschen jubeln. Erstaunt registriere ich, daß die jungen, schönen Frauen am Straßenrand meine Aufmerksamkeit erregen.

Wir machen Rast. Fast jeder zieht sich aus und badet in der kalten Elbe. Ich bedaure, daß ich nicht schwimmen kann. Meinen erstaunten Gefährten erkläre ich: »In Lodz gab es keinen Fluß, nur das Schwimmbad des CVJM, und da durften Juden nicht hinein, ich hatte also keine Gelegenheit, Schwimmen zu lernen.« »Na und?« sagen sie. »Wir bringen's dir schon bei.«

Unser Vormarsch geht weiter. Wir kommen an einer Aussenstelle des Konzentrationslagers Mauthausen vorbei. Tausende ausgemergelter Gestalten, noch immer in gestreifter Häftlingskleidung, rufen uns zu, winken, kommen herbeigelaufen, küssen uns. Jemand schenkt mir eine kleine Blume. Wieder dieser Kloß im Hals, aber ich unterdrücke die Tränen. Ich nehme die Blume und stecke sie an Bykows Brusttasche. »Für dich, Serjoscha, sie ist hier für dich gewachsen.«

Es geht weiter in Richtung Graz. Auf den steilen Bergstraßen müssen wir den Zugpferden oft helfen. Nachts schlafen wir im Gras. Erst am nächsten Morgen stelle ich fest, daß ich in einer nassen Erdgrube geschlafen habe. Wir ziehen weiter. Die Straße windet sich durch enge Schluchten, wir kommen durch einsame Dörfer. Schließlich können wir ausruhen. Wir quartieren uns in einem luxuriösen Hotel namens Panhans ein. Die Soldaten streifen durch die prunkvolle Eingangshalle, sehen die Zimmer, staunen über die vornehme Einrichtung, die Kristalleuchter, die dicken Teppiche und die weichen Betten, fühlen sich wie in einem Märchenschloß. Ein Österreicher berichtet mir, daß Göring und Goebbels, fast die ganze Führungselite hierherkamen. Ich gebe diese Information an die anderen weiter, was ihre Erregung noch zu steigern scheint. Jemand entdeckt einen riesigen Weinkeller, enorme Menge von Konservendosen, Nüssen und anderen Delikatessen, eine unglaubliche Beute für die Soldaten, denen die Entbehrungen des Krieges anzusehen sind. Sie trinken, machen überall das Licht an, fahren in den Aufzügen hinauf und hinunter, manche packen alles ein, was ihnen unter die Hände kommt. In einem Zimmer sehe ich die Dienstanweisungen für das Personal, die Essensaufzüge. So haben sie also gelebt, während wir vor Hunger und Kälte umkamen, geprügelt und vergast wurden. Nachdenklich strecke ich meine müden Glieder auf einem breiten Bett aus. Ein unbeschreibliches Wohlgefühl, dem ich mich schließlich hingebe …

Papa, es ist so heiß, ich kann nicht mehr laufen. Halt dich gut an mir fest, Moischele, ich trage dich auf dem Rücken. Die Körbe, die er in den Armen hält, sind randvoll, meine Finger spüren seinen Adamsapfel. Ich halte mich mit aller Kraft fest, um nicht hinunterzufallen … Mächtige Birnbaumäste hängen über meinem Kopf. Neben mir sind Salek und Lola und die Freunde. Tante Perla bringt uns Erdbeeren mit saurer Sahne. Die Birnen fallen uns auf den Kopf …

»Mischa, Mischa, steh auf!« Neben mir steht Stanislaus, der Litauer, der mit dem Streifschuß am Ohr. Aufgeregt tippt er mir auf die Stirn und drängt mich, hinunterzugehen und zu sehen, wie die Kameraden sich amüsieren. Ich gehe die breite Treppe hinunter und betrete einen runden Speisesaal oder vielleicht auch Ballsaal. An der Decke hängt ein riesiger Kristalleuchter von mindestens zwei Metern Durchmesser. Mehrere Soldaten halten eine Leiter, einer klettert hinauf, steigt in den Leuchter, zieht die Hose herunter und erledigt sein Geschäft. Alle brüllen vor Lachen. Er hat große Mühe, die Leitersprossen zu finden, die Hose hängt ihm noch immer an den Knöcheln, aber schließlich steht er unten, jemand gibt ihm eine Uhr, andere klatschen und lachen. Ich höre, daß er gewettet hat, er könne vom Kronleuchter aus scheißen. Die Uhr ist sein Wettgewinn.

Soldaten liegen betrunken in Sesseln, auf Bänken und auf dem Fußboden, manche schlafen, bedeckt mit Erbrochenem. Mordjaschow taucht mit einer Flasche Kognak und einer farbigen Tasse neben mir auf. Er gießt etwas ein und befiehlt mir, auszutrinken. Ich weiß nicht einmal, was Cognac ist, rieche, nippe davon und stelle ihn weg. Ich frage Mordjaschow, was die Österreicher von der Roten Armee halten werden, sobald wir abgezogen sind. »Nur das Beste. Wenn ihnen mal wieder einfällt, uns anzugreifen, dann wissen sie, daß wir von all ihren Kronleuchtern scheißen werden. Und ich sage dir, keiner kann das besser als der russische Soldat.«

Ich kehre auf mein Zimmer zurück. Es gibt fließendes Wasser, kalt, aber immerhin, und sogar eine Dusche. Sogar ein Stück Seife findet sich an. Mein Gott, wie viele Jahre ist es her, seit ich das letzte Mal geduscht habe. Weißt du noch,

Papa, wie du mich in das rituelle Bad mitgenommen hast? Mit ein paar Blättern seifst du meinen Knabenkörper ein, dann steige ich in das tiefe Becken, und dann wird geduscht, warm und kalt. Saubergeschrubbt kehren wir zum Freitagsgebet und zum Sabbatessen zurück. Unser schöner Leuchter steht auf dem Tisch. Du sprichst den Segen, schneidest das Brot. Mutter trägt gehackte Leber, gefüllten Karpfen, Hühnersuppe mit Nudeln und großen Erbsen auf. Ich nage mit Begeisterung die Knochen ab. Du diskutierst mit Koziol, unserem regelmäßigen Gast, über Politik oder liest Zeitung, Salek und ich stehen auf, wir wollen mit Freunden spielen …

Ich wache in einem sauberen, frisch bezogenen Bett auf, erschrecke. Ist das ein Traum? Ich stehe auf und gehe durch das Hotel. Überall liegen Soldaten, selbst Offiziere, in tiefem Schlaf. Auch der Wachposten vor dem Hoteleingang ist betrunken. Die Sonne steht hoch am Himmel. Plötzlich höre ich Rufe: »Alles antreten!«

Wieder marschieren wir. Es geht durch bergiges Gelände, an einem Fluß entlang. Die Hitze läßt nicht nach, wir sind durstig, plötzlich wird in unserer Kolonne ein Befehl durchgegeben: Wer deutsch kann, soll sich melden. Leutnant Grischa winkt mich zu sich und sagt: »Mischa, zum Regimentskommandeur, aber ein bißchen fix!« Im Laufen knöpfe ich mir die Uniformbluse zu und wische mir über die Stirn. Der Wachposten vor einem Gasthaus am Straßenrand schickt mich in den ersten Stock hinauf. Sie haben bestimmt einen Saboteur geschnappt, denke ich, oder einen Spion oder etwas noch Wichtigeres. Na ja, das mit dem Deutsch werde ich schon schaffen, aber mein Russisch ist wirklich nicht besonders. Wahrscheinlich haben sie keinen besseren Dolmetscher, ich werde eben mein Möglichstes tun. Ein zweiter Posten steht vor einer hohen schmuckvollen Tür. Ich überprüfe rasch den Sitz meiner Uniform und klopfe. Hinter der Tür ertönt ein lautes »Herein!«. Ich trete ein und sehe einen nackten Mann und zwei dürftig bekleidete Frauen auf einem breiten Bett. Ich stehe stramm und melde: »Genosse Oberst, Soldat Michael Abramowitsch Checinski meldet sich zur Stelle.« Ich kann meine Erschütterung kaum verbergen. Der Offizier sagt: »Frag die Weiber, ob sie Tripper oder Syphilis haben. Sag ihnen: Wenn sie lügen, werde ich sie finden und erschießen.« Ich dolmetsche. Die eine Frau ist eine dralle Blondine, die andere schlank und ebenfalls blond, beide um die fünfunddreißig. Sie sagen mir, daß sie gesund sind und seit einer ganzen Weile nicht mehr mit einem Mann geschlafen haben. Der betrunkene Oberst wendet sich wieder an mich: »Na schön, nimm dir eine, wenn du willst, nebenan ist ein freies Zimmer, oder steig hier ins Bett und amüsier dich. Mir reicht's.« Ich murmele irgendetwas und verlasse mit einer Entschuldigung das Zimmer. Ich versuche, meine Gedanken zu sammeln, es fällt mir immer schwerer, die Realität zu verstehen. Schweigend kehre ich zu meinen Gefährten zurück.

Gegen Abend kommen wir nach Aspang, wo meine Karriere als Rotarmist eine weitere Wendung nehmen wird. Ein großes Haus am Marktplatz dient uns als Unterkunft. Der Regimentsstab befindet sich genau gegenüber. Unser neuer Kommandeur bezeichnet uns immer wieder als »zweite Wahl«, denn die besten Leute seien bei Stalingrad gefallen. Einige von uns sind in der Zwischenzeit an die japanische Front versetzt worden, darunter auch Leutnant Grischa. Sein Nachfolger ist Wolodja, ein jungenhafter, sehr angenehmer Mann, dem ich aus irgendeinem Grund sympathisch bin.

Unser erster großer Einsatz findet in einiger Entfernung von Aspang statt. Wir übernachten in der Kaserne eines Fliegerhorsts, auf roh zusammengehauenen Pritschen. Gleich in der ersten Nacht machen uns die Holzsplitter zu schaffen. Am nächsten Tag treibe ich in der Nähe Heu und ein paar leere Zementsäcke auf, einen stopfe ich mit Heu voll und bringe ihn in die Kaserne. Wolodja sieht das und findet meine Initiative lobenswert. Ich soll ihm zeigen, wo ich diese Schätze gefunden habe. Auf dem Weg dorthin erkläre ich ihm in meinem gebrochenen Russisch, wo ich »mjeschki« (Säcke) und »sjeno« (Heu) gefunden habe. »Du meinst *worki* und *siano*«, erwidert Wolodja und fährt in fast fehlerfreiem Polnisch fort: »Mischa, meine Mutter ist Polin, und ich spreche Polnisch. Aber behalt es um Gottes willen für dich, sonst bin ich so gut wie tot.«

»Aber Genosse Leutnant«, sage ich, »es ist doch kein Verbrechen, Pole zu sein und Polnisch zu sprechen. Die Rote Armee ist internationalistisch.«

»Mischa, du Naivling, du hast keine Ahnung. Leider ist es ein großer Fehler bei uns, wenn man Pole ist. Ich kann einpacken, wenn herauskommt, daß ich eine polnische Mutter habe. So ist es, ob du es verstehst oder nicht. Du kannst Polnisch sprechen, weil du nicht zu uns gehörst. Aber wer weiß, vielleicht dreht man selbst dir einen Strick daraus.«

»So ist es also, Wolodja.«

»Ja, genau so.«

Wieder erschrecke ich über etwas Unbegreifliches, das in der Welt, die ich mir während des endlos langen Tages vorgestellt habe, keinen Platz hat.

Fast alle männlichen Einwohner von Aspang wurden zur Wehrmacht eingezogen, was bedeutet, daß sie entweder gefallen oder in Gefangenschaft sind. Frauen unterschiedlichen Alters und die älteren Männer versuchen, aus diesem unerwarteten Kriegsende das Beste zu machen. Meine Deutschkenntnisse und meine höfliche Art öffnen mir viele Türen und auch viele Frauenherzen. Allerdings bin ich nicht bereit, solchen Kameraden, die vergewaltigt oder geplündert haben, als Dolmetscher zu helfen. Vor allem für die Offiziere unseres Regiments bin ich eine Art Institution. Ich helfe ihnen, Spirituosen aufzutreiben und Geschäfte mit dem Schneider, dem Schuster und Metzger zu tätigen. Meine Dienste sind sehr gefragt, selbst beim Verhandeln von intimeren Angelegenheiten. Die Österreicherinnen machen sich diese Invasion junger Männer zunutze, so daß Vergewaltigungen gar nicht notwendig sind.

Eine sechzehnjährige Blondine namens Hilda sorgt für Aufregung in der Truppe. Sobald es dunkel wird, wartet sie auf dem Friedhof, neben der Kirche. Aus einer Gruppe wählt sie vier oder fünf Leute aus und stellt mit ihnen Dinge an, von denen diese nie zu träumen gewagt hätten. Das ganze Regiment spricht nur noch von Hildas sexuellen Talenten. Die Interessenten sind so zahlreich, daß eine Warteliste aufgestellt werden muß, aber manche prügeln sich mit ihren Kameraden, nur um noch einmal in den Genuß von Hildas außergewöhnlichen Künsten zu kommen. Meine Verunsicherung – kann man Sex ohne Gefühle haben? – hält mich davon ab, am nächtlichen Treiben auf dem Friedhof teilzunehmen, und bewahrt mich zugleich vor unangenehmen Überraschungen. Bald zeigt sich nämlich, daß sich einige Kameraden einen Tripper geholt haben. Die steigende Zahl von Geschlechtskrankheiten löst Besorgnis aus, so daß die Regimentsführung beschließt, den Friedhof ständig bewachen zu lassen, und seitdem kann Hilda Amüsement und Krankheitserreger nur dem jeweiligen Posten offerieren. Die Kameraden beneiden mich, daß ich mir keine Krankheit zugezogen habe, verstehen mein

Verhalten aber nicht, manche äußern sogar Beschuldigungen. Zwei andere Vorfälle, bei denen ich beteiligt bin, bestärken sie in ihrer Überzeugung, daß mit mir etwas nicht stimmt.

Auf Anweisung von Leutnant Wolodja befreit Zapyga den Korporal Stjopa und mich vom politischen Unterricht. »Von Politik versteht Mischa mehr als wir alle zusammen. Er sollte lieber Russisch lernen.« Stjopa, ein Ukrainer, widmet sich diesem Auftrag mit großem Engagement. Doch gelegentlich werden meine Stunden durch andere Dinge unterbrochen. Eines Tages soll ich für Zapyga ein großes Stück Tabak gegen Alkohol eintauschen. Ich gehe los, überlege mir, an wen ich mich wenden könnte. Da ich ein bißchen müde bin, setze ich mich auf einen umgestürzten Baum am Straßenrand. In der Nähe sind zwei junge Frauen, von denen die eine gerade ihrem Baby die Brust gibt. Ich spreche die beiden auf Deutsch an. Es sind Zigeunerinnen, die kürzlich aus dem Konzentrationslager entlassen wurden. Seit fast zwei Monaten sind sie unterwegs, und in dieser Zeit hat die eine ihr Kind geboren, sie wurde vor der Einlieferung ins Lager schwanger. Sie zeigen auf ein Holzhaus in den Bergen, dort haben sie gewohnt, die Angehörigen sind alle umgekommen, nur sie haben wie durch ein Wunder überlebt. Möglicherweise verdanken sie das der Tatsache, daß die Jüngere, siebzehn Jahre alt, blond und eine Halbzigeunerin ist. Ihr Vater, ein Österreicher, weigerte sich, sie vor der Deportation zu schützen. Jetzt wandern sie seit zwei Tagen umher, und nicht einer der Dorfbewohner ist bereit, sie aufzunehmen, oder ihnen zumindest ein Glas Milch anzubieten.

Wir sind in der Nähe des Hotels, wo sich unser Regimentskommandeur ein paar Wochen zuvor mit zwei Damen verlustiert hat. Dorthin bringe ich die beiden Zigeunerinnen. Der Besitzer bestätigt, daß sie tatsächlich in dieser Waldhütte gewohnt und die Männer hauptsächlich als Holzfäller oder im Straßenbau gearbeitet haben. Da man ihnen keinen Diebstahl nachweisen konnte, wurden sie erst 1944 deportiert, also ziemlich spät. Ich erinnere mich an die bestialische Ermordung österreichischer Zigeuner im Lodzer Ghetto. Ich mustere den Hotelbesitzer scharf und frage ihn, ob er weiß, wohin diese Leute kamen. Er schweigt, dann räuspert er sich und sagt zögernd: »Es hieß, in ein Arbeitslager.« »Aber Sie wußten, wohin die Juden gebracht wurden, ja?« Wieder Schweigen. In dem Gesicht arbeitet es, aber er sagt kein Wort. Mit drohender Stimme sage ich: »Sie werden diese beiden Frauen aufnehmen, sie anständig verpflegen, ihnen ein Zimmer mit Bad, frische Bettwäsche und ein paar Sachen zum Wechseln geben. Morgen komme ich vorbei und sehe nach. Wenn die Zigeunerinnen sich beklagen, wird Ihr Hotel in Rauch aufgehen, verlassen Sie sich darauf!« Meine beiden Schützlinge strahlen vor Glück, die jüngere verschlingt mich mit den Augen. Als ich aufbreche, sitzen die beiden schon an einem reich gedeckten Tisch und leeren einen Teller nach dem anderen.

Nachdenklich kehre ich zurück. Schemenhaft erkenne ich das Gestern. Wie kann man den Abstand zwischen mir und den Soldaten überbrücken, die mir so nahe sind? Wie kann man die Kluft zwischen ihrer und meiner Vergangenheit überwinden, zwischen meinen Schmerzen und ihrer Freude? Was tue ich in diesem gottverlassenen Bergdorf, weit entfernt von allen, die mir nahe sind? Ich weiß nicht einmal, ob einer von ihnen überlebt hat und wo ich suchen sollte. Es wird Zeit, an eine Rückkehr nach Lodz zu denken.

Ich schaue bei Zapyga vorbei und berichte ihm von meiner Begegnung mit den Zigeunerinnen und dem Hotelbesitzer.

»Hat er ihnen zu essen gegeben?« fragt Zapyga.

»Das schon.«

»Und hat er ihnen ein Zimmer gegeben?«

»Er hat es mir versprochen.«

»Waren sie hübsch, diese Mädchen?«

»Sehr.«

»Hast du wenigstens eine gevögelt?«

»Sowas tut man nicht, wenn man die Frau gerade erst kennengelernt hat.«

»Ich sag dir was, Mischa, du nimmst mein Fahrrad und fährst sofort zurück und vögelst mindestens eine von ihnen. Komm ja nicht ohne das zurück. Und wenn du keine Lust hast, du Idiot, dann gehe ich.«

Wortlos nehme ich das Rad und fahre langsam zum Hotel zurück. Der Besitzer guckt mich erschrocken an und versichert, daß die Zigeunerinnen nicht dort übernachten, sondern nach Verwandten suchen wollten. Er schwört, ihnen Geld und einen Sack Lebensmittel mitgegeben zu haben. Ich bin froh, daß mir die Ausführung von Zapygas Befehl erspart bleibt, muß aber gestehen, daß ich es gern einmal ausprobiert hätte. Als Zapyga meine Geschichte hört, breitet er die Arme aus und sagt: »Du bist ein hoffnungsloser Fall, Mischa. Wenn du länger bei uns bleibst, könnte es trotzdem sein, daß ich noch einen Mann aus dir mache. Im Moment bin ich mir da nicht so sicher.« Schon bald wird er zu der Überzeugung kommen, daß seine Anstrengungen, einen »richtigen Mann« aus mir zu machen, nutzlos sind.

Im Spätsommer 1945 werden die älteren Jahrgänge unter den Rotarmisten demobilisiert, aber man will sie wenigstens in anständigen Uniformen und Stiefeln nach Hause schicken. Viele tragen kaum mehr als verschwitzte Lumpen. Unser Befehl lautet, die guterhaltenen Teile unserer Uniform diesen entlassenen Soldaten zu geben. Das führt dazu, daß viele, darunter auch ich, gar keine Uniform mehr haben. Zwei oder drei Mann müssen sich eine Unform teilen, so daß die meisten von uns, nur mit Unterwäsche bekleidet, im Quartier bleiben. Als ich Wachdienst habe, bekomme ich die Uniform des Kasachen Ismailow. Die Vorstellung, sie tragen zu müssen, zumal die Hose, finde ich, vorsichtig ausgedrückt, nicht besonders erhebend. Mir ist klar, daß ich mir eine eigene Lösung für dieses Problem einfallen lassen muß. Ich durchsuche das ganze Quartier, finde auf dem Dachboden einen Billardtisch unter einem grünen Tuch. Abends bringe ich das Tuch zum Schneider, der mir eine Hose daraus machen soll. Als Bezahlung biete ich ein größeres Quantum Tabak. Der Mann ist ein wenig verdutzt, schmunzelt, akzeptiert aber mein Angebot. Drei Tage später trete ich in einer grünen Hose zum Dienst an. Obschon der Schnitt mehr der deutschen Mode und die Farbe nicht dem in der Roten Armee üblichen Ton entspricht, erregt meine Hose die Bewunderung und den Neid meiner Kameraden und der Offiziere. Unter den Einwohnern von Aspang bin ich fortan als »der grüne Michael« bekannt. Und ich werde von Fremden erkannt, die von dem Soldaten gehört haben, der fließend Deutsch spricht und in Verhandlungen mit dem Hauptquartier helfen kann.

Auf der Straße spricht mich eine Frau an, schätzungsweise Mitte vierzig, die mit einem Kinderwagen unterwegs ist. Ich werfe einen Blick auf das Baby und frage sie beiläufig, ob sie weiß, daß es ein Volk in Europa gibt, von dem kein einziges Kind und schon gar kein Baby überlebt hat. Frau Viktoria sieht mich irritiert an. Wenn eine Handvoll Juden überlebt hat, sage ich, dann jedenfalls ohne Kinder, denn zuerst wurden die Kinder umgebracht. »Mein Mann kann so etwas unmöglich getan haben«, ruft sie. »Wenn er zurückkehrt, fragen Sie ihn, wen er umgebracht hat«, entgegne ich. »Vielleicht sagt er Ihnen die Wahrheit. Ich bezweifle es allerdings.« Frau

Viktoria staunt noch mehr, als ich ihr sage, daß ich ein Jude bin, der die Taten ihrer Männer und Söhne mitangesehen hat. Sie ruft: »Mein Gott, dann sind Sie also ein Jude, aber Sie behandeln uns so anständig.« Ich reagiere nicht, gehe weiter. Das Ergebnis ist, daß die Einheimischen noch mehr Interesse an meiner Person zeigen. Manchmal habe ich das Gefühl, als wäre ich von einem anderen Planeten zu ihnen gekommen.

Seit unserer Begegnung nutzt Frau Viktoria jede Gelegenheit, mich anzusprechen. Sie stellt mich ihren beiden Töchtern vor, Anna und Maria, etwa einundzwanzig und dreiundzwanzig. Anna ist die Mutter des Kindes, das ich im Kinderwagen gesehen habe, beide sind verheiratet, haben seit Monaten nichts mehr von ihren Männern gehört, wissen nicht, wo sie sind. Eines Tages laden mich die drei zum Abendessen ein. Sicherheitshalber sage ich Leutnant Wolodja und Zapyga Bescheid. Wolodja bittet mich, herauszufinden, ob auch er mal vorbeischauen könnte, und zwar nicht nur zum Essen. Die Knödel sind großartig, und der Wein erinnert mich an unseren letzten Pessachabend, Vater, als du zum letzten Mal an den Auszug aus Ägypten erinnertest.

Anna und Maria bieten mir völlig ungeniert an, die Nacht mit einer von ihnen zu verbringen, das Schlafzimmer sei gleich nebenan. Die blonde Anna ist ein bißchen breit in den Hüften, Maria dagegen schlank. Sie hat braunes Haar und ein süßes Gesicht. Frau Viktoria sagt: »Du bist so jung und schön, Michael« und meint, ihre Töchter fänden es sehr aufregend, daß ich Jude sei. Ich zucke zusammen. Der Vorschlag dieser drei verheirateten Frauen erscheint mir etwas zynisch, doch ich bin auch ein wenig versucht: die gemütliche Atmosphäre, das saubere Bett, die Chance, ein »Mann« zu werden, wie Zapyga sagen würde. Ich schaue in Annas Gesicht, sehe aber nur Minya, ihren unvergleichlichen Gesichtsausdruck, und höre ihre dunkle Stimme. Ich denke, wenn ich schon ein Mann werden muß, warum nicht mit Olga, der Krankenschwester, die mir wenigstens Gefühle entgegenbringt. Ich bedanke mich für das ausgezeichnete Essen und den schönen Abend und entschuldige mich mit dem Hinweis, daß ich Dienst hätte und bald wieder vorbeischauen würde. Meine Gastgeberinnen sind sehr enttäuscht.

Zapyga und Wolodja staunen nicht schlecht, als sie hören, wie der Abend ausging. Zapyga ist außer sich. »Mischa, sag die Wahrheit, bist du ein Mann oder ein Waschlappen? Du kriegst jedenfalls keinen Ausgang mehr. Mein Schwanz ist so hart, daß mir die Hose platzt, und du läßt dir eine Gelegenheit nach der anderen entgehen. Also, Wolodja und ich werden uns um diese Damen kümmern, du sagst ihnen einfach, was sie wissen müssen, klar?«

Ein paar Tage später ist die Sache entschieden: Wolodja nimmt sich Maria an, Leutnant Senja, sein Freund, leistet Anna Gesellschaft, während Zapyga sich mit Viktoria amüsiert. Doch das Glück der drei Paare währt nicht lange. Senja hat sich in eine von Annas Freundinnen verguckt, die aus der Wiener Neustadt zu Besuch gekommen sind. Diese Freundin ist so fasziniert von Senja, daß sie mit Anna bricht und sich, in Vorbereitung auf einen längeren Aufenthalt, ein Zimmer in Aspang nimmt. Anna reagiert mit einem Nervenzusammenbruch. Wenn wir uns begegnen, weint sie jedesmal. Viktoria beklagt sich über Zapyga, er sei ein Scheusal, kein normaler Mensch. Nur aus Angst bricht sie nicht mit ihm. Er bereitet ihr mehr Schmerzen als Lust. Ich tue mein Bestes, mit dieser ungewohnten Situation fertig zu werden, und tröste jede Frau, so gut es geht. Anna, besonders aber Viktoria, flehen mich geradezu an, wenigstens eine Nacht mit ihnen zu verbringen. Viktoria ahnt, daß ich noch unberührt bin, und macht mir um so eindeutigere Avancen. Sie legte meine Hand auf ihre Brust und sagt: »Mein Herz schlägt nur für dich, Michael.« Obwohl mich die Begegnungen mit diesen Frauen immer frustrierter zurücklassen, weiß ich, daß ich als »Aushilfe« niemals Sex mit ihnen haben werde. Nur Wolodya scheint sein Verhältnis mit Maria zu genießen. Sehr gern würde er sie mit nach Rußland nehmen, doch das wäre das Ende seiner Offizierslaufbahn. Er gibt auch ein gewisses Verständnis für meine Haltung zu erkennen.

In meiner Mundhöhle bemerke ich wunde Stellen, selbst an den Lippen, ein paar Zähne wackeln und tun weh. Der Arzt ordnet Einreiben mit Jodtinktur an. Die eigentliche Behandlung übernimmt Olga. Sie flucht dabei leise vor sich hin. Sie meint, das seien schwere Vitaminmangelerscheinungen, da helfe kein Jod. Sie gibt mir eine Arznei, von der ich ein paar Tropfen täglich einnehmen soll. Solche Vitaminpräparate bekommen normalerweise nur Offiziere. »Zerbrich dir deswegen nicht den Kopf, Mischa. Ich pflege dich wieder gesund.« Jedesmal, wenn ich zur Behandlung zu ihr komme, sorgt sie dafür, daß außer uns niemand im Zimmer ist. Sie kümmert sich fürsorglich um mich, stellt mir alle möglichen Fragen. Ich muß den Oberkörper freimachen, sie schaut sich die Haut an, streicht sanft darüber. Wenn sie meinen Mund mit einer Salbe einreibt, drückt sie meinen Kopf an ihre Brust, so daß mir das Herz fast aus dem Leib springt. »Wir müssen mal spazieren gehen, dann können wir uns unterhalten«, sagt sie, aber ich bin nur ein einfacher Soldat, der keine Zeit für Spaziergänge hat.

Ich beschließe, Schwimmunterricht zu nehmen. Meine Lehrer, allesamt ausgezeichnete Schwimmer, sind nicht besonders geduldig. Nur die Usbeken, Kasachen und die anderen, Söhne von Steppen und Wüsten und nicht von Seen und

Flüssen, sind so miserable Schwimmer wie ich. Schließlich schaffe ich es, mich mühsam an der Wasseroberfläche zu halten, worauf ich sehr stolz bin. Eines sonnigen Tages gehen wir zu einem Stausee. Das Wasser ist tief und mehr als fünfzig Meter breit. Ich beobachte das Spektakel vom Ufer aus. Plötzlich steht Olga neben mir, die in ihrem zweiteiligen Badeanzug wie eine Nixe aussieht. Herausfordernd sagt sie: »Na, Mischa, wollen wir rüberschwimmen? Mal sehen, wer als erster da ist.« Ich bringe es nicht fertig, ihr zu gestehen, daß ich nicht richtig schwimmen kann, lieber will ich ertrinken. »Na schön, einverstanden«, sage ich statt dessen. Olga zählt bis drei, dann springen wir ins Wasser. Etwa auf der Hälfte der Strecke verlassen mich die Kräfte. Mein Stolz verbietet es mir, um Hilfe zu rufen, aber Olga merkt, daß etwas mit mir nicht stimmt. Ich will mich an irgend etwas festhalten, erwische ihr Oberteil, reiße es ihr vom Leib. Die Jungs, die vom Ufer aus zuschauen, glauben, daß es Spielerei ist, und lachen. Ich verliere das Bewußtsein, versinke. Später erfahre ich, daß wir nur wenige Meter von der Stelle entfernt waren, wo das Wasser machtvoll in die Tiefe stürzt, und daß Olga große Mühe hatte, den anderen klarzumachen, daß ich am Ertrinken war. Jedenfalls registriere ich, daß ich von kräftigen Armen an Land gezogen, geschüttelt und wiederbelebt werde. Ich mache die Augen auf. Die Kameraden umringen mich, Olga kniet neben mir, nimmt sanft ihr Badeoberteil aus meiner verkrampften Faust. Die ganze Gruppe begleitet mich zurück zum Quartier. Olga bleibt bei mir, bis feststeht, daß ich außer Lebensgefahr bin. »Mischa, wann wirst du endlich begreifen, daß du nur ein Leben hast?« fragt sie und drückt mir zum Abschied einen leidenschaftlichen Kuß auf den Mund. Später bedaure ich, daß dieser erste Kuß auch der letzte war.

Meine Zahnfleischentzündung ist dank Olgas Behandlung

bald geheilt. Sooft ich später in die Sprechstunde komme, begrüßt sie mich wie einen guten Freund. Eines Tages wird Olga jedoch nach Rußland zurückgeschickt. Ich höre, daß sie davon träumte, Ärztin zu werden. Später habe ich mich oft gefragt, ob ich in ihren Augen mehr war als der eigenartige Jude, der das Inferno überlebt hat. Vielleicht. Nur sie weiß das. Jedenfalls ist mir Olga auch wegen eines anderen Vorfalls unvergeßlich.

Während eines Besuchs auf der Sanitätsstation erfahre ich, daß ich drei Ärzte als Dolmetscher nach Wien begleiten soll. Am nächsten Morgen brechen wir auf. In Wien finde ich die Wohnung, die mir in Aspang empfohlen worden war. Die Wirtin, eine kultivierte Dame, ist sichtlich verängstigt. Ich beruhige sie mit dem Hinweis, daß sie nichts zu befürchten hat und daß wir für jede Nacht, die wir dort schlafen, mit Lebensmitteln bezahlen werden. Bald kommen die Sanitätsoffiziere mit Koffern voll frischem Fleisch sowie Medizin, die überall dringend benötigt wird, beispielsweise diesen Vitaminpräparaten, wie ich sie von Olga bekommen habe. Ich soll die Wirtin fragen, ob sie diese Waren auf dem Schwarzmarkt gegen Kinder- und Frauensachen eintauschen kann. Es erscheinen ein paar Zwischenhändler, und die Transaktion ist rasch abgeschlossen. Auf meinen Vorschlag, doch wenigstens einige der historischen Sehenswürdigkeiten zu besuchen, geht niemand ein. Allein streife ich durch die zerstörte Stadt, es ist eher ein zielloses Herumirren. Ich denke mit unguten Gefühlen an meinen Part in diesem Spiel, denn ich weiß, daß die drei Offiziere Medikamente und Lebensmittel verhökern, die für meine Kameraden bestimmt waren.

Als ich nach meiner Rückkehr Olga davon erzähle, sagt sie: »Mischa, du versteht nichts. Sie stehlen, um in diesen Zeiten leben zu können. Diejenigen ganz oben nehmen sich einfach, was ihnen unter die Hände kommt, aber die kleinen Leute hungern. So einfach ist das.«

»Und Genosse Stalin weiß davon?«

»Keine Ahnung«, sagt Olga, »es gibt andere Dinge, um die er sich kümmern muß. Vergiß nicht, der Krieg ist gerade vorbei. Wer nicht stiehlt, überlebt nicht, du Dummer!« Abends, auf dem Marktplatz, begegne ich Leutnant Wolodja und erzähle ihm von meinen Wiener Erlebnissen. Er reagiert nicht viel anders als Olga. Wieder bricht meine Welt, meine Traumwelt, zusammen.

Mein Ansehen unter den Angehörigen meiner Einheit erreicht ungeahnte Ausmaße, als ich mit dem Metzger ein ungewöhnliches Geschäft vereinbare. Es ging um ein Stück Rotwild, das Mordjaschow und ich eines Tages auf der Jagd erlegt hatten. Der Metzger war bereit, uns für das Tier sowie eine größere Menge Tabak einen Ochsen zu geben, der sich das Bein gebrochen hatte. Wir vereinbarten, daß er aus dem Fleisch Würste machen und diese mir liefern würde. Mein Vorschlag, Tabak einzutauschen, stieß zunächst auf Skepsis, doch Zapyga und Soldaten meines Zuges unterstützten mich. Das Ergebnis war, daß ich ein paar Tage später Besitzer von mehreren hundert Kilogramm geräucherter Wurst war. Eine solche Delikatesse hatte es seit Monaten nicht mehr gegeben, und auch dann nur in geringen Mengen. Die Kameraden aus meinem Zug, denen ich regelmäßig große Portionen Fleischprodukte zukommen ließ, kamen sich wie die Fürsten vor. Fast täglich kamen Soldaten und auch Offiziere anderer Einheiten vorbei und baten um eine Wurst, manchmal im Tausch gegen Tabak. Alarmierend viele Leute suchen meine Freundschaft. Selbst Iwan erinnert mich an unsere Freundschaft, um ein Stück zu ergattern. Zapyga, der mir noch immer dankbar ist, weil ich ihm Frau Viktoria vermittelt habe, scheint nach dieser Wurstaktion schließlich geneigt, mir meine sexuelle Unbeholfenheit zu verzeihen. Allerdings haben meine Aktivitäten im Fleisch- und Wurstsektor noch andere, unerwartete Auswirkungen. Noch heute muß ich mit Schaudern daran denken, wie grausam Fanatismus ist, in meinem Fall der Fanatismus eines Kommunisten.

Vom Gefreiten Moskwa, den ich beiläufig kenne, ist bekannt, daß er in der Geheimkanzlei irgendeine Funktion hat. Seit ich zum Wurstgroßhändler avanciert bin, besucht er mich oft, und ich gebe ihm die wertvolle Ware. Eines Abends im Herbst kommt Moskwa zu mir und bittet mich, einen kleinen Spaziergang mit ihm zu machen. Er vertraut mir an, daß er meinen Namen auf einer Liste derjenigen Soldaten gesehen hat, die nach Sibirien verfrachtet werden sollen. Zum größten Teil sind es Soldaten, die in deutsche Kriegsgefangenschaft gerieten, befreit und wieder in die Rote Armee aufgenommen wurden, und andere Verdächtige. Ich selbst stehe offenbar wegen meines Antrags auf Heimkehr nach Polen auf der Liste. Nach meiner Begegnung mit den Zigeunerfrauen hatte ich mit Wolodja gesprochen und war zu dem Schluß gekommen, daß es an der Zeit sei, nach Polen zurückzukehren. Ich hoffte, einen Verwandten zu finden, der überlebt hatte, oder einen meiner Freunde aus der Ghetto-Widerstandsbewegung. In Rußland würden sie schon ohne mich zurechtkommen, sagte ich mir, aber in Polen müßten alle mit anpacken, um die neue, bessere Ordnung aufzubauen.

»Du bist doch Komsomolze, stimmt's?« frage ich Moskwa. »Ja.« »Wie kannst du dann ein militärisches Geheimnis verraten? Freundschaft, schön und gut, aber als Kommunisten müssen wir unsere Pflicht tun und dürfen unter keinen Umständen Geheimnisse verraten, die dem Feind nützen könnten.« Wir müßten hart und unnachgiebig sein, und im Vergleich zu dem historischen Auftrag, der überall auf der Welt zu erfüllen sei, zähle der einzelne überhaupt nichts. Moskwa schaut mich entgeistert an, will etwas erwidern, doch ich falle ihm ins Wort, fordere ihn auf, seinem Vorgesetzten mitzuteilen, daß er ein offizielles Geheimnis verraten hat. Ich danke ihm für seine Loyalität mir gegenüber und weise zum Schluß noch darauf hin, daß ich die Angelegenheit mit dem Politoffizier besprechen wolle.

Der Politoffizier, bei dem ich anderntags vorstellig werde, ist von Moskwa bereits über mein Verhalten informiert worden. Empört weise ich darauf hin, daß ich keine Angst vor Sibirien hätte, daß ich aber sehr viel dringender in Polen gebraucht würde, wo der Kommunismus doch erst aufgebaut werden soll. In der Sowjetunion habe der Kommunismus gesiegt, aber in Polen gebe es nur wenige Kommunisten, weshalb ich als erfahrener Bolschewik in meiner Heimat einen wichtigen Beitrag leisten könne. Der Politoffizier schaut mich seltsam an, murmelt etwas. In diesem Moment kommt ein Hauptmann herein, von dem das Gerücht geht, er gehöre zur Gegenspionage. Er ist bei jedermann gefürchtet. Er unterhält sich lange mit mir und gibt mir schließlich ein Stück Papier, ich solle alles aufschreiben, was ich gesagt habe. Ich wende ein, daß ich nicht besonders gut Russisch schreiben könne. »Schreib nur, wir werden es schon verstehen, keine Sorge.« Ich setze mich hin und schreibe. Mein Bericht ist ziemlich geschwätzig.

Erst nach langer Zeit wurde mir klar, daß ich Moskwa mit meinem Fanatismus womöglich in Gefahr gebracht hatte. Allerdings hat mich dieser Fanatismus wohl auch vor ernsten Schwierigkeiten bewahrt. Aber noch immer fasziniert mich diese bizarre Kette von Ereignissen, die mein Jagdausflug in Gang setzte. Ohne dieses unschuldige Tier wäre ich vielleicht in einem der Lager zugrunde gegangen, diesmal in einem kommunistischen Lager. War das nur ein Zufall, Papa?

Ehe wir aus Aspang abziehen, werde ich zweimal zu jeweils fünf Tagen Arrest verurteilt. Das erste Mal, weil ich während einer Unterhaltung mit Leutnant Wolodja die Hände in den Hosentaschen hatte. Außerdem muß ich mir zwei Wochen lang die Taschen zunähen. Den zweiten Arrest gab es wegen eines Streits mit Korporal Tolkatschow. Nach anstrengendem Exerzieren und Schießübungen war Waffenreinigen angesagt. Ich fand einen Hocker, auf dem ich mein Gewehr im Sitzen reinigte. Korporal Tolkatschow nannte mich einen »Scheißjuden«, einfach aus Schikane. Daraufhin erklärte ich, daß mich Vorgesetzte wie er am Arsch lecken könnten, und schlug ihm den Schemel kräftig über das Bein. In der Zelle kam mir alles ein wenig absurd vor. Ich, ein Kommunist, in der kommunistischen Zelle einer kommunistischen Armee. Meine Kameraden trösteten mich mit der Bemerkung, daß ein Soldat, der noch nie im Arrest saß, kein richtiger Soldat sei. Na schön, dachte ich, wenn's unbedingt sein muß.

Im Frühjahr 1946 wird unsere Einheit nach Ungarn verlegt, in die Nähe des Plattensees. Zapyga erhält ein anderes Kommando. Da die meisten Ungarn Deutsch sprechen, sind meine Dolmetscherdienste auch hier sehr gefragt. Die Umsiedlung der Ungarndeutschen, die gerade im Gang ist, macht mich abermals zu einem »Großhändler«, diesmal in Alkoholika. Unweit unserer Kaserne werde ich von einem Deutschen angesprochen, der mir gegen eine entsprechende Menge Tabak ein 500-Liter-Weinfaß geben will, das er irgendwo versteckt hat. Da ich inzwischen als talentierter Händler angesehen bin, geht die Transaktion rasch über die Bühne, und irgendwie gelingt es mir auch, das riesige Faß in die Kaserne zu schaffen. Der Wein ist ausgezeichnet und ziemlich stark.

Leutnant Wolodja erläßt zwar strenge Vorschriften, damit die Männer nicht die ganze Zeit betrunken sind, doch die Sache spricht sich bald herum, und schließlich nimmt der Kompaniechef das Weinfaß in Beschlag. Daß die Offiziere gern trinken, hat für uns natürlich auch seine positiven Seiten. Hauptmann Sascha, der Kompaniechef, ist so begeistert von meinen Talenten, daß er mich zu seinem Adjutanten macht. Manche Kameraden beneiden mich deshalb, auch wenn ich diese Ernennung als Beleidigung empfinde. Jedenfalls muß ich zu Hauptmann Sascha ziehen, der die Villa eines reichen Ungarn requiriert hat. Jeden Tag stellt er sich eine Batterie von Weinflaschen ans Bett, und wenn er morgens die Augen aufmacht, leert er gleich eine. Allerdings trinkt er mehr, als sein Magen fassen kann. Hauptmann Sascha steht dann am Waschbecken und übergibt sich. Traurig sagt er: »Du bist ein Schwächling, Sascha, kannst nicht einmal einen Tropfen Wein trinken. Was ist los mit mir, Mischa, es ist ein Jammer, ich kann nicht mehr trinken, obwohl ich noch völlig nüchtern bin.« Geduldig erkläre ich, daß Wein nicht dasselbe wie Wodka ist, daß man von Wein nicht so schnell betrunken wird und daß es im allgemeinen besser ist, weniger zu trinken, dann wird einem nicht schlecht. »Was meinst du damit, weniger trinken? Man kann unmöglich weniger trinken als ich.« Diese Szene wiederholt sich einige Male, der Besitzer der Villa ist sichtlich angewidert. Später wird er mir sagen, daß es besser sei, wenn diese »Barbaren« nicht so viel tränken.

Vor der Haltung des Mannes, eines ungarischen Aristokraten, habe ich größte Hochachtung. Als er hört, daß ich aus Polen stamme, lächelt er und ruft in passablem Polnisch: »*Wegier Polak dwa bratanki*« (Polen und Ungarn sind Cousins). Meine jüdische Herkunft interessiert ihn nicht, nur die Tatsache, daß ich aus Polen komme.

Eines Tages lud mich unser Gastgeber überraschenderweise zu einem Essen mit Freunden in einem Nachbardorf ein. Am darauffolgenden Sonntag fuhren wir los. Noch heute erinnere mich an dieses denkwürdige Erlebnis. Eine große Anzahl von Menschen, jung und alt, hatte sich in einem Saal um einen üppig gedeckten Tisch versammelt. Offenbar waren sie über mein Kommen informiert, denn sie begrüßten mich herzlich in einer Mischung aus Deutsch und Ungarisch. Aber nicht nur die Atmosphäre war bemerkenswert. Für jemanden wie mich, völlig ausgehungert nach den Lagerjahren und der armseligen Armeekost, waren Gerichte wie Hase in Rotwein und andere Köstlichkeiten ein unvergeßliches Erlebnis. Die Gastgeber bewirteten mich auf das großzügigste und waren sichtlich erfreut, daß mir das Essen so gut mundete.

Nach dem Wein wurde es Zeit für einen Csardas. Meine Ausreden halfen nichts. Ein junges Mädchen zog mich einfach mit, und zu meiner großen Überraschung tanzten wir. Ich war sogar ein ganz begabter Schüler. Für jemanden wie mich, der noch anderthalb Jahre zuvor ums Überleben gekämpft hatte, hatte die Szene durchaus etwas Surreales. Ich hatte das bewegende Gefühl, im wohlverdienten Paradies angekommen zu sein. Irgendwann wurde ich in eine Kutsche gesetzt, und am nächsten Tag wachte ich im Bett unseres ungarischen Gastgebers auf. Zum Zeichen der Anerkennung, daß ich es endlich einmal geschafft hatte, mich zu betrinken, gab mir Hauptmann Sascha einen Tag frei.

Von meinem Gastgeber erfahre ich, daß es seine Verwandten sind, bei denen wir den Sonntag verbracht haben, und daß die junge Frau, die mir den Csardas beibrachte, seine Tochter ist. Die weiblichen Familienangehörigen haben sich im Dorf versteckt, aus Angst, von Rotarmisten vergewaltigt zu werden. Zum ersten Mal sehe ich die sowjetischen Soldaten mit den Augen eines Menschen, für den sie Besatzer und nicht Befreier sind. Meine Entgegnungen stoßen auf taube Ohren. Mein Gastgeber ist ein Liberaler, der auch Hitler und dessen Judenpolitik kritisiert, aber er will unter keinerlei Besatzungsregime und in keiner Diktatur leben. Er erzählt mir von den ungarischen Juden, deren Schicksal er aufrichtig bedauert. Er rät mir auch, so schnell wie möglich nach Polen zurückzukehren, da jeder Tag in dieser »Barbarenarmee« ein verlorener Tag sei. Wieder bin ich verwirrt, mein Weltbild gerät durcheinander.

Seit einiger Zeit habe ich einen neuen Freund – Mieczyslaw (Mietek) Przepiorka, ein Pole, der in der Artillerie dient. Er stammt aus Pastwisko bei Kalisch. Als die Russen sein Dorf erreichten, war er sofort bereit, ihnen zu helfen, die verhaßten Deutschen zu vertreiben. Am Ende bekam er eine Uniform und wurde als Rotarmist in das Artilleriekorps aufgenommen.

Mietek spricht noch immer kein Wort Russisch, alle seine Kameraden und die Offiziere müssen sich damit abfinden. Er ist überglücklich, als er meine Bekanntschaft macht, da er jetzt jemandem hat, mit dem er in seiner Muttersprache reden kann. Er erkundigt sich oft nach meiner Vergangenheit, reagiert erschüttert auf meine Schilderungen. Er kommt aus einer Bauernfamilie, ist gläubiger Katholik, ein aufrechter, ehrlicher Mensch und natürlich ein stolzer Pole. Als ich ihm, auf sein Drängen, von der Leidensgeschichte der polnischen Juden erzähle, murmelt er immer wieder: »Mein Gott, mein Gott, mögen die Deutschen in alle Ewigkeit bestraft werden.«

Natürlich steht Mietek ganz oben auf meiner Liste derjenigen, denen ich Würste und Wein zukommen lassę. Aber im Gegensatz zu den anderen Kameraden nimmt er die Gaben mit großer Würde entgegen, als Pole hält er diese Vorzugsbehandlung für normal. Es ist unmöglich, Mietek nicht zu mögen. Mit der Zeit entwickelt sich ein brüderliches Verhältnis zwischen uns. Zwanzig Jahre später, als Polen abermals von einer Woge des Antisemitismus erfaßt wird, legt Mietek eine Haltung an den Tag, die sich wohltuend von der Charakterlosigkeit vieler polnischer Intellektueller unterscheidet.

Eines Tages erhalten Mietek und ich den Befehl, vor einer Kommission zu erscheinen, die darüber entscheiden soll, ob wir nach Polen zurückkehren können. Wir fahren nach Baden bei Wien, um uns vorzustellen. Offenbar gibt es noch andere polnische Landsleute, die in einer ähnlichen Situation sind.

Wenig später werden wir nach Bruck verlegt. Beim Erkunden der Gegend stoßen Mietek und ich auf ein ehemaliges Lager. Ich entdecke ein Massengrab, die Wände der Baracken sind mit Inschriften in allen europäischen Sprachen bedeckt. Mietek läßt sich ein paar übersetzen, ihm stehen die Tränen in den Augen. Schweigend, gedankenverloren kehren wir um. Ob es auch nur einen Ort auf diesem Kontinent gibt, wo sie nicht gemordet haben? Wie viele Helfershelfer müssen sie gehabt haben? Hunderte? Tausende? Millionen?

Anderntags erkundige ich mich bei den Einheimischen nach dem Lager. Sie wissen von nichts, niemand weiß etwas, niemand ... Nur ein einziger Mensch, eine Frau. Nicht weit von unserem Quartier wohnt Frau Martha. Sie hat ein Baby, ihr Mann, der sehr viel älter ist als sie, arbeitet in der Zuckerfabrik. Frau Martha sagt, daß viele Leute für die Lagerverwaltung und für das Wachpersonal gearbeitet haben. Fast jeder habe gewußt, daß die Häftlinge massenhaft sterben. »Sie lügen, sie wollen es nicht zugeben, weil sie Angst haben. Der Pfarrer hat alle beschworen, den Mund zu halten, und alle gehorchen.«

Schließlich kommt der Befehl: Mietek und ich sollen kurz vor unserer Rückkehr nach Polen zu einer anderen Einheit versetzt werden. Abends laden mich die Kameraden zu einer Abschiedsfeier ein. Wir sitzen um ein Lagerfeuer, ich sehe die erleuchteten Gesichter der Männer, mit denen mich so viel verbindet, mit denen ich so viel durchgemacht habe. Es gibt ein paar Kleinigkeiten zu essen, und jeder von uns bekommt ein Glas. Jemand füllt mein Glas mit einer Flüssigkeit. Mein Gott, das ist kein gewöhnlicher Schnaps, sondern Methylalkohol. »Dieses Zeug können wir unmöglich trinken«, sage ich, »vielleicht wird man blind davon.« Andrej, unser Kanonier, ein Leningrader, erwidert: »Mischa, es hat uns viel Mühe gekostet, dieses Zeug aufzutreiben. Wir werden alle davon trinken, und wenn wir erblinden, dann trifft es uns alle. Mach was du willst, trink, wenn du unser Freund bist, trink nicht, wenn du unser Feind bist. Aber es wäre respektlos von uns und eine Beleidigung dir gegenüber, wenn wir uns ohne einen Trinkspruch von dir verabschieden. Wir trinken auf deine Gesundheit und auf dein Glück! Vergiß uns nicht, so wie wir dich nicht vergessen werden. Behalte unsere gemeinsame Zeit und unsere Freundschaft in guter Erinnerung!«

Nein, ich kann unmöglich ablehnen, das würde eine Katastrophe herbeiführen, noch dazu kurz vor meiner Rückkehr nach Polen. Nein, nein, den Freunden, denen ich mein Leben verdanke, kann ich das nicht abschlagen, das würden sie nicht verstehen. Vielleicht würden einige sogar denken, daß ich so unhöflich bin, weil ich Jude bin. »Auf eure Gesundheit, auf euer Glück, meine Freunde!« rufe ich. Ich halte mir die Nase zu und kippe das grauenhafte Zeug auf einmal hinunter. Die anderen machen es genauso. Mein Magen steht in Flammen. Dann essen wir ein paar Kleinigkeiten. Russische und ukrainische Lieder werden angestimmt. Ich singe mit, und schon bald übermannen mich Emotionen – Wehmut, Trauer, Sehnsucht, Hoffnung. Leutnant Wolodja kommt hinzu. Wir singen bis weit in die Nacht hinein. Ich erinnere mich an die Schrecken der letzten Kriegstage, an Iwan und Krivonos, den Ukrainer, der mir das Tanzen beibrachte. Ich denke an Zapyga, wo mag er jetzt wohl sein, mein Beschützer, der einen richtigen Mann aus mir machen wollte? Was mag aus Olga geworden sein? Wir machen das Feuer aus, umarmen uns, sagen Lebwohl, jeder gibt mir die besten Wünsche mit. Noch ist es kein endgültiger Abschied, aber schon bald wird der Tag kommen. Und es wird weniger die räumliche Distanz sein, die uns trennt, als vielmehr die unverständliche, grausame Welt, für die wir alle gekämpft, zum Teil auch mit dem Leben bezahlt haben. Bykow, Mordjaschow, Wolodja und all die anderen – wie gern würde ich noch einen Tag mit euch verbringen, mit euch reden.

Ungeduldig warten wir auf den Rücktransport nach Polen. Inzwischen sind wir eingeteilt, eine Lagerhalle mit einer größeren Lieferung von frischem Kohl zu bewachen. Das Zeug rottet vor sich hin, und niemand scheint sich darum zu kümmern. Zufällig laufe ich Frau Martha über den Weg, die mich zaghaft fragt, ob sie einen Kohlkopf bekommen könne, solche Delikatessen seien für sie nicht erhältlich. Als Mietek Wachdienst hat, fülle ich einen ganzen Sack mit Kohlköpfen und schleppe ihn zu Frau Martha. Sie staunt über das große Geschenk, umarmt und küßt mich. Ich erkläre ihr, daß mehr als fünf Säcke Kohl dort schon verderben. Man kann sie bestimmt besser verwenden. Frau Martha lädt mich daraufhin zum Tee ein.

An meinem freien Abend besuche ich sie. Eine alte Frau, die gerade bei ihr ist, versucht mir klarzumachen, daß man das Beste aus dem Leben machen muß. Was das für all diejenigen bedeutet, die gar keine Chance hatten, zu leben, kann sie mir nicht sagen. Während der ganzen Unterhaltung gibt

Frau Martha ihrem Baby die Brust. Später, als die alte Frau gegangen ist, erfahre ich, daß sie als Puffmutter in einem Militärbordell gearbeitet hat und noch immer von der guten alten Zeit träumt. Frau Martha drängt sich an mich, legt meine Hand auf ihre Brust und sagt, daß sie nicht genug Milch für ihr Kind hat, weil alles so teuer ist. Dann steht sie auf, geht zum Fenster und läßt die Jalousie herunter, so daß kein Licht mehr hereinfällt. Sie stellt mehrere Hocker zusammen, legt ihr Kleid und die Unterwäsche ab, zerrt meine Hose herunter und zieht mich an sich und führt mein Glied in ihren heißen Schoß. Ein fremdartiges Gefühl überkommt mich, und fast im selben Moment explodiere ich. Martha bedeckt mich mit Küssen, streichelt meine Brust und flüstert: »Mein schöner, unschuldiger Michael.« Ich bin wie weggetreten, ein schönes Gefühl, aber schließlich komme ich wieder zu mir. Ich frage Frau Martha, ob sie jetzt schwanger wird, immerhin ist sie verheiratet.

Sie lächelt: »Mein Mann ist älter als mein Vater. Ich habe ihn geheiratet, weil es keine jungen Männer gab, und daran wird sich wohl auch so schnell nichts ändern. Er sorgt für mich, mehr ist da nicht. Und du, Michael, mach dir keine Gedanken von wegen Schwangerschaft. Du bist so unerfahren, es wird höchste Zeit, daß du ein Mann wirst. Wenn du mich öfter besuchst, helfe ich dir gern.«

»Haben Sie mich wegen der Kohlköpfe eingeladen?« frage ich.

»Ja. Ich habe gesehen, daß du ein guter Mensch bist, denn du hast nichts dafür verlangt. Nur so kann ich mich erkenntlich zeigen, indem ich dir das gebe, was du brauchst und was auch mir Spaß macht. Ich habe noch nie einen so unschuldigen und guten Mann wie dich kennengelernt, warum sollte ich davon nicht profitieren.«

»Aber wissen Sie, daß ich Jude bin, ein Jude wie die Menschen, die in diesem Lager hier ermordet wurden, und daß ihr mit Juden nicht verkehren durftet?«

Martha ist entsetzt. »Ich dachte, du bist ein Pole, mit Mietek sprichst du Polnisch, und du bist anders als die Russen. Bist du wirklich ein Jude?«

Ich erzähle ihr meine Geschichte. Erschrocken starrt sie auf meine eintätowierte Häftlingsnummer. Irgendwann fragt sie mich, keineswegs verlegen, ob ich beschnitten bin, und zwingt mich geradezu, es ihr zu zeigen. Ich kriege es wirklich mit der Angst zu tun, als sie ihren Kopf in meinen Schoß drückt und anfängt, meinen Penis zu küssen. Dann erhebt sie sich, lacht und weint, will etwas sagen, stottert aber nur wirres Zeug. Schließlich hat sie sich wieder in der Gewalt und sagt – ob zu mir oder zu sich, ist schwer auszumachen: »Wir haben alle gewußt, was passiert ist, Michael.« Sie kniet nieder, umfängt meine Knie und sagt: »Michael, vergib uns, was wir getan haben, wir alle.«

Es ist fast Mitternacht, als ihr Mann nach Hause kommt, während wir bei einer Tasse Tee am Tisch sitzen und reden. Ihm fallen die Augen seiner Frau auf, die vom vielen Weinen gerötet sind. Martha erklärt, daß sie geweint habe, weil sie nicht genug Milch für das Kind habe. Der Mann mustert mich mißtrauisch, murmelt etwas und setzt sich an den Tisch. Ich erfahre, daß er als Buchhalter in der Zuckerfabrik arbeitet, in der während des Krieges auch Häftlinge aus dem Lager arbeiteten. Er behauptet, nicht genau zu wissen, was mit ihnen war, weil sie immer streng bewacht wurden. Die Arbeit in der Fabrik sei aber nicht so schlimm gewesen. Da schreit Martha: »Halt den Mund, lüg nicht. Du hast mir selbst erzählt, daß diese Gefangenen die schwerste Arbeit abbekommen haben, daß sie sich zu Tode geschuftet haben. Weißt du, mit wem du da sprichst? Mein Gott, was haben wir getan.« Der Mann räuspert sich, murmelt etwas und steht auf. Ich stehe ebenfalls auf, verspreche, an einem anderen Tag noch einmal vorbeizuschauen.

Unruhig kehre ich in meine Unterkunft zurück. Ich lege mich hin, kann nicht einschlafen. So viele Erlebnisse an einem einzigen Abend. Wer hätte gedacht, daß meine erste sexuelle Erfahrung so aussehen würde. Und welche Rolle spielt die Sexualität im Leben von Mann und Frau? Was bedeutet sie für Martha und viele andere? Ist es eine rein körperliche Angelegenheit, oder hat es mit Gefühlen zu tun, mit Liebe? Vielleicht ist das Verhalten des Regimentskommandeurs im Hotel, der mit zwei Frauen im Bett lag, oder Zapygas Einstellung zum Sex viel natürlicher als meine. So viele Jahre habe ich in einer unnatürlichen Welt gelebt, daß ich nicht behaupten kann, etwas über Sexualität zu wissen. Was an diesem Tag passiert ist, hätte mir schon vor Jahren passieren können, in Romanow, als Hava mich verzauberte. Aber Hava liebte mich, sie wollte nur mich haben. Und Minya, meine Minya? Lebst du noch, Minya? Vielleicht hast du wie durch ein Wunder überlebt, wie ich? Nein, Minya, Sex ohne Liebe, ohne tiefe Gefühle, ohne Leidenschaft interessiert mich nicht. Ich muß Martha in Ruhe lassen und ihren Mann auch. Der Abstand zwischen uns ist viel zu groß.

Ich besuche Martha noch oft, doch immer tagsüber. Ich erkläre ihr, daß wir viel zu tun haben, besonders abends. Sie begegnet mir sehr herzlich. Ich weiß, daß ihre Zuneigung nichts mit dem Sack Kohl zu tun hat. Schließlich wird Mietek und mir mitgeteilt, daß wir nach Stockerau verlegt und von dort nach Polen transportiert werden. Ich gehe zum letzten Mal zu Frau Martha, um ihr Lebewohl zu sagen. Ich schenke ihr ein Foto von mir, das in Aspang aufgenommen wurde. Auf die

Rückseite schreibe ich auf deutsch, polnisch, russisch und jiddisch: »Für Martha, die sich eine Spur Menschlichkeit bewahrt hat und die ich nicht vergessen werde.« Martha weint. »Michael, ich habe dich so lieb. Ich bitte dich, vergib wenigstens mir, was wir euch angetan haben.« Ich vergebe dir, Martha, aber nur Menschen wie dir.

Stockerau, ein wichtiger Eisenbahnknotenpunkt, liegt unweit der tschechischen Grenze. Etwa zehn Polen, die es zur Roten Armee verschlagen hat, sind hier versammelt, um für unsere »Gastgeber« noch zu arbeiten. Zuerst müssen wir am Donauufer Bäume beschneiden. Im Spätsommer werden wir zum Bahnhof Stockerau zurückgeschickt und in Passagierwaggons untergebracht. Unter dem Kommando eines Feldwebels zimmern wir Pritschen zusammen und installieren Öfen in den Viehwaggons, die auf einem Nebengleis stehen und die demobilisierten Soldaten der Roten Armee in ihre Heimat bringen sollen.

Eines Tages fährt ein Zug ein, vollgepackt mit Menschen aller Altersgruppen, darunter auch Kleinkinder und Schwangere. Frierend steigen sie aus, folgen den Anweisungen eines rothaarigen Mannes und fragen, wo sie etwas Tee oder Kaffee bekommen können oder zumindest warmes Wasser. Die Leute sprechen Polnisch und Russisch. Ludwik und ich versuchen, herauszufinden, wer sie sind, doch niemand will mit uns reden. Im nächsten Transport bemerke ich Fela Krauskopf und ihren Mann, sie waren unsere Nachbarn im Ghetto. Wir fallen uns in die Arme, lachen und weinen, bombardieren uns mit Fragen und Antworten. Plötzlich laufen sie wie disziplinierte Soldaten zu ihrem abfahrbereiten Zug, drücken mir noch rasch eine polnische Zeitung mit einem Bericht über das Pogrom von Kielce in die Hand und schildern mir das Ereignis mit eigenen Worten. Bei diesen Transporten handelt es sich um Juden, die aus Polen fliehen, weil ihnen nach dem Pogrom klar war, daß in diesem Land kein Platz sein würde für die Überlebenden.

Am Abend bitte ich Mietek und ein paar andere polnische Veteranen der Roten Armee, mir bei der Einrichtung einer Küche zu helfen. Am allerwichtigsten ist die Beschaffung von Nahrungsmitteln. Ich erfahre, daß täglich ein Zug des UN-Hilfswerks mit Butter, Tomaten und allen möglichen Konserven durch Stockerau kommt. Mietek und ich haben keine Mühe, die Waggons aufzubrechen und ein paar Kartons und Kisten fortzuschaffen. Auf den umliegenden Feldern ernten wir Kartoffeln, Mais und Gemüse. Die Bauern beobachten uns, wagen es aber nicht, einzuschreiten. Wir machen ein Feuer, erhitzen Wasser in zwei Kesseln. Geschälte Kartoffeln, Gemüse, Butter und andere Ingredienzen für Suppe wandern in den einen Kessel, der andere dient für Tee. Und aus den Vorräten des Demobilisierungstransports stellen wir einen Berg Brotscheiben bereit. Ich bin Chefkoch, Mietek fungiert als Assistent. Sobald frühmorgens der erste Zug eintrifft und die Passagiere aus den Waggons klettern, ruft Mietek: »Suppe und Tee, dort drüben, nach links.« Eine lange Schlange bildet sich. Die Leute kommen mit Töpfen, Krügen, Tassen und allen möglichen Behältern. Ich gebe Suppe oder Tee aus, verteile Brotscheiben, manchmal ganze Laibe. In der Schlange stehen auch frierende Kinder, die auf Polnisch oder Russisch zu mir sagen: »Onkel, gib mir Suppe, gib mir heißes Wasser, hier hinein, ganz voll!« Ich habe einen Kloß im Hals, die Tränen stehen mir in den Augen. Ich teile meine Schätze mit vollen Händen aus, spüre die Bedeutung dieser Situation. Die Empfänger meiner Gaben wissen nicht, wer ich bin oder warum ich das tue. Ich stelle mir vor, daß eine Mutter, die ihrem Kind die Brust gibt, vielleicht solche Gefühle hat.

Eines Tages höre ich bei der Suppenausgabe einen Schrei: »Mein Gott, Checinski, was machst du denn hier?« Ich bin sprachlos. Es ist Esther Lenga, die älteste Tochter des Schneiders, der meine Schuluniform genäht hat. Wir fallen uns in die Arme, lachen und weinen. Sie hat die Kriegsjahre in Rußland zugebracht. Die anderen Familienmitglieder wollten nicht dorthin fliehen, denn für den Vater, ein aktives Bund-Mitglied, war die Sowjetunion der größte Feind der Partei. Zum Abschied schenkt Esther mir ein Foto, auf dem ihre Geschwister, meine Schwester Lola, ich und viele unserer damaligen Freunde zu sehen sind. Mit Ausnahme von Rega Hecker und mir hat kein einziger überlebt.

Seit der Begegnung mit Esther Lenga halte ich unter den Durchreisenden Ausschau nach Bekannten und Freunden. Der rothaarige Mann beobachtet mich mißtrauisch. Mein Gott, ich habe Tron und seine Familie gefunden. Sie haben das Ghetto in einem Versteck überlebt. Tron gehörte unserer Untergrundbewegung an und war eine Zeitlang einer unserer wichtigsten Leute. Er erzählt, daß Niutek als Abgeordneter der polnischen Arbeiterpartei im Parlament sitzt. Es gibt noch andere Überlebende: Nonek, die Schwestern Schwartz, Danek, Janek, Chonek und viele andere. Auf meine verwunderte Feststellung, daß es keine kommunistische Partei in Polen gibt, nicht einmal eine bolschewistische, erklärt Tron, daß die Lage sehr kompliziert sei; jüdische Kommunisten, Juden überhaupt, haben seiner Ansicht nach in Polen nichts mehr verloren. »Wir müssen nach Palästina und dort für unseren eigenen Staat, für unseren jüdischen Sozialismus kämpfen. Nur so werden wir vor Pogromen sicher sein. In Kielce wurden selbst die Überlebenden ermordet, die gar nicht vorhatten, länger in Polen zu bleiben. Sie wurden hingemetzelt, du kannst dir nicht vorstellen, wie es ausgesehen hat.«

»Wenn das so ist, warum gehen dann Niutek, Nonek, Chonek und die anderen nicht auch weg?«

»Geh zurück, wenn du unbedingt willst, aber halte dich aus der Politik raus.« Bevor Tron in den Zug einsteigt, erzählt er noch, daß mein Freund Karol ebenfalls überlebt hat. »Seine Freundin Adela muß mit einem der nächsten Transporte kommen. Frag nach ihr, du wirst sie finden.«

Trons Worte verunsichern mich sehr. Soll ich zurückgehen oder lieber doch nicht? Was soll ich machen? Schon am nächsten Tag finde ich Adela. Sie berichtet, daß Karol die antisemitische Atmosphäre in Polen nicht aushalten konnte und nach Frankreich emigiriert ist. Sie selbst gehört einer zionistischen Gruppe an, die nach Palästina unterwegs ist, und hofft, Karol dort wiederzusehen. Sie will ihm schreiben, ihm berichten, daß ich überlebt und als Soldat der Roten Armee gegen die Deutschen gekämpft habe. Welche Konsequenzen dieses Gespräch mit Adela hatte, erfuhr ich fünfundzwanzig Jahre später, als ich selber schon in Israel war.

Die Transporte der Operation *bricha* (hebr.: Flucht) unterlagen einer strengen Disziplin. Alles sollte geheim bleiben, niemand durfte erzählen, wohin die Reise ging, schon gar nicht einem sowjetischen Soldaten. Irgendwie hatte der Rothaarige aber mitbekommen, daß Adela mir von ihren Plänen berichtet hatte. Zur Rede gestellt, erklärte sie, daß sie mich aus dem Lodzer Ghetto kenne und daß ich ein guter Freund ihrer »Leute« und kein Russe sei. »Erzähl keine Märchen!« erwiderte er. »Ein Jude aus dem Lodzer Ghetto in der Roten Armee? Weil du gelogen und gegen die Bestimmungen verstoßen hast, wirst du zur Strafe bei den Zwischenhalten zweimal den Fußboden und die Toiletten saubermachen.« Aber er war doch neugierig geworden und beschloß, selbst herauszufinden, wer ich war. Eines Tages kam er auf mich zu und sprach mich auf polnisch und jiddisch an. Ich erzählte ihm kurz, wie ich zur Roten Armee und nach Stockerau gekommen war. Er staunte nicht schlecht, doch als ich sagte, daß ich nach Polen zurückkehren und dort für den Kommunismus kämpfen wolle, guckte er mich entgeistert an. »Du solltest mit uns kommen, wir brauchen Leute wie dich. Du hast Militärerfahrung und ein warmes jüdisches Herz. Ich werde dir Zivilkleidung verschaffen, und niemand wird merken, wenn du dich einer unserer Gruppen anschließt. Unser Ziel ist Palästina, dort werden wir für die Errichtung eines jüdischen Staats kämpfen. Reicht dir nicht, was die Deutschen verbrochen haben, daß du auf einen zweiten Völkermord wartest?« Mein wichtigstes Gegenargument war, daß mein Platz in der Roten Armee sei, die mir nicht nur das Leben geschenkt, sondern auch meine Würde zurückgegeben hatte.

Was kann ich heute all denen sagen, denen ich mit einer Flut von kommunistischen Dogmen kam, wie kann ich meine Weigerung erklären? Als der Rothaarige erkannte, daß seine Bemühungen nichts fruchteten, beendete er unser Gespräch mit den folgenden Worten: »Du wirst trotzdem nach Palästina kommen, sofern dich die Polen nicht vorher ermorden. Aber du mußt wissen, daß dir eine schwere Zeit bevorsteht, in einem Land, dessen heranwachsende Generation den Antisemitismus nicht so einfach abschütteln kann. Schade, daß ich dich nicht überzeugen konnte. Na ja, kümmer dich weiterhin um die Transitpassagiere, das ist genauso wichtig.« Erst fünfundzwanzig Jahre später bin ich, nach einem unglaublichen Ausbruch des Antisemitismus in Polen, nach Israel emigriert. Kurz nach meiner Ankunft werde ich zur Hochzeit von Karols und Adelas Tochter Batya eingeladen. Die Begegnung mit den Überlebenden bewegt mich tief. Plötzlich steht ein alter Mann vor mir, es ist Adelas Vater. Er mustert mich und sagt: »Ich kenne dich. Du warst auf einem Bahnhof und hast Suppe und Brot ausgegeben.« Ich bestätige das. Er umarmt mich und sagt: »Dein Laib Brot und die Suppe haben mir damals geholfen, wieder zu Kräften zu kommen. Ich freue mich, daß ich die Gelegenheit habe, dir zu danken.« Eine eigenartige Situation. Ich bin froh und verunsichert zugleich. Ich drücke Batyas Großvater an mich und denke, daß es eigentlich umgekehrt sein sollte: Ich sollte denjenigen danken, die sich keine Illusionen gemacht und für dieses kleine Land gekämpft haben, für Leute wie mich, die die besten Jahre ihres Lebens einer brutalen Utopie geopfert haben. Am Ende streckte ich die Hand nach ihnen aus, flüchtete vor antisemitischen Äußerungen derjenigen, mit denen ich eine gemeinsame Zukunft aufbauen wollte.

Es ist Dezember. Der heißersehnte Tag ist gekommen. Wir erhalten Papiere, neue Uniformen, Brot, Kekse, Schmalz, etwas Zucker und Machorka. Am Morgen brechen wir auf in Richtung Polen. Kurz vor der Abfahrt gebe ich Mietek alles, was ich organisieren konnte, um nicht mit leeren Händen in Lodz einzutreffen – Stoff für einen Anzug, Leder für Schuhsohlen, eine Uhr. Mietek zögert, doch ich erkläre ihm, daß mir Freunde aus dem Ghetto, die wissen, daß ich überlebt habe, weiterhelfen werden. Mietek drängt mir ein großes Stück geräucherten Schweinespeck auf. Er wird schon nicht verhungern, sagt er. Schließlich nehmen wir unsere Plätze ein, der Zug fährt los, in Richtung Lwow. Die Räder rattern, es wird langsam dunkel, alle möglichen Gedanken gehen mir durch den Kopf, die Räder rattern …

Wohin fährst du, mein Sohn? Du wirst dort fremd sein, fremd sein, fremd sein … Es gibt keine Mieteks, Mieteks, Mieteks… Papa, versteh doch, diese Trennung in Juden, Polen, Juden, Polen… Wir müssen Brüder sein, Brüder, Brüder

… Mamele, Mamele, da bist du ja, da bist du ja, Mama, Mama! … Gott behüte dich, mein Sohn, er schütze dich vor schlechten Gedanken und schlechten Taten … Gott, Gott, Gott, wo war ER, wo ist ER jetzt? Vater, wo war ER während dieses langen, nicht endenwollenden Tages? Du hast doch die Worte Hiobs vorgelesen:

Ich schreie zu dir, aber du antwortest mir nicht;
Ich stehe da, aber du achtest nicht auf mich …

Ich wartete auf das Gute, und es kam das Böse,
ich hoffte auf Licht, und es kam Finsternis…

Ich will reden, dann antworte mir.
Wie groß ist meine Schuld und Sünde?

Mein lieber Sohn, ohne Gott wird es dir schlecht ergehen… Wo warst du, allmächtiger Gott, warum hast du uns so grausam, so hart bestraft … Ich will weder seine Gnade noch seine Strafe, wir werden unsere eigenen Gesetze machen, unsere eigenen Gesetze, Gesetze, Gesetze… Michael, wach auf, wir sind da, wir sind in Lwow … Ach, Mietek, du bist's, ja gleich, ich komme … Wir steigen um in einen Zug nach Rzeszow. Grenze. Kontrolle. Wir sind in Polen. Es ist ein schöner Morgen, Schneetupfer auf den dunkelgrauen, frisch gepflügten Feldern. Die grünen Weiden, polnische Weiden, und die Kiefern, welch schöner Anblick. Ihr grünen Bäume, wie viele Geheimnisse bergt ihr, unerfüllte Träume, wie viele letzte Gebete, wieviel Grausamkeit? Ich lasse mir von Mietek, Bujak, Soltys, Ludwik die Adresse geben … Rzeszow. Wir steigen aus. Eine Abteilung von Soldaten in der Uniform der polnischen Armee heißt uns willkommen. Mein Gott, wie lange ist es her, seit ich diese Uniformen zuletzt gesehen habe, wie nahe sind sie meinem Herzen!

Ein erregtes Gespräch beginnt, alle reden durcheinander, stellen Fragen, wollen etwas wissen. Ja, die Lage ist gut. Nein, es gibt keine Armut, die Leute kommen zurecht, die Polen haben es schon immer verstanden, zurechtzukommen. Ein junger, sympathischer Sergeant antwortet bereitwillig auf jede Frage. Und jeder ist frei, sagt er schließlich. Es gibt nur ein Problem, ein dummes kleines Problem. »Wenn man einem Juden ins Gesicht haut, riskiert man eine Gefängnisstrafe.« Meine Reisegefährten verstummen, schauen mich eigentümlich an, der Sergeant guckt irritiert: »Was ist, habt ihr einen Juden dabei?« Alle, auch der Sergeant, schauen in meine Richtung. Er hat es sofort erraten. »Weißt du, ich habe nichts gegen Juden, aber sie so zu schützen, ist ein bißchen übertrieben. Aber mach dir keine Sorgen, Juden haben es gut bei uns, es wird alles gut.« Er wechselt das Thema. Für mich steht außer Zweifel: Ich bin in Polen.

Ich steige in einen Zug Richtung Lodz. Aber, wer weiß, vielleicht bringt er mich nicht nach Lodz, sondern an ein unbekanntes Ziel …

»Ursula Meissner ist nicht irgendeine Kriegsfotografin – sie ist die beste« **Friedhelm Brebeck**